Maria Widl · Kleine Pastoraltheologie

Maria Widl

Kleine Pastoraltheologie

Realistische Seelsorge

Styria

Die Deutsche Bibliothek – CIP-Einheitsaufnahme

Widl, Maria:
Kleine Pastoraltheologie : realistische Seelsorge /
Maria Widl. – Graz ; Wien ; Köln ; Verl. Styria, 1997
ISBN 3-222-12528-7

Umschlaggestaltung: Graphic Pirker, Graz
Satz: Weitzer & Partner, Graz
Gesamtherstellung: Verlag Styria, Graz
ISBN 3-222-12528-7

INHALT

Kapitel 5:

Kapitel 6:

VORWORT

In der Zeit seit dem Konzil hat auch die katholische Kirche ein Gemeindebewußtsein ausgebildet. Der alleinige Besuch der Sonntagsmesse genügt nicht mehr, um dauerhaft Christ/in zu sein. Wer glaubt, muß immer besser wissen, warum. Wer den Glauben in den Wechselfällen des Lebens bewahren will, sucht die Stütze einer kirchlichen Gemeinschaft.

Die Flitterwochen der Gemeindebewegung sind vorbei. Die einst intensiven Basisgemeinden stehen vor manchen Schwierigkeiten. Die „normalen" Pfarren sind gemeindlicher geworden. Viele sind beteiligt und engagiert, die pastoralen Bemühungen sind von der Gemeinde in weitem Maß mitgetragen. Laien sind in die pastorale Verantwortung einbezogen. Das erfordert eine Kompetenz, die guter Wille und eifriges Mühen allein nicht ersetzen können. Der theologische und pastorale Bildungsbedarf steigt.

Die Theologischen Kurse sind eine Einrichtung der theologischen Laienbildung mit langer Tradition und steigender Nachfrage. In ihrem Rahmen hatte ich zehn Jahre lang Gelegenheit, Vorlesungen zur Pastoraltheologie zu halten. Die eifrigen Diskussionen und fruchtbaren Anfragen sind eine wichtige Basis dieses Buches. Im selben Zeitraum hatte ich im Rahmen des Instituts für Pastoraltheologie in Wien den Lehrauftrag für das Pfarrpraktikum. Studierende, die sich auf einen späteren hauptamtlichen Pastoralberuf vorbereiten, leben in Wiener Pfarren beobachtend, beteiligt und reflektierend mit. In der Begleitung dieser vielen Jahrgänge und in zahlreichen Vorgängen der Erwachsenenbildung und Gemeindebegleitung begegneten mir engagierte Christ/innen in einer Vielfalt von Pfarrsituationen; ihre Freude am Gemeindeleben, ihr Engagement für eine gedeihliche Entwicklung, ihre Suche nach spiritueller Vertiefung, ihre Fragen und Sorgen, ihre Probleme und Konflikte.

Ich bin allen dankbar, die ihre Erfahrungen mit mir geteilt haben. Sie haben meine eigenen Gemeindeerfahrungen ausgeweitet, bereichert und differenziert. Entstanden ist dieses Buch in seinen wesentlichen Teilen als Skriptum zur Pastoraltheologie für die Theologischen Kurse. Es ist als Versuch konzipiert, eine Gemeindepastoral aus dem Blickwinkel der Betroffenen zu schreiben. Ich danke der Leiterin, Frau Dr. Ursula Struppe, daß sie sein Entstehen angeregt und seiner Publikation zugestimmt hat. Weiters danke ich ganz besonders Sr. Dr. Helga Auer, Prof. Dr. Isidor Baumgartner und Andreas Wittrahm, die die pastoralpsychologischen Exkurse beigesteuert haben. Das sechste und letzte Kapitel habe ich auf Anregung von Dr. Grabner-Haider hinzugefügt, dem ich für den Anstoß dazu und seine Bemühungen danke.

Das erste Kapitel handelt davon, wie sich Kirche und Glauben im Zuge der Modernisierung verändern. Da auch diese Veränderung nicht einheitlich geschieht, kommt es zu jenen Spannungen, mit denen die Kirche gegenwärtig ringt. Das zweite Kapitel handelt von dem, was Kirche theologisch ist, indem sie sich in konkrete Zeitsituationen hinein ausgestaltet. Dem entsprechen vier gegenwärtig zu beobachtende Entwicklungsstufen von Pfarrgemeinden und aktuelle Übergänge im Gemeindeleben. Das dritte Kapitel handelt von der Weltverantwortung der Kirche, wie sie in der Sorge füreinander durch Caritas, Politik und Gebet in den Gemeinden konkret wird. Im vierten Kapitel ist entfaltet, wie Gottesbegegnung in Seelsorge, Mystagogie und Verkündigung der Gemeinde geschieht. Das fünfte Kapitel spricht kurz die Herausforderungen an die Zukunftsgestaltung an. Im sechsten Kapitel schließt sich der Kreis zurück zum konkreten Glauben in der Welt von heute, wo es auf neue Weise um Gewissensbildung, Gotteserfahrung und Gebet geht.

Der pastoraltheologischen Methode entspricht es, die ganz konkreten Erfahrungen und Entwicklungen gewissenhaft anzusehen, und sie als gleichzeitig sündige und begnadete Realität ernst zu nehmen. Gott schreibt seine Geschichte zu allen Zeiten auf den krummen Zeilen des Lebens und keine Zeit hat es darin leichter oder schwerer als eine andere. Leben ist immer der Übergang vom Vertrauten, das vergeht, hinein in das Neue, das erst entstehen muß und dessen Gestaltung uns anvertraut ist. Als Christ/innen glauben wird, daß in dieser Zu-kunft Gott auf uns zu-kommt. Ich kann mich daher nur dem Motto meines Lehrers Paul M. Zulehner anschließen: „Nicht den Untergang verwalten, sondern den Übergang gestalten!"

KAPITEL 1:

Kirche heute – Leben in der Ungleichzeitigkeit

Jede Zeit
spielt ein anderes Spiel.
Das Reich Gottes
bestimmt die Spielzüge,
es diktiert nicht die Regeln.

Im Zentrum der Botschaft Jesu steht das Reich Gottes. Mit seinem Wirken ist es real gegenwärtig geworden, wie es bei Jesaja verheißen war: Blinde sehen, Lahme gehen, Aussätzige werden rein und den Armen wird die frohe Botschaft verkündet (vgl. Mt 11,2–6). Seither leben wir in jener Endzeit, wo unsere Erlösung bereits eine unwiderrufliche Realität ist, wir ihrer Vollendung aber noch entgegenwarten.

Wie dieses Entgegenwarten für die Kirche und die einzelnen Christen ganz konkret aussieht, ändert sich mit den gesellschaftlichen Umständen. Für unseren Kulturraum sind heute drei Aspekte maßgebend:

- Wir erleben den endgültigen Durchbruch der Moderne und damit das Ende der christentümlichen Gesellschaft.
- Verschiedene Lebensbereiche und Personengruppen reagieren darauf unterschiedlich, was zu Spannungen führt.
- Das hat Konsequenzen für die Gestaltung des Gemeindelebens und der Seelsorge.

1. Das Ende der christentümlichen Gesellschaft

Wir leben in einem Kulturraum, der durch und durch von christlichen Elementen geprägt ist. Unsere Zeitrechnung zählt die Jahre nach Christi Geburt, die staatlichen Feiertage sind großteils auch kirchliche, die meisten Vornamen erinnern an christliche Heilige und die zahlreichen Touristen besichtigen unsere Kirchen und Klöster, deren Erhaltung staatlich gefördert wird. Der Religionsunterricht ist Pflichtfach in den Schulen, Meßfeiern und religiöse

Sendungen werden im öffentlichen Rundfunk ausgestrahlt, kirchliche Amtsträger nehmen zu zentralen gesellschaftlichen Fragen in den Medien Stellung und kirchliche Konfliktpunkte kommen regelmäßig in die Schlagzeilen.

Kirchliche Sakramente dienen nach wie vor der feierlichen und sinnstiftenden Gestaltung der Lebenswenden zu Heirat, Geburt und Tod. Berühmte Persönlichkeiten werden mit allen kirchlichen Ehren zu Grabe getragen. Der soziale Frieden wird zu einem Gutteil durch die stille und hochkompetente Arbeit der kirchlichen Caritas garantiert. Und in den Kriegsgebieten der Erde ist die kirchliche Infrastruktur eine so gute Voraussetzung für Hilfe über alle Konfessionsgrenzen hinweg, daß Spendenaufrufe mit großem Vertrauen aufgenommen werden.

Das Christliche und die Kirche prägen also nach wie vor die Kultur und das Leben der Menschen bei uns. Dennoch hat sich viel geändert. Im Mittelalter war das Leben so vom Christlichen durchformt, daß sich die Menschen insgesamt als Christenheit verstanden. Der Herrscher übte nach diesem Verständnis seine Macht „von Gottes Gnaden" aus. Die Gesetze, Standesregeln und Lebensumstände galten als gottgewollt und daher verbindlich. Jeder Erwachsene war auf seine Weise dafür verantwortlich und wußte genau, wann er schuldhaft gegen sie verstieß. Die christliche Ordnung war universal.

Mit Beginn der Neuzeit kam diese Ordnung ins Wanken. In der Renaissance entdeckte man die antike Geisteswelt und deren philosophische Überlegungen. Die großen Entdeckungen und Erfindungen förderten naturwissenschaftliches und technisches Denken und die Lust, Probleme kompetent zu lösen. Die Reformation wollte die Kirche erneuern und endete mit neuen Konfessionen – die Einheit der Christenheit im Leben und Denken zerbrach.

Diese neue Situation wurde aber lange Zeit kaum spürbar. Der Augsburger Religionsfriede sorgte für ländereinheitliche Konfession, die katholische Gegenreformation brachte das Christliche im Barock zu einer neuen und kraftvollen Blüte. Mit den Ideen der Aufklärung und der neuen wirtschaftlichen Macht des Welthandels emanzipierte sich das Bürgertum. Der zunehmend laizistischen Staat verdrängte das Christliche in die Kirchen. Sie erhielten im Josephinismus eine wirksame Seelsorgsstruktur.

Die freidenkerische Tradition hatte den Gebildeten eine nichtkirchliche Identität gegeben, der Marxismus leistete dies für große Teile der Arbeiterschaft. Die Selbstverständlichkeit des Christlichen zog sich in kirchliche Milieus innerhalb des zunehmend säkularen Staates zurück. Sie erfuhren eine Stärkung im Widerstand gegen die Naziherrschaft. Erst die Nachkriegszeit löste die Milieus auf.

Die Ideen der Moderne sind bereits in der Aufklärung grundgelegt. Aber wie wir sahen, hat es Jahrhunderte gedauert, bis sie eine moderne Gesellschaft prägen konnten. Die Kriegswirren hatten noch stabile alte Ordnungen zerstört. Der Wiederaufbau schaffte neue Reiche und neue Machtverhältnisse und Sozialstrukturen. Eine Bildungsoffensive – auch für Mädchen und Unterschichten – machte Beruf und Karriere mehr von der persönlichen Tüchtigkeit als von Herkunft und Stand abhängig. Die Hochschätzung des persönlichen Charakters machte die Liebesheirat quer durch die Milieus möglich. Die Moderne setzt sich durch.

- Unsere Kultur ist traditionell von christlichen Elementen durchdrungen, jedoch die universale christliche Gesellschaftsordnung gehört der Vergangenheit an.
- Die moderne Zeit hat zwar bereits mit der Aufklärung begonnen, ihr Durchbruch wurde aber durch die Verkirchlichung des Christlichen und die Stabilität der Milieus die längste Zeit behindert.
- Erst das Ende der Nachkriegszeit, die hohe Bildung und soziale Mobilität und die Hochschätzung persönlicher Leistungen und Charaktereigenschaften bringen die Moderne zum Durchbruch.

2. Glauben in der Moderne

Die Moderne zerstört die christlichen Milieus und bedroht daher die Kirche – so kann man oft hören. Richtiger müßte man sagen: Sie entzieht bestimmten Formen der Kirchlichkeit den Boden. Die Kirche muß sich also auf neue Spielregeln des gesellschaftlichen Lebens und neue persönliche Möglichkeiten des Glaubens einstellen und neue Gestaltungsformen entwickeln. Dazu muß man die Mechanismen der Moderne verstehen. Der bedeutendste Religionssoziologe des deutschen Sprachraums, Franz-Xaver Kaufmann, hat sie mit vier Begriffen beschrieben: Säkularität, Pluralität, Individualität und Modernität.

„Säkularität"

Wir sagten, daß modernes Leben tendenziell mit der Neuzeit beginnt. Die Rückbesinnung auf den weiten Denkhorizont der Antike, die Anstrengungen zur Welteroberung und Naturerforschung, das wachsende Selbstbewußtsein eines aufstrebenden Bürgertums markieren eine neue Ausrichtung des Lebens: Leistungen vollbringen und in Eigenverantwortung das Leben besser gestalten. So tun sich neue Möglichkeiten auf: in der Lebensgestaltung, im Denken und im Weltverständnis. Je mehr die Ansprüche an die Qualität steigen, desto nötiger werden Spezialisten. Und je mehr sich die Gesellschaft auf diese Weise „ausdifferenziert", desto mehr wird Toleranz gegenüber anderen Lebensentwürfen notwendig.

Angesichts der vielen verschiedenen Lebensentwürfe entscheidet die Gesellschaft nicht mehr darüber, was jemand glaubt, solange er sich an gewisse Regeln hält. Ich muß eben bei Rot an der Kreuzung halten; ob ich das aus innerer Überzeugung tue oder dabei auf die Verkehrsplanung schimpfe, spielt keine Rolle. Denn eine moderne Gesellschaft trennt zwischen Funktion und Sinn. Sie verlangt Leistungen; aber in welchem Glauben sie erbracht werden, interessiert nicht. Das ist auch überzeugten ChristInnen in vielen Belangen selbstverständlich: Wir wollen z.B., daß ein Medikament nachweislich wirkt und nicht nur, wenn wir daran glauben.

Damit bekommt auch das Christliche eine andere Ausrichtung. Im Mittelalter verstanden sich alle zusammen als Christenheit, die von gemeinsamen Grundsätzen getragen war. Wer als Sünder gegen sie verstieß, der wußte, daß er sich damit außerhalb der Gemeinschaft stellte. Denn der Ehepartner, der Beruf, die gesamte Lebensgestaltung waren durch die Gesellschaft genau bestimmt. Das Leben in all seinen Dimensionen, auch der Glaube, waren „zugewiesen", d.h. man hatte ihn ganz selbstverständlich, solange man sich nicht bewußt und in jeder Hinsicht dagegen entschied.

Eine moderne Welt weist den Glauben nicht mehr zu, denn sie ist „säkular"; sie trennt zwischen Funktion und Sinn. Das heißt nicht, daß Glauben in ihr keinen Platz oder keinen Wert mehr hätte; im Gegenteil werden Orientierungspunkte immer wichtiger. Aber welchen Sinn ich dem Ganzen gebe, ist meine Sache. Diese Situation war bei uns lange Zeit nicht zu spüren. Denn die „christentümlichen Verhältnisse" eines zugewiesenen Glaubens blieben in kirchlichen Milieus teilweise bis heute erhalten. Je mehr dagegen ChristInnen existenziell im modernen Leben stehen, desto mehr erfahren sie, daß ihr Glaube „persönlich angeeignet" sein will. Das Festhalten an der guten Tradition genügt nicht mehr.

„Pluralität"

Der Grund dafür liegt im zweiten Merkmal der Moderne, der „Pluralität". Wir sagten schon, daß modernes Leben sehr durch Funktion und Leistung geprägt ist. Wenn Experten immer tüchtiger werden und die Technik immer ausgefeilter, dann nur, weil auf allen Ecken und Enden gleichzeitig erneuert und verbessert wird. Damit entsteht aber eine Fülle verschiedener Möglichkeiten, ein Problem zu lösen. Es gibt z.B. nicht ein Waschmittel, sondern viele spezielle; je nachdem, ob ich damit Wollsachen, meine Haare oder mein Auto waschen will; und dazu auch noch mehrere Firmen, die sehr ähnliche Produkte als das beste bewerben.

Der Konsument hat die Wahl, aber auch die Qual. Er muß sich entscheiden. Und je verantwortungsbewußter die Hausfrau nicht nur nach dem Preis und der Waschqualität, sondern vielleicht auch noch nach der Umweltverträglichkeit fragt, desto komplizierter wird es. Die Vielfalt zwingt also zur Auswahl. Und je verantwortlicher sie getroffen werden soll, desto schwieriger wird es.

Diese Vielfalt macht auch vor geistigen Dingen nicht halt. Die Vielfalt der Lebenswege und Lebensmöglichkeiten des modernen Menschen bringt auch eine Vielfalt an Lebenshaltungen und Wertentscheidungen mit sich. Alles erscheint relativ. Genau betrachtet sind jedoch weder die Werte relativ, noch wird die Wahrheit in Frage gestellt. Inhalt persönlicher Entscheidung sind vielmehr die Prioritäten, also die Rangfolge der Wichtigkeiten.

„Individualität"

Wir sahen oben, daß unter „säkularen" Lebensbedingungen der Glaube nicht mehr wie selbstverständlich „zugewiesen" ist, sondern daß er „persönlich angeeignet", also mit Herz, Hirn und Hand entschieden werden will. Die „Pluralität" der modernen Lebenshaltungen bewirkt, daß die Entscheidung zum Christsein eine täglich neue Wahl unter vielen verschiedenen Lebensmöglichkeiten ist.

Das verlangt, daß moderne ChristInnen sich gegenseitig unterstützen müssen, die richtigen Wertigkeiten für sich zu entscheiden. Deshalb sind unter modernen Lebensbedingungen Gemeinschaften im Glauben so wichtig, wo man sich gegenseitig unterstützt und trägt. Die Gemeindlichkeit und Geschwisterlichkeit im Glauben ist also eine notwendige Konsequenz moderner Herausforderungen.

Selbst bei enger Gemeinschaft bedingen die verschiedenen Lebensgeschichten, Persönlichkeiten und Schicksale, daß jeder Mensch ganz anders ist. Diese hohe „Individualität" des modernen Menschen ist uns Christen durchaus willkommen, ist sie doch Zeichen der unverwechselbaren Eigenheit, mit der jeder von Gott bei seinem Namen gerufen und mit Gaben des Geistes ausgestattet ist. Sie birgt jedoch die Gefahr, egoistisch sich nur um das eigene Wohl zu sorgen. Andererseits wird nur der zur gereiften Persönlichkeit, der sich in der Vielfalt der alltäglichen Möglichkeiten zu entscheiden weiß. Und das heißt: verzichten können. Im christlichen Sinn ist das „Askese": die Kunst, um des Wahren, Wertvollen und Wichtigen willen auf vieles andere zu verzichten.

„Modernität"

Wie das geht, ist unter modernen Bedingungen nie entschieden. Denn „Modernität" ist die Selbstverständlichkeit des fortgesetzten Wandels, der dauernden Veränderung. Weil wir so fleißig und tüchtig sind, schaffen wir dauernd neue und bessere Möglichkeiten. Und weil der Mensch nicht vollkommen ist, so sehr er sich müht, schaffen wir laufend unerwünschte Nebenwirkungen dazu, die uns nicht gut bekommen; von mancher Böswilligkeit und Faulheit ganz zu schweigen.

Der moderne Mensch muß also in alleiniger persönlicher Verantwortung durch Prüfung, Entscheidung und Verzicht sein Leben gestalten; und das täglich unter sich verändernden Bedingungen. Das gilt auch für den Glauben: immer auf der Suche sein. Der moderne Mensch ist also nicht deshalb auf der Suche, weil er seinen Glauben verloren hat (den ihm die Gesellschaft so sicher zugewiesen hätte). Der moderne Mensch ist auf der Suche nach seinem Glauben, weil er weiß, daß er ihn nie haben, nie als sicheren Besitz ansehen kann. Das ganze Leben ist Wandel, Entwicklung, Beziehung, Entscheidung. Und nur das Tote ist bewegungslos.

Glaube unter modernen Bedingungen ist die Suche nach jener Gottesbegegnung, die die Wertigkeiten des Lebens bestimmen hilft. Die Kirche ist jene unverzichtbare Gemeinschaft, die sie begleitet – ermutigend, mahnend, stärkend, kritisch – weil einer allein in der Vielfalt der Möglichkeiten zu ertrinken oder sich zu verlaufen droht. Das Leben kann einem aber keiner abnehmen. Jeder ist ganz persönlich dafür verantwortlich. Auch wer diese Verantwortung nicht wahrhaben will, kann sich ihr nicht entziehen.

Das ist eine große Chance: sein Leben so zu gestalten, wie es einem selbst gemäß ist. Dabei seinem Gewissen zu folgen, wie es einem die Kirche recht zu bilden hilft. Und darin mutig in der Gewißheit voranzugehen, daß Gottes Gnade all unser Tun umfängt. Christlicher Glaube ist also unter modernen Bedingungen bewußter, entschiedener, persönlicher und wandelbarer als zur Zeit des selbstverständlichen Christentums. Er wird es nur durch immer tiefere Verwurzelung im Geheimnis jenes dreieinigen Gottes, der unser Leben ist. Das hat Karl Rahner gemeint, wenn er sagt: „Mystischer werden sie sein, die Christen des 21. Jahrhunderts, oder sie werden nicht sein."

Gefahren und Chancen

Erstens sagten wir über Säkularität, sie sei die Trennung von Funktion und Sinn. Die Gefahr, kirchlich wie gesellschaftlich, ist die reine Verzweckung von Vorgängen, der Legalismus, der Bürokratismus, der Verlust des Heiligen an die Funktion. Die Chance ist eine tiefe Mystik, die „Gott in allen Dingen finden" läßt (Ignatius von Loyola) und die dennoch den ganz nüchternen und praktischen Umgang mit ihnen ermöglicht ohne irrationales Brimborium. Das gibt jener Vernunft eine Chance, die nüchtern angeben kann, was Sache ist, ohne dabei zu verleugnen, woran das Herz hängt.

Zweitens sprachen wir von der Pluralität als Vielfalt gleichwertiger Sinnangebote. Eine gesellschaftliche Konsequenz ist die unentschiedene Beliebigkeit in vielen Fragen, eine Politik, die sich primär an der Meinungsforschung orientiert, eine wissenschaftliche Welt, die für jede Frage Pro- und Contra-Gutachten zur Verfügung stellen kann. Auf religiösem Gebiet folgt daraus ein praktischer Synkretismus, in dem sich alles mit allem kombinieren läßt und sich viele ihren eigenen Glauben zusammenstricken. Angst als gesellschaftliches und kirchliches Phänomen ist die Konsequenz eines solchen Orientierungsverlustes. Und je größer sie angesichts all der ökologischen und sonstigen Bedrohungen wird, desto lähmender wirkt sie. Andererseits freuen sich viele, in einer so spannenden und bewegten Zeit zu leben.

Drittens ging es um Individualität als Hochschätzung der persönlichen Freiheit. Das kann zu Egoismus, Selbstzufriedenheit und gesellschaftlicher Entsolidarisierung führen. Jeder tut nur mehr, was ihm nützt. Es eröffnet aber auch die Chance zur Entfaltung freier, belastbarer, verantwortungsbewußter und solidarischer Persönlichkeiten. Die Kirche fördert diesen Vorgang, wenn sie große Freiheitsspielräume eröffnet und gleichzeitig dazu ermutigt, entscheiden und daher verzichten zu lernen.

Viertens schließlich war von Modernität als Legitimität des beständigen Wandels die Rede. Eine gesellschaftliche Konsequenz davon ist die Mode und die Wegwerfmentalität als Ausdruck einer Konsumgesellschaft. Dauernd muß es etwas Neues sein, weil eigentlich alles nicht viel wert ist. Wer das zu spüren beginnt, macht sich auf die Suche nach Qualität. Auf religiösem Gebiet erklären sich daraus jene Suchbewegungen, die häufig New Age oder Esoterik genannt werden, besser aber als Neue Religiöse Kulturformen zu bezeichnen sind. Ein Ausdruck auf kirchlichem Gebiet findet sich in den Aufbruchs- und Erneuerungsbewegungen ebenso wie im Ansatz der Neuevangelisierung. Wo alles ständig in Entwicklung ist, kommt es besonders auf Vertiefung an.

Die Moderne bedroht nicht die Kirche, aber sie entzieht bestimmten Formen der Kirchlichkeit den Boden. Um neue Gestaltungsformen des Christlichen zu entwickeln, muß man die Mechanismen der Moderne verstehen:

- Säkularität als Trennung von Funktion und Sinn; der Glaube wird nicht mehr „zugewiesen", sondern muß „persönlich angeeignet" werden. Die Gefahr ist der Verlust des Heiligen an die Funktion, die Chance das „Gott finden in allen Dingen".
- Pluralität entsteht durch die Ausdifferenzierung von Leistungen; sie bedingt einen „Zwang zur Wahl", sodaß ethisches Handeln die persönliche Entscheidung für Prioritäten erfordert. Die Gefahren sind Orientierungsverlust, unentschiedene Beliebigkeit und Synkretismus; die Chance liegt in der sachlichen Kompetenz der Leistung und der bunten Vielfalt des Lebendigen.
- Individualität ist die Folge dieser vielfältigen Lebenslagen und der Hochschätzung der persönlichen Freiheit; sie braucht tragende Gemeinschaften als Stütze und die Bereitschaft zur Askese als Weg zur Persönlichkeitsbildung. Ihre Gefahr sind Egoismus und Selbstzufriedenheit, die Chance liegt in der Entfaltung freier, belastbarer, verantwortungsbewußter und solidarischer Persönlichkeiten.
- Modernität ist die Selbstverständlichkeit des fortgesetzten Wandels; der moderne Mensch kann nur in der beständigen Suche sein Leben und seinen Glauben angemessen gestalten. Die Gefahren sind Modezwang und Wegwerfmentalität des Konsumismus, die Chance liegt in der Suche nach Qualität und Vertiefung. Insgesamt ist der Glaube unter modernen Bedingungen bewußter, entschiedener, persönlicher und wandelbarer als unter christentümlichen Verhältnissen.

3. Die unterschiedliche Aneignung der Moderne

Diese Umstellung von vormodernen auf moderne Verhältnisse, von einer „zugewiesenen" zu einer „angeeigneten" Religiosität, ist schwierig genug. Gleichzeitig gibt es bereits Kritik an der Moderne, die auf eine „Postmoderne" abzielt. Und die meisten Menschen stehen in verschiedenen Lebensbezügen in verschiedenen Verhältnissen zur Moderne. Z.B. kann eine ältere Hausfrau im familiären und religiösen Bereich traditionell eingestellt sein: Sie hat ihre Rolle als Frau, Mutter und Dienerin der Familie akzeptiert und findet Trost und Kraft dazu im Glauben. Gleichzeitig ist es ihr selbstverständlich, zur Erleichterung der Hausarbeit technische Haushaltshilfen und industrielle Fertigprodukte zu nützen. Todesfälle in der Familie waren für sie der Anstoß, sich mit den esoterisch-postmodernen Reinkarnationslehren von Dethlefsen zu beschäftigen. Sie lebt – in soziologischer Fachsprache – „ungleichzeitig".

Trotz dieser Ungleichzeitigkeiten sind die meisten Menschen vornehmlich in einer der drei „Welten" beheimatet. Man kann tatsächlich von einer Welt sprechen, einer kompletten Auffassung davon, wie das Leben insgesamt zu sehen ist. Diese Welten widersprechen einander in vieler Hinsicht. Das erklärt einerseits die Konflikte, die z.B. in der Kirche gegenwärtig zwischen den Traditionellen und den Modernen bestehen. Andererseits mischen sich diese Welten teilweise auch – wie wir gesehen haben – in ein und derselben Person. Das kann zu mehr Toleranz und Verständnis für Menschen anderer Auffassungen führen, aber auch zu großen Verunsicherungen, die ängstlich und fundamentalistisch machen.

Die „Vormodernen"

Die Welt der „Vormodernen" kommt ohne die Spielregeln der modernen Welt aus, weil sie mit ihr kaum in Berührung kommt. Man findet keinen Gefallen an der Vielfalt der Möglichkeiten, sondern bleibt beim Altbewährten, soweit es geht. Man hält an den hergebrachten Lebensregeln und Rollenerwartungen fest und ist fleißig, sparsam, pflichtbewußt und gehorsam. Man ist immer gut damit gefahren und sieht, daß die moderne Lebensart viele Schattenseiten hat.

Den Glauben hat man als Tradition von den Eltern übernommen und getreulich nach den Regeln der Kirche weiter gestaltet. Man weiß, wie man ihn hält und wie man an ihm schuldig wird. Wer ihn vernachlässigt, verwässert oder in Frage stellt, der schadet sich selbst und der Gemeinschaft der Kirche und macht sich daher schuldig. Deshalb steht man fest auf dem Fels der Kirche und bewahrt gehorsam, was man empfangen hat.

Die „Modernen"

Die „Modernen" leben in einer anderen Welt. Sie wissen sich verantwortlich für die möglichst gerechte Gestaltung der Gesellschaft und ein möglichst gutes Leben für alle. Deshalb sind sie beständig auf der Suche nach immer besseren Lösungen für die vielen Probleme unserer Zeit. Die Vielfalt der Risiken, aber auch der Chancen in allen Bereichen macht ihnen nicht vor allem Angst – wie den „Vormodernen". Sie fühlen sich im Gegenteil dadurch herausgefordert und beflügelt.

Das Leben der „Modernen" ist einem steten Wandel unterworfen. Der Glaube bleibt ihnen daher nur erhalten, wenn er darin mitlebt, weiterwächst, neue Akzente und Blickwinkel erhält. Er wird dabei sehr persönlich und stark von der eigenen Gottesbegegnung geprägt. Er hat Nächte und Gipfelzeiten. Die Kirche ist in dieser persönlichen Glaubensgeschichte eine wichtige Stütze und Wegweiserin. In ihr findet man Gemeinschaftsformen, wo man miteinander am Christsein wachsen, sich tragen, bereichern und korrigieren lassen kann.

Die „Postmodernen"

Die „Postmodernen" haben sich an den Möglichkeiten der Moderne bereits abgearbeitet. Und sie leiden darunter, welche Nebenwirkungen sie zeitigen. All der Luxus, den wir uns leisten, zerstört die ökologischen Grundlagen der Erde, hat Krieg und Elend in jene Länder gebracht, von deren Ausbeutung wir profitieren und schafft bei uns das Elend der Orientierungslosigkeit und Wohlstandsverwahrlosung. Es kann und darf daher nicht so weitergehen. Die Moderne braucht einen Bewußtseinswandel hin zu einer Kultur, die bewahren, pflegen und sich bescheiden kann. Sie muß jene Werte der Vormoderne wieder einholen, die sie oft leichtfertig beiseite gelassen hat, ohne die Spielregeln der Moderne und ihre Errungenschaften aufzugeben.

Im Religiösen kommen die „Postmodernen" aus der Moderne. Sie haben also ihren Glauben als persönliche Gottesbeziehung, getragen von der gläubigen Gemeinschaft, kennengelernt und sehr persönlich gestaltet. Sie sind „postmodern", weil sie wissen, daß ihr Lebensstil als ChristInnen zeichenhaft und wirksam die unheilvollen Nebenfolgen der Moderne beseitigen muß. Ganzheitlich muß die Religiosität sein, weil das bereits unter uns angebrochene Reich Gottes alles umfaßt: mich selbst mit Leib und Seele, unsere in so vieler Hinsicht gebrochene Gesellschaft, die Armen und Leidenden, die Ausgebeuteten und die Natur.

Die drei verschiedenen Welten, die bei uns nebeneinander bestehen – in Kirche und Gesellschaft – sehen also das Hauptübel unserer Zeit an einem anderen Punkt und schlagen daher auch verschiedene Lösungen vor.

- Die Vormodernen erachten die Unübersichtlichkeit und die daraus aus ihrer Sicht folgende Wertelosigkeit als Grundübel. Zurück zu den alten Werten und den aus ihnen folgenden Lebensregeln ist daher ihre Devise.
- Die Modernen sehen das Grundproblem darin, daß mit der gewachsenen individuellen Freiheit die Solidarität nicht mitgewachsen ist. Sie propagieren daher jene größere Freiheit, die frei macht von der Angst, zu kurz zu kommen, und daher bereit macht zum freien Miteinander, zum bestmöglichen Leben für alle.
- Die Postmodernen schließlich sehen das Hauptproblem in der Funktionalisierung des Lebens. Die Moderne trennt ja Funktion und Sinn, wobei oft der Sinn ganz verloren geht. Es gelte also, die „Lebensqualität" zu fördern als eine Kulturleistung, wo die Zufriedenheit einkehrt, weil gut ist, womit ich umgehe.

Obwohl heutige Menschen „ungleichzeitig" leben, sind sie meist hauptsächlich in einer „Welt" beheimatet:

- Die „Vormodernen" halten am Altbewährten so weit als möglich fest und bauen auf einen zugewiesenen Glauben.
- Die „Modernen" wissen sich für eine bestmögliche Gestaltung des Lebens verantwortlich und sind dafür beständig auf der Suche; ihr Glauben hat viele persönliche Akzente und zeigt eine Entwicklung.
- Die „Postmodernen" sind betroffen von den unheilvollen Nebenwirkungen der Moderne und fordern einen grundlegenden Bewußtseinswandel; ihr Glaube ist persönlich, gemeinschaftsorientiert, mystisch und politisch.

4. Fünf Deutungsmuster in der Kirche

Diese drei unterschiedlichen Haltungen zur modernen Welt wirken sich bei uns in der Kirche in fünf „Deutungsmustern" aus. Ein Deutungsmuster ist ein komplexes Schema der Weltwahrnehmung, in das sich alles widerspruchsfrei einordnen läßt, was einem im Alltag begegnet. Der Mensch ist auf solche Deutungsmuster angewiesen. Sie machen das Leben erst möglich, weil sie ihm einen einheitlichen Sinn zu geben vermögen. Ein Leben ohne Deutungsmuster wäre chaotisch oder sinnlos.

Die Traditionellen

Die erste kirchliche Gruppe bilden die Traditionellen. Sie sind der vormodernen Weltwahrnehmung zugeordnet. Für sie ist die Kirche vor allem das hierarchisch geordnete und von den Hirten zum ewigen Heil geführte Volk Gottes. Sie hat den Auftrag, das Wort Gottes zu verkünden und die Sakramente gültig zu spenden. Die Pfarrgemeinde versammelt sich um die Priester, um die Liturgie zu begehen und durch die verschiedenen Wege der Seelsorge im Glauben gestärkt zu werden. Die Welt ist der Ort, wo die Gläubigen sich bewähren müssen. Das ist heute besonders wichtig, weil die säkularisierte Gesellschaft keine christlichen Werte mehr kennt. Besonders wichtig für ein gläubiges Leben ist ihnen die Wahrung der Werte in der Familie und die opferbereite Liebe in allen Prüfungen des Alltags.

Die Gemeindlichen

Die zweite Gruppe, die Gemeindlichen, gehört gemeinsam mit der dritten Gruppe, den Liberalen, zu den „Modernen". Für die Gemeindlichen ist die Kirche vor allem die Gemeinschaft der Gläubigen, die miteinander auf dem Weg sind. Wir sind dieses Volk Gottes, das Zeichen und Werkzeug für Heil und Erlösung ist. Die Gesellschaft ist demokratisch, und deshalb muß es die Kirche auch sein. Jeder kann leben, wie er möchte; und deshalb müssen wir uns als Christen zusammentun und uns gegenseitig bestärken. Wer sich heute Christ nennen möchte, der muß in einer Gemeinde beheimatet sein. Dort können wir gemeinsam einen persönlichen Glauben entwickeln und ihn in Geschwisterlichkeit und Verantwortung füreinander und für die Welt ausstrahlen lassen. In einer Gemeinde muß es ein geschwisterliches Miteinander geben, wo jede/r angenommen ist, wie sie/er ist. Nur so kann ich heute erfahren, wie Gott mir persönlich begegnen will und daß der Glaube und die Gemeinschaft mich auch über Durststrecken tragen.

Die Liberalen

Für sie ist die Kirche in einer Gesellschaft wie der unseren, die über Jahrhunderte vom Christentum geprägt wurde, vor allem eine wichtige Kulturträgerin. Sie erinnert in einer arbeitsteiligen Gesellschaft an das Religiöse und die humanen Werte. Unsere Gesellschaft ist säkular und gesteht allen gesellschaftlichen Kräften und Werthaltungen ihre Bedeutung zu. Entscheidend ist, daß sie einen konstruktiven Beitrag zur Kultur leisten; von den Kirchen darf das erwartet werden. Die christlichen Gemeinden sollen ein gutes

Angebot haben, damit die Menschen ihre religiösen Bedürfnisse befriedigen können. Wenn sie dazu noch kompetente Lebenshilfe anbieten, nehmen sie in der Kultur eine wichtige Rolle ein. Wer heutzutage nach humanistischen Werten lebt und das Seine zum Gelingen des Zusammenlebens beiträgt, der lebt damit gut christlich. Es ist seine Privatsache, ob er auch an den kirchlichen Vollzügen teilnimmt; vorschreiben kann man das jedenfalls Gott sei Dank niemandem mehr.

Die Politischen
Sie gehören teilweise zu den „Modernen", teilweise zu den „Postmodernen". Für sie ist Kirche vor allem dort, wo sich Menschen auf die Sache Jesu einlassen und eine Option für die Armen und Benachteiligten treffen. Deshalb ist ein unpolitisches, verbürgerlichtes Kirchenbild abzulehnen. Die Verantwortung für eine gerechte Verteilung der Lebenschancen, also Politik, ist die zentrale Aufgabe der Kirche. Es ist daher eine Schande, daß die Kirche ihre erhebliche Macht und Mitgliederzahl in den gewachsenen christlichen Kulturen nicht ausnützt, um eine gerechtere Politik und Wirtschaft zu gestalten. Gemeinde wächst von unten, wo die Armen die erlösende Kraft des Evangeliums erfahren und sich daher gegen die Unrechtsverhältnisse solidarisieren. Die so entstehende Kirche des Volkes gehorcht anderen Gesetzmäßigkeiten als eine bürgerlich-klerikale Kirche für das Volk. Christ kann sich in der heutigen Zeit nur nennen, wer sich politisch wach und durch Basisbewegungen wirksam für mehr Gerechtigkeit, Frieden und Bewahrung der Schöpfung einsetzt; notfalls auch durch zivilen Ungehorsam. Denn an den Früchten werdet ihr sie erkennen.

Die Alternativen
Für sie ist die Christenheit vor allem eine weltweit sehr starke und in unserem Kulturkreis die einzig wirksame Macht, um das Spirituelle und Transzendente in den Menschen wachzuhalten. Gemeinsam mit allen anderen spirituellen Bewegungen hat sie dafür zu sorgen, daß der Vorrang des Lebendigen vor dem Industriellen immer mehr betont und realisiert wird. Unsere Zeit steht an der Wende vom mechanistischen zum ökologischen Leitbild des Denkens und Handelns. An vielen Stellen bricht jener Bewußtseinswandel zu Spiritualität und Ganzheitlichkeit auf, der die Zukunft bestimmen wird. Wo sich ChristInnen mit anderen spirituellen Menschen zu Gemeinden, Netzwerken, Basisbewegungen und Aktionsgruppen zusammenschließen, kann dem neuen ökologi-

schen Paradigma einer „erlösten Lebendigkeit" wirksam zum Durchbruch verholfen werden. Wer von der Begeisterung für diese neue Zeit geprägt ist, wird gerade als Christ seine Verantwortung für die Zukunft wahrnehmen. Er weiß, daß das Reich Gottes bereits unter uns lebendig ist, und unsere Aufgabe darin besteht, ihm in jeder Hinsicht – politisch, gesellschaftlich, ökologisch, in Entwicklungspolitik, Weltwirtschaft und Lebenshilfe – Geltung zu verschaffen.

Gegenseitige Ergänzung als Ausweis der Katholizität

Alle fünf Deutungsmuster in der Kirche sind in sich theologisch richtig. Sie unterscheiden sich in der Wahrnehmung der „Welt", dem Verhältnis zu den zwiespältigen Errungenschaften der Moderne und damit auch in dem, was sie als zentrale Aufgabe der Kirche und der Christen sehen. Dieses Phänomen ist in sich modern: Es gibt unterschiedliche Einschätzungen der Lage und unterschiedliche biographische Entwicklungen und daher auch ganz verschiedene gerechtfertigte Lebensentscheidungen.

Wer verantwortlich handeln will, muß Prioritäten setzen; der einzelne kann nicht alles leisten. Aufgabe der Kirche als ganze ist es – will sie im alten Sinn des Wortes „katholisch", also „umfassend" sein –, dafür zu sorgen, daß keine dieser wichtigen Seiten zu kurz kommt. Aufgabe aller Gläubigen ist es, dankbar die unterschiedlichen Charismen der verschiedenen Deutungsmuster anzunehmen und einander zu ermahnen, damit auch wirklich ernst zu machen.

Es geht also nicht darum, selbst alle Deutungsmuster abdecken zu wollen, wiewohl man vielleicht in jedem etwas Ansprechendes finden kann. Es geht auch nicht darum, den Vertretern anderer Deutungsmuster gegenüber tolerant zu sein. Man muß die Eigenart der verschiedenen Charismen bestärken, weil sie in die Kirche etwas Wesentliches einbringen:

- Die Stärke der Traditionellen ist, daß sie genau wissen, wofür sie stehen. Sie sind in ihrem Einsatz für Familie, Andacht im Gottesdienst, Opfermut im Alltag usw. zu ermutigen.
- Die Stärke der Gemeindlichen ist ihr Sinn für das geschwisterliche Miteinander. Sie haben eine Hand fürs Feiern, einen Blick für menschliche Schwächen und die Bereitschaft, ganz unterschiedliche Menschen gelten zu lassen, wenn sie nur mitmachen wollen.
- Die Stärke der Liberalen ist ihr Blick für den gesellschaftlichen Auftrag der Kirche, ihre Verantwortung zur Weltgestaltung und

ihre Chance zu „religiösen Serviceleistungen" für jene Fernstehende, die uns wieder näher rücken könnten.

- Die Stärke der Politischen ist ihr Gerechtigkeitssinn und ihr großes Engagement für die Benachteiligten, auch in politischer, nicht nur in caritativer Hinsicht.
- Die Stärke der Alternativen ist ihr gutes Verständnis für die weltweiten Zusammenhänge der gegenwärtigen Krisen quer durch die Bereiche Religion, Wirtschaft und Kultur hindurch.

Die verschiedenen Haltungen zur Moderne wirken sich bei uns in der Kirche in fünf „Deutungsmustern" als komplexen Ordnungen der Weltwahrnehmung aus:

- Die Traditionellen sind vormodern und bauen auf eine hierarchische Kirche und die Wahrung ihrer Werte.
- Die Gemeindlichen sind modern und an Volk-Gottes-Theologie, Geschwisterlichkeit und Mitverantwortung orientiert.
- Die Liberalen sind modern und haben ein hohes Bewußtsein für die Kirche als Kulturträgerin, Garantin humanistischer Werte und Servicestation für religiöse Bedürfnisse.
- Die Politischen sind modern oder postmodern, orientieren sich an der erlösenden Kraft des Evangeliums und fordern eine Option für die Armen und Benachteiligten.
- Die Alternativen sind postmodern und treten für Ganzheitlichkeit, Spiritualität und einen Vorrang des Lebendigen vor dem Industriellen ein. Jeder dieser Ansätze hat seine Stärken und ist unter gegenwärtigen Verhältnissen ein wichtiger Beitrag zur „Katholizität" der Kirche.

5. Fundamentalismus und Postmoderne

Die gegenwärtigen Diskussionen in der Kirche entzünden sich an den Spannungen zwischen Vormodernen und Modernen, speziell zwischen Traditionellen und Gemeindlichen. Dabei werden die Krisenerscheinungen der Moderne – Werteverlust, Orientierungslosigkeit, Verdunstung der Kirchlichkeit – als Argumente genommen, um die Rückkehr zu vormodernen Verhältnisen zu propagieren. Die Wahrheitsfrage spielt dabei eine zentrale Rolle.

Um die krisenhaften Folgen der Moderne geht es auch den Postmodernen. Für sie kann es kein Zurück hinter die Moderne geben; aber es brauche eine fundamentale Neuausrichtung ihrer Ziele, einen „Paradigmenwechsel". Ein Paradigma ist ein Schlüssel zum Weltverständnis. Demnach hätte die Moderne ein

„mechanistisches" Paradigma verfolgt, das die Welt und den Menschen wie eine Maschine – also nach dem Maßstab des erfolgreichen Funktionierens – behandelt. Was wir heute bräuchten, sei der Wechsel zu einem „ökologischen" Paradigma, das den Menschen und die Welt nach dem Maßstab des Lebendigen behandelt – vielschichtig, fehlbar, anpassungsfähig, vital und schön.

Die Postmoderne bringt auch eine Wiederentdeckung des Religiösen, das die Moderne zeitweise sogar für überholt erklärt hatte. Die Kirche profitiert nicht davon, weil sie im Streit zwischen Traditionellen und Modernen gefangen oder allein auf das innergemeindliche Wohlergehen konzentriert ist. Postmodernes Gedankengut ist bei ihr selten, obwohl eine solche Neuausrichtung theologisch legitim ist und in namhaften kirchlichen Texten seit dem Konzil schrittweise unternommen wurde. Sie müßte dazu in ihren praktischen Vollzügen liebenswürdiger, frömmer und kritischer werden.

Ein neues Engagement in diese Richtung würde der Kirche neue Bedeutung verleihen. Es ist zudem gesellschaftlich notwendig, weil die bedrohlichen Nebenfolgen der Moderne („Challenges") ohne Religion nicht zu meistern sind. Zwar kann man die Lösungswege aus der Krise auch säkular angeben:

- Challengegerechtigkeit: die Probleme nüchtern betrachten und kompetent an der Lösung arbeiten
- Lebensförderlichkeit: dabei die erste Priorität immer in das Mehr an Lebendigkeit und Lebensqualität setzen
- ehrfurchtgebietende Schönheit: auf eine Weise, die das Schöne, die Ehrfurcht, das Staunen und die Freude über das Lebendige fördert
- ehrliche Zusammenarbeit: mit den Mitteln des unvoreingenommenen, kompetenten und an der Gerechtigkeit ausgerichteten Dialogs, in Ächtung jedes Machtmißbrauchs.

Solche säkularen Lösungswege kann man jedoch nicht per Gesetz verordnen oder mit Geld bezahlen. Sie sind nur auf dem Boden eines Ethos möglich, also einer allgemein verbindlichen Lebenshaltung, die nicht beliebig austauschbar ist. Dazu braucht es eine Religion, und das Christliche ist dafür hervorragend geeignet. Damit schließen unsere Überlegungen an die philosophische Postmoderne-Diskussion an: Wäre die Moderne hauptsächlich dadurch gekennzeichnet, daß alles geht, aber keiner mehr weiß, wie – ihre Probleme wären unlösbar, weil ein gemeinsames Ethos fehlt. Ist die Moderne aber dadurch gekennzeichnet, daß sie den Fortschritt zum Mythos macht – also ihn zur „Zivilreligion“ erhebt –, dann ist gerade dieser Mythos die Ursache der Krise und daher abzulösen.

Nun ist der historisch ursprüngliche Mythos der Moderne nicht der Fortschritt (er ist eine industrielle Vision), sondern die aufgeklärte Vernunft. Er konnte die Religion nicht abschaffen, sondern hat eine neue geboren: den Fortschrittsglauben. Das war eine beinahe zwangsläufige Entwicklung, weil die Rationalität die kompetente Lösung von Problemen zum Inhalt hat. Je kompetenter nun Problemlösungen sind, desto komplexer werden zuerst die Lösungen und dann die neuen Probleme, die aus ihnen entstehen. Irgendwann kommt der Punkt, wo die Komplexität der Fragestellungen die Möglichkeiten übersteigt, mit ihnen noch kompetent umzugehen.

Moderne Computer können Unmengen an Daten verarbeiten, aber sie können keine Entscheidungen treffen. Moderne Wissenschaftler sind hochkompetent in ihrem Bereich, aber jede konkrete Problemstellung geht weit über ihren Bereich hinaus. Moderne Politiker mögen noch so sehr um das Gemeinwohl bemüht sein, aber sie haben kaum einen Einfluß auf die Selbstentwicklung komplexer moderner Gesellschaften. Der moderne Mensch, der Rationalität verpflichtet, gerät in die Rolle des Zauberlehrlings – und nur ein Gott kann uns retten.

In dieser verzweifelten Situation mag man sich an jenen Gott zurückbesinnen, den man längst für tot gehalten hatte. Man opfert ihm wie in alten Zeiten und hofft, daß er sich erbarmt. Religiöse Fundamentalismen sind also eine logische Konsequenz einer neuen Unübersichtlichkeit im Gefolge aufgeklärter Rationalität. Eine andere Lösung besteht darin, das Problem – nämlich den nicht mehr kontrollierbaren Fortschritt – selbst zum Mythos zu erklären. So entsteht jener Fortschrittsglaube, dem im Sinne des Wirtschaftswachstums als ungefragtes Allheilmittel alles zum Opfer gebracht werden darf und muß: die Menschlichkeit, der Lebenssinn, die Familie, die Schönheit, die kulturelle und biologische Vielfalt und schließlich die Wahrheit.

Das System läuft grundsätzlich verkehrt; wir brauchen einen Paradigmenwechsel, also eine vom Prinzip her neue Art, das gesellschaftliche Leben zu organisieren – so die Konsequenz der Postmoderne. Wir müssen gegen die moderne Lüge die Wahrheit des Glaubens stellen – so ohne hinreichende Zeitanalyse, aber instinktiv richtig die religiösen Fundamentalisten aller Richtungen. Die Moderne scheint am Verlust des Schönen (durch reine Funktionalität), des Guten (durch die fehlende Grundlage für ein Ethos) und des Wahren (durch die Lüge als Systemnotwendigkeit des Fortschrittsmythos) zu scheitern. Sie wird unmenschlich, ja tödlich. Der Fortschritt frißt seine Kinder.

Der Fehler beginnt dort, wo die Vernunft beginnt, den Rahmen des Menschlichen überschreiten zu wollen. Nicht das Bemühen um kompetente Lösungen ist das Übel, sondern die Maßlosigkeit des Anspruchs, *alles* lösen zu können. Erst wo die Selbstüberschätzung zur Methode wird, muß die Lüge zum System werden: zur tödlichen Spirale des Fortschritts. Auch die Bibel sieht darin das Urproblem des Menschen (es ist also kein modernes): Er trachtet danach, jene umfassende Erkenntnis zu besitzen, die nur Gott zukommt, nämlich das Gute vom Bösen zu unterscheiden (und verliert damit das Paradies, so die Bibel).

Insofern kann der Paradigmenwechsel der Moderne nur eine Umkehr zu Gott sein, also der fundamentale Abschied von der Vorstellung, der Mensch könne sein vernunftbegabtes Wesen nur gegen Gott zur Entfaltung bringen. Die Ursünde der Moderne ist der Absolutheitsanspruch des rationalen Subjekts. Das bedeutet aber gerade nicht, die Lösung moderner Probleme sei in der Irrationalität zu finden. Vormoderne Riten oder postmoderne Mythen lösen keine Probleme. Die moderne Krise kann nur durch vernünftige gemeinsame Anstrengungen gelöst werden – also im Rahmen und mit den Mitteln der Moderne, nicht gegen oder ohne sie. Aber diese vernünftigen Lösungswege müssen im Rahmen des Menschlichen bleiben: überschaubar, bescheiden, fehlerfreundlich, naturnah.

Die christliche Erlösungsbotschaft für diese Zeit heißt: Gott hat uns zum Schönen, zum Lachen und zum Fest berufen. Der Sonntag ist zur fortwährenden Erinnerung daran die Unterbrechung der alltäglichen Sachzwänge, wo alle Probleme ausgesetzt sind, weil er uns als Anzahlung auf das Paradies geschenkt ist. Er ist die Wurzel für eine Phantasie, die aus der Freude an der Lebendigkeit des Reiches Gottes wächst. Es ist jene Phantasie, die nur der Liebe entspringt. Wer liebt, der ist einfallsreich, um das Schöne und Gute zu schaffen. Wer liebt, der macht den eigenen Vorteil nicht zum Maßstab des Möglichen. Wer liebt, der ersehnt alles und gibt sich doch mit wenig zufrieden. Wer liebt, der bringt im Problemfall auch den Ernst und die Entschiedenheit auf, um das Nötige zu tun. Erst die Phantasie der Liebe macht gute Problemlösung möglich.

Die andere Seite der christlichen Erlösungsbotschaft für die moderne Welt heißt: Der Mensch ist für das Paradies geschaffen, das er erst am Ende der Zeit erreichen kann. Er wird also immer von Sehnsüchten nach dem Vollkommenen getrieben. Ein Scharlatan ist, wer ihre Einlösung hier und jetzt verspricht. Übergroße Anstrengungen sind daher eine sinnlose Überforderung des Menschen. Dennoch sind wir nicht in das Elend verbannt, weil das Reich Gottes bereits mitten unter uns lebendig ist. Wer also alles getan hat, was sinnvoll in seiner Macht steht, der kann den Rest mit Humor und Gelassenheit der Allmacht Gottes überlassen.

Es ist also angesichts der modernen Herausforderungen die Aufgabe der Kirche, die Phantasie der Liebe gegen die phantasielose Maßlosigkeit moderner Technologie und Bürokratie zu stellen. Sie muß daran erinnern, daß uns der Himmel zwischen uns bereits geschenkt ist – aber erst in Ansätzen, noch nicht in Vollendung. Daraus erwächst unsere Verantwortung, die im Menschenmöglichen seine Grenzen findet; Humor und Gelassenheit sind angebracht. Wenn die Kirche diese Grundhaltungen glaubhaft vertritt und an den säkularen Herausforderungen der Moderne wirksam mitarbeitet, dann erfüllt sie ihre prophetische Dimension in unserer Zeit. Sie wird darin auch ihre eigene Identität und Kraft wiederfinden.

- Die Moderne hat als Folge ihres Bekenntnisses zur aufgeklärten Vernunft den Fortschrittsmythos zum Glauben und damit die Lüge zum System gemacht. Der Fehler war nicht die Freiheit bei der Suche nach kompetenten Lösungen (wie die Fundamentalisten vermuten), sondern die maßlose Selbstüberschätzung menschlicher Möglichkeiten (der „Gotteskomplex").
- Die Postmoderne bringt eine Renaissance des Religiösen, die der Kirche aber wenig nützt. Sie müßte dazu – was sie theologisch in wichtigen Dokumenten tut – auch praktisch ein postmodernes Ethos zu säkularer Lösungskompetenz stützen. Die Umkehr zu Gott ist notwendig. Es braucht dazu das Bekenntnis zur Wahrheit des Glaubens und den Einsatz für einen ökologischen Paradigmenwechsel. Dabei helfen weder vormoderne Riten, noch postmoderne Mythen. Die kirchliche Erlösungsbotschaft vom Reich Gottes unter uns wirbt für eine engagierte Phantasie der Liebe, gepaart mit Gelassenheit und Humor im Vertrauen auf die Allmacht Gottes. Sie mit prophetischer Klarheit zu vertreten, stärkt auch die institutionelle Kraft der Kirche.

KAPITEL 2:

Gemeinde – Lebensräume des Glaubens

Die pastoraltheologische Grundeinstellung:
Nicht die Verluste beklagen, sondern den Wandel verstehen, sich der Ziele vergewissern und das Handeln danach ausrichten.

Unter modernen Lebensbedingungen sind Gemeinschaften im Glauben besonders wichtig.

- Nur in ihnen kann man unter säkularen Bedingungen lernen, wie man als gläubiger Mensch lebt.
- Sie bieten Trost und Halt in Krisenzeiten des Lebens und Glaubens.
- In ihnen können christliche Einstellungen in zentralen gesellschaftlichen Entwicklungsfragen überlegt, weitergetragen und umgesetzt werden.

Da Familie, Arbeitswelt und Gesellschaft als christliche Gemeinschaften weitgehend ausfallen, kommt der Pfarrgemeinde (neben den geistlichen Bewegungen) eine zentrale Bedeutung als christliche Gemeinschaft zu.

1. Pfarrsituationen in Stadt und Land

Den ungleichzeitigen Lebensverhältnissen in modern werdenden Gesellschaften entsprechen auch unterschiedliche Pfarrsituationen. Dabei sind die Verschiedenheiten von Stadt und Land nach wie vor groß, wobei die Ähnlichkeit durch Pendler, Zugezogene und Touristen, durch neue Werksstandorte und Supermärkte wächst. Sechs verschiedene typische Pfarrsituationen werden anschließend kurz beschrieben.

Die traditionelle Stadtpfarre

In die traditionelle Stadtpfarre kommen die Kirchgänger der näheren Umgebung gut gekleidet zur Sonntagsmesse. Zu den Hochfesten (Weihnachten und Ostern), die durch Weihrauch und Kirchenmusik besonders festlich gestaltet sind, ist die sonst halb leere Kirche wie in alten Zeiten zum Bersten voll. Auch an Werktagen wird Messe gefeiert, meist in einer Seitenkapelle. Davor beten ein paar ältere Frauen regelmäßig den Rosenkranz.

Die wenigen Kinder werden in Ministranten- und Seelsorgsstunden betreut, Jugendliche gibt es kaum. Die Senioren werden einmal monatlich zu einer Kaffeejause geladen, wo im Advent auch der Pfarrer vorbeischaut. Einige ältere Paare sind seit Jahren in einer Familienrunde organisiert, einige Vertraute des Pfarrers bilden den Pfarrgemeinderat. Zur Organisation der großen Pfarrfeste (Kirtag und Pfarrausflug) finden sich viele Helfer und Teilnehmer. Auch die gelegentlichen Vortragsabende und Wallfahrten, zu denen der Pfarrer einlädt, sind gut besucht.

Wenn traditionelle Pfarren absterben, weil der alte Pfarrer nicht mehr so kann und viele Leute in Nachbarpfarren abwandern, werden sie zu „Restversorgern". Menschen mit Erneuerungsvorschlägen werden abgewiesen und suchen sich eine andere kirchliche Heimat. Übrig bleiben die wenigen, die ihre Sonntagspflicht so am bequemsten erfüllen können oder nicht beweglich genug sind, anderswo hinzugehen.

Die gemeindliche Stadtpfarre

Hier gibt es viele Aktivitäten, Gruppen und Angebote, an denen zahlreiche Personen beteiligt sind. Das sonntägliche Pfarrcafé und regelmäßige Feste fördern das gesellige Leben. Kinder, Jugend und neue Lieder sind willkommen und beleben die Liturgien. Einige hundert Personen sind mehrmals wöchentlich bei Arbeitsbesprechungen, in Gruppen und für Aktionen verschiedenster Art im Pfarrzentrum anwesend und erfahren die Gemeinde als ihre zweite Heimat.

Der Pfarrer berät sich in allen Fragen mit seinen haupt- und ehrenamtlichen Mitarbeitern und weiß sich so in seiner Verantwortung entlastet. Viele neue Ideen werden ausführlich unter den Beteiligten besprochen und gemeinsam erprobt. Regelmäßig stöhnen die meisten unter der hohen zeitlichen Belastung und persönlichen Anstrengung. Aber man möchte das starke Gemeinschaftsgefühl nicht missen, freut sich über erfolgreiche Aktivitäten und zieht sich nur ungern zurück, wenn andere Lebensbereiche es erfordern.

Die Schwerpunktpfarre

Sie hat ein ganz spezifisches Profil entwickelt und zieht damit Personen weit über das eigene Pfarrgebiet oder den unmittelbaren

Einzugsbereich hinaus an. Ihr Schwerpunkt kann in der theologischen Ausrichtung des Pfarrers liegen, der z.B. dem Neokatechumenat angehört oder sich der Basisgemeindebewegung angeschlossen hat. Es kann eine spezielle liturgische Gestaltung anziehend wirken, z.B. klassische Kirchenmusik, lateinisches Hochamt oder intellektuell oder personal besonders anspruchsvolle oder ansprechende Predigt.

Manche Pfarren sprechen eine bestimmte Zielgruppe besonders an. Es gibt z.B. einen charismatischen Jugendleiter oder eine besonders starke Pfadfindergruppe, die die Kinder anzieht und deren Familien nachkommen läßt. Oder es wird ein besonderer Service geboten, z.B. eine Firmgruppe für Erwachsene und Senioren oder eine Messe sonntags spät abends. Manche Pfarren sind auch für ihr Bildungsangebot oder ihren professionellen Kirchenchor bekannt und werden so zur Heimat für entsprechend Interessierte.

Die traditionelle Landpfarre
Sie besteht aus allen Kirchgängern einer ländlichen Gemeinde und hat seit langem feste Traditionen. Es gibt angestammte Sitz- und Stehplätze im Kirchenschiff, beim Ausgang und auf der Empore. Der Pfarrer hat einen zentralen Platz im Gemeindeleben, wird zu den Honoratioren bei offiziellen Anlässen gezählt und als Autorität bei wichtigen Entscheidungen gehört. Seine seelsorgliche Tätigkeit konzentriert sich neben Messen und Andachten auf Segnungen, Versehgänge und Beerdigungen.

Arbeit, Brauchtum und ein reges Vereinsleben fördern die Dorfgemeinschaft, die Kirche hat keine gemeindebildende Funktion. Pfarrgruppen oder Gesprächsrunden sind kaum möglich, weil man aus Angst vor dem Gerede ungern etwas Persönliches preisgibt. Für Bildungsveranstaltungen herrscht kaum Nachfrage, weil es wenig Bildungsinteresse unter den Älteren gibt und die Jüngeren in die Städte auspendeln oder abwandern.

Die Landpfarre im Übergang
Für die meisten Landpfarren bricht die traditionelle Welt zusammen. Verschiedene Faktoren erfordern eine Änderung. Immer weniger Menschen finden in der Landwirtschaft Arbeit, immer mehr Betriebe werden im Nebenerwerb geführt. Die arbeitsfähige Bevölkerung pendelt aus, neue Eindrücke und neuer Wohlstand lassen das alte soziale Gefüge schwinden. Zusiedler, Zweithausbesitzer und Touristen beschleunigen diesen Prozeß. Die Dorfgemeinschaft zerfällt.

Auch das kirchliche Leben ändert sich. Die Überalterung der Pfarrer ist vor allem auf dem Land sehr hoch. Sie können mit neuen Anforderungen an liturgische Gestaltung und kirchliches Leben nicht mithalten. Wo sie es zulassen, wachsen oft von diözesaner Seite geförderte Prozesse der Gemeindeerneuerung. Manche stärken auch das Bewußtsein für die Eigenverantwortung der Laien mit dem Hinweis, daß ein kleiner Ort in Zeiten des Priestermangels sicher keinen eigenen Priester mehr bekommen wird.

Landpfarren müssen daher einen jüngeren Pfarrer in der Regel mit den Nachbarorten (manchmal bis zu fünf) teilen. Ein solcher Pfarrverband schafft viele Probleme. Jedes Dorf hat seinen eigenen Charakter und bringt lang gewachsene Feindschaften und Vorurteile zu den Nachbarn mit. Es ist also das Zusammenlegen von Messen oder Seelsorgsstunden in einen Zentralort in der Regel nicht möglich. Der Pfarrer und eventuell ein hauptamtlicher Mitarbeiter sollten an jedem Ort so agieren, wie wenn es ihr einziger wäre – und sind deshalb überall und nirgends.

Die mitversorgte Landpfarre

Hat die Zentralpfarre, in der der Pfarrer wohnt, wenigstens noch das Gefühl seelsorglicher Betreuung, so spüren die mitversorgten Gemeinden die Not des leeren Pfarrhofs besonders schmerzlich. Für sie hat man in verschiedenen Diözesen Konzepte der Gemeindeentwicklung und Leitung durch Laien entwickelt.

Möglichst schon in den letzten Jahren mit dem alten Pfarrer erhält die Gemeinde die Unterstützung eines ausgebildeten Gemeindebegleiters. Schrittweise lernen sie, daß sie als Volk Gottes durch Taufe und Firmung berufen sind, miteinander Kirche zu sein. Sie wachsen in die Verantwortung hinein, Kinder zu den Sakramenten zu führen und Wortgottesdienste zu gestalten.

Unter den besonders engagierten Personen finden sich meist einige, die Interesse und Zeit für eine theologische Laienbildung haben, sich als Männer eventuell zu Diakonen weihen lassen und als Team die Leitung der Gemeinde unter der Oberaufsicht des zuständigen Pfarrers, aber eigenverantwortlich übernehmen. Gelegentlich kann auch ein/e Pastoralassisten/in mit Familie in den Pfarrhof einziehen und so ein neues kirchliches Leben begleiten.

Pfarrsituationen können heute sehr verschieden sein. Grundsätzliche Unterschiede bestehen zwischen den anonymen Städten und den Landgemeinden, wo jeder jeden kennt. Große Unterschiede bestehen danach, wie sehr die Kirchgänger das

Pfarrleben als ihre eigene Sache ansehen. Schließlich unterscheiden sich die Pfarren durch die Personalsituation, die Gemeindlichkeit und eventuelle inhaltliche Schwerpunkte.

2. Eine Theologie kirchlicher Grundvollzüge

Pfarrsituationen können ganz verschieden sein und sich verändern. Der Grundauftrag, als Pfarre Kirche zu sein, bleibt bestehen. Zwar muß die einzelne Pfarre nicht alle Aufgaben übernehmen, die die Kirche hat – z.B. weiht sie keine Priester. Aber sie muß alle Grundvollzüge des Kircheseins wahrnehmen. Was das im einzelnen bedeutet, ist nachfolgend beschrieben.

2. 1. Das Zentrum der Kirche

Das Zentrum der Kirche ist Gott. Was das konkret für das Selbstverständnis der Kirche heißt, wird von jeder Zeit mit anderen Schwerpunkten beschrieben. Das Konzil hat dazu neue Akzente gesetzt.

Als Volk Gottes Heilssakrament
Das Zweite Vatikanische Konzil hat zwei zentrale Begriffe dafür verwendet, um das Wesen und den Auftrag der Kirche zu beschreiben. Sie ist erstens das „Volk Gottes", von Gott zusammengerufen, unterwegs durch die Geschichte, der Zeit unterworfen und ausgesetzt. Sie ist zweitens „Heilssakrament", also „Zeichen und Werkzeug" für die Erlösung, die in Jesus Christus wirklich und endgültig geworden ist.

Der Volk-Gottes-Begriff setzt neue Schwerpunkte im kirchlichen Selbstverständnis. Er wird wichtiger als „Nachfolge Christi", weil die Kirche nicht beim Seelenheil des einzelnen, sondern bei der Gemeinschaft der Glaubenden ansetzt. Er wird auch wichtiger als „Hierarchie", weil alle in Taufe und Firmung berufen und erwählt sind. Das Miteinander des Glaubens ist vorrangig. Er wird wichtiger als das „Haus voll Glorie", weil wir zuerst Kirche sind inmitten der Welt und der Zeit, statt abgehoben und herausgehoben aus ihr. Die Gewichtung verschiebt sich.

Auch das Selbstverständnis als Heilssakrament setzt neue Schwerpunkte. Kirche ist nicht zuerst Gemeinschaft der Heiligen in sich, sondern sie ist vor allem Zeichen und Werkzeug des Heils für die Menschen. Dadurch, daß sie das Heil Gottes real erfahrbar macht und es als das Heil Gottes deutet, ist sie Kirche. Es geht daher nicht zuerst darum, gültig die Sakramente zu spenden. Sondern die Kirche selbst ist das Sakrament des Heiles Gottes. Kirche ist Kirche, insofern sie im Namen Gottes für die Menschen da ist – real und alltäglich.

In der Schöpfung und im Hl. Geist
Kirche ist dazu berufen und bezieht ihre Identität daraus, daß sie das Heil Gottes mitten in der Welt erfahrbar hält. Sie kann das einerseits, weil diese Welt die Schöpfung Gottes ist. Sie wäre nicht entstanden und würde nicht bestehen, wenn Gott das Leben nicht geschaffen hätte und erhalten wollte. Sie wäre nicht bewohnbar, wenn Gott ihr keine menschengemäße Ordnung gäbe. Es gäbe in ihr kein Heil und keine Erlösung, wenn Christus als unser Heil und unsere Erlösung nicht schon von Anfang an das Prinzip der Schöpfung – ihr Alpha und Omega – wäre.

Die Kirche kann ihren Auftrag andererseits erfüllen, weil sie aus der Kraft des Heiligen Geistes lebt. In ihm bleibt Christus in seiner Kirche gegenwärtig und wirkt durch sie sein Heil. In ihm ist die ganze Welt auf Gott hin ausgerichtet, sodaß wir nicht wissen können, wo er noch weht, außer in der Kirche. Er trägt die Kirche durch die Zeit und gibt der Geschichte und der Tradition eine immer neue Zukunft. Er verwandelt das Gesicht der Erde.

2. 2. Die vier Grundvollzüge der Kirche

Die Kirche, als Volk Gottes zusammengerufen, lebt in der Schöpfung kraft des Hl. Geistes als Heilssakrament für die Menschen. Sie verwirklicht das, indem sie vier Grundvollzüge entfaltet: Gottesbegegnung, Gemeinschaft, Weltverantwortung und Verkündigung.

Gottesbegegnung
Christen glauben gemeinsam mit dem Gottesvolk des ersten Bundes an einen Gott, der sich selbst als einer vorstellt, der für uns Menschen da ist. Die Gottesnamen sagen das aus: Jahwe, Immanuel, Christus, Jesus, Geist. Gott hat immer schon mit uns zu tun. Seine Gnade geht all unserem Tun und all unserem Glauben voraus. Er ist Begegnung.

Der Glaube der Kirche ist die Antwort auf die Begegnung Gottes. Er ist der Weg, in dieser und aus dieser Nähe zu leben. Kirche entfaltet ihr Wesen, indem sie die Liebe Gottes erfahrbar macht. Erfahren heißt immer zweierlei: erspüren und wissen. Die heutige Zeit erfordert, daß diese Gotteserfahrung persönlich ist.

Gemeinschaft
Gott hat die Menschen nicht als einzelne, sondern als Volk berufen. Jesus hat Gott seinen Vater genannt und uns gelehrt, ihn ebenso anzusprechen. Er hat seine Jünger Brüder und Schwestern geheißen und sich selbst als unseren Bruder bezeichnet. Weil wir Gott zum Vater und Jesus zum Bruder haben, sind wir alle Geschwister. Die Gemeinschaft der Kirche beruht also auf der gemeinsamen Gottesverwandtschaft.

Die Kirche ist also nicht Gemeinschaft aus eigenem Beschluß wie ein Freundeskreis, der aus Neigung zusammenwächst und sich wieder trennen kann. Kirche ist Gemeinschaft, weil Wurzeln und Geschichte sie verbinden wie eine Familie. Man kann in einer Familie ein Herz und eine Seele sein, kann sich aber auch streiten oder sogar auseinander gehen – man wird die Verwandtschaft jedoch nie ablegen können. Im Gegenteil reift eine Persönlichkeit und eine Gemeinschaft daran, wenn sie die eigenen Wurzeln kennt und wertschätzt.

Weltverantwortung
Kirche ist Kirche für die Menschen. Sie ist nicht da, um ihr Innenleben zu pflegen, sondern um ihre Außenwirkung im Dienst der Menschen zu gestalten. Sie ist Werkzeug für Gottes Heil mitten in der Welt. Gott wirkt nicht unmittelbar und läßt seine Gnade einfach vom Himmel fallen. Gott handelt durch das Weltliche hindurch, er handelt durch Menschen, er wird selbst Mensch.

Gottes Gnade ist immer ein Stück Himmel mitten unter uns. Deshalb kann sich die Kirche nicht aus der Verantwortung für die Gestaltung des gesellschaftlichen und alltäglichen Lebens heraushalten. In ihm ist das Heil Gottes wirklich und erfahrbar – oder gar nicht. Jedes feierliche Zeichen für dieses Wirken Gottes ist nur so wertvoll wie die Erfahrung, daß sein Heil wirklich ist – wie das feierliche Zeichen der Hochzeit nur so wertvoll ist, als die Liebe der Eheleute trägt. Das ist aber nicht Frucht menschlicher Anstrengung, sondern Resultat des Geistes Gottes, der mit uns und durch uns wirkt, aber oft überraschend anders und überwältigend mehr, als wir erwarten konnten.

Verkündigung
Kirche ist Werkzeug in der Hand Gottes für das Wirken seines Geistes. Sie ist gleichzeitig aber auch Zeichen, macht also sichtbar, daß es Gott ist, der da wirkt. Besonders in der modernen Welt, der die Funktion so selbstverständlich und der Sinn so flüchtig ist,

braucht es die Kirche. Sie erzählt verläßlich und beständig von dem Sinn, den das Leben und die Geschichte, der Alltag, das Leiden und das Fest vor Gott und für den Menschen hat. Sie verkündigt, weil das Ereignis erst durch die Deutung zur Erfahrung wird. So wird Weltverantwortung durch Verkündigung zur Gottesbegegnung mitten im modernen Leben.

Die Kirche betreibt diese Verkündigung jedoch nicht einfach aus dem vernünftigen Entschluß heraus, daß die moderne Welt das braucht. „Wir können unmöglich schweigen über das, was wir gesehen und gehört haben." (Apg 4,20) Verkündigung ist dort vital, wo die Kirche so ergriffen ist vom Wirken Gottes in ihr, daß sie ihr Erschauern, ihre Klage und ihre Freude nur hinausrufen kann. Jede Erläuterung, jede Pädagogik und jede Katechese ist dazu nur eine nachträgliche Hinzufügung.

2. 3. Der weltliche Ort der Grundvollzüge

Die vier Grundvollzüge der Kirche stehen nicht in sich geschlossen für das, was Kirche ist. Sondern die Kirche entwickelt mit ihnen ihr Leben in der Welt. Sie tut das in vier Zusammenhängen: dem der Gesellschaft, der Ökumene, der Interreligiosität und der Zukunft.

Gesellschaft

Kirche ist gemäß dem Konzil zuerst Ortskirche, und diese ist ganz Kirche, sagten wir oben. Daraus folgt, daß die Kirche sich immer innerhalb ganz konkreter gesellschaftlicher Zusammenhänge entwickelt. Erstens ist das dadurch bedingt, weil die Kirche am Ort aus ganz konkreten Menschen besteht, die auch die Gesellschaft am Ort bilden. Zwar gibt es unter modernen Voraussetzungen bestimmte gesellschaftliche Gruppen (z.B. Männer mittleren Alters oder Arbeiter), die im kirchlichen Leben kaum vorkommen. Die Pfarre ist also kein kennzeichnender Ausschnitt aus der Wohnbevölkerung, in der sie besteht. Aber umgekehrt sind alle Mitglieder der Pfarre gleichzeitig Mitglieder dieser Gesellschaft. Sie leben und arbeiten, empfinden und denken in ihr. Die reale Kirche ist Teil der realen Gesellschaft.

Daraus folgt zweitens, daß sich das kirchliche Leben weitgehend so entwickelt, wie es den gesellschaftlichen Selbstverständlichkeiten entspricht. Wenn z.B. moderne Menschen eine Gemeinschaft bilden, dann erwarten sie, daß man miteinander redet und feiert, einander als gleichwertig achtet und gelten läßt, daß man

Vorhaben miteinander bespricht und bei der Durchführung partnerschaftlich zusammenarbeitet. Früher war die traditionelle Gemeinschaft der Kirche wie die traditionelle Familie geordnet: das Familienoberhaupt übernahm die Verantwortung und ordnete an, was und wie es zu geschehen hatte. Jeder Versuch, etwas zu besprechen, wurde als Widerrede abgewehrt. Die Rollen waren klar verteilt und jeder hatte seine bestimmte Aufgabe zu erfüllen. Gemeinschaft ist theologisch ein Grundvollzug der Kirche; wie er konkret gestaltet wird, ist von den gesellschaftlichen Selbstverständlichkeiten abhängig und ändert sich mit ihnen.

Drittens hat es die Kirche umgekehrt in der Hand, ihrerseits gesellschaftliche Umstände zu prägen. Besonders in Gesellschaften wie der unseren, die eine so große Zahl von Kirchenmitgliedern haben (gegenwärtig sind in Österreich 79% Katholiken), ist der kirchliche Einfluß nicht zu unterschätzen. Tatsächlich haben sich im Pfarrleben Üblichkeiten herausgebildet, die man (fast) nur dort findet, z.B. im Sesselkreis sitzend persönliche Fragen bereden oder miteinander singen (im städtischen Bereich außerhalb der Kirche unter Erwachsenen praktisch ausgestorben). Durch politische Haltungen beeinflußt die Kirche das gesellschaftliche Leben maßgeblich; z.B. wäre die massive Kritik an der menschenverachtenden Ausländerpolitik vieler Länder ohne das aktive Engagement so vieler Pfarrgemeinden und kirchlicher Einrichtungen für die Flüchtlinge nie aufgekommen oder ist die Herausbildung verantwortlicher Gesetze zur Einschränkung der Gentechnik ohne kirchliche Experten nicht möglich.

Ökumene

Die Kirche gestaltet ihre Grundvollzüge immer auf ihre eigene konfessionelle Weise. Wie die alten Adelshäuser hat auch die Christenheit im Laufe der Jahrhunderte verschiedene Familienlinien ausgebildet. Die großen Zwistigkeiten und gegenseitigen Verdammungen früherer Jahrhunderte sind überwunden, die getrennte Geschichte läßt sich nicht rückgängig machen. Jede christliche Kirche hat ihre eigenen Traditionen ausgebildet und in manchen Fragen unterschiedliche Auffassungen. Alle christlichen Kirchen gestalten die vier Grundvollzüge aus, aber auf verschiedene Weise. Es ist also selbst unter den gleichen gesellschaftlichen Bedingungen möglich, auf verschiedene Weise christliche Kirche zu sein. Die Ausgestaltung ist nicht eindeutig.

Damit allein kann man sich allerdings nicht zufrieden geben. Die großen Weltprobleme und die gesellschaftlichen Herausforderungen machen es nötig, daß die Christen möglichst über alle Konfessionsgrenzen hinweg zusammenarbeiten. In der Ausländerfrage bei uns ist das weitgehend der Fall. In den kriegerischen Auseinandersetzungen im ehemaligen Jugoslawien wird es als schmerzlich fehlend empfunden. Die Bestrebungen, zu einer neuen Einheit der Christenheit zu finden, sind auf liturgischem, theologischem und institutionellem Gebiet vielfach behindert. Die Kraft zeichenhafter Einheit in der Vielfalt kann die Christenheit gegenwärtig nicht aufbringen. Dennoch sind wichtige Einzelinitiativen nicht zu unterschätzen, z.B. der Europäische Konziliare Prozeß für Frieden, Gerechtigkeit und Bewahrung der Schöpfung mit der 1. Ökumenischen Versammlung in Basel 1989 oder der Beitritt der katholischen Kirche zum Ökumenischen Rat der Kirchen, den Österreich als erstes europäisches Land 1995 vollzogen hat. Vor allem aber muß die Ökumene im konkreten Zusammenleben und -feiern christlicher Gemeinden am Ort stückweise realisiert werden.

Interreligiosität

Die Kirche ist heute auch unausweichlich in den Dialog der Religionen hineingestellt. Jede Pfarrgemeinde, die Flüchtlinge aufgenommen hat, jeder Haushalt mit einer moslemischen Raumpflegerin ist damit konfrontiert, daß Menschen mit einer anderen religiösen Haltung als der christlichen leben. Zudem fördern Urlaubsreisen in ferne Länder den Kontakt mit den asiatischen Religionen; afrikanische Musik transportiert religiöse Einstellungen mit, Meditationsbewegung und Neue Religiosität bringen weitere fremde religiöse Elemente ein. Modernes Leben findet inmitten einer Vielzahl religiöser Einflüsse statt. Die Pfarrgemeinden sind ein Ort, um sich darüber eine kompetente Meinung zu bilden.

Die Vielzahl der Religionen innerhalb einer Gesellschaft relativiert den Einfluß der einzelnen. Andererseits ist inzwischen offensichtlich, daß eine moderne Welt auf Dauer nur mit dem Rückhalt einer Religion Bestand hat. Das Christliche steht also in einer Konkurrenz der Hoffnungen. Es hat darin gute Chancen, weil es der Mutterboden der modernen Welt ist. Es wird sich der Anstrengung aber nicht entziehen können, zwar prophetisch kritisch, aber dennoch engagiert loyal an deren Entwicklung mitzubauen.

Zukunft

Deshalb ist Zukunft die vierte Dimension, innerhalb der sich die kirchlichen Grundvollzüge ausgestalten. Eine moderne Welt ist nicht eine feste, nach ewig gültigen Regeln gebaute Ordnung, sondern ein offenes System. Eine Vielzahl von Einflüssen – wirtschaftliche, politische, persönliche, künstlerische, philosophische, religiöse – wirken zusammen; und keiner kann genau sagen, wie und mit welchem Ergebnis. Das ist der Preis der modernen Freiheit. Deshalb wächst die Verantwortung, die Zukunft nicht bloß abzuwarten, sondern sie zu gestalten. Die Kirche mit ihrem großen kulturellen und personellen Einfluß auf die Gesellschaft kann sich dieser Verantwortung nicht entziehen.

Die Kirche hat an dieser Zukunftsgestaltung ein Eigeninteresse, weil ihre Grundvollzüge und damit ihr Auftrag daran hängen. Eine Pfarre als Kirche am Ort wird das Leben rundum so mitgestalten, daß Menschen darin die befreiende Liebe Gottes erfahren. Je mehr die Zukunft – wirtschaftlich, ökologisch, politisch, individuell – den Menschen als Bedrohung erscheint, desto mehr wird diese befreiende Gottesbegegnung die Zukunftsfragen einbeziehen müssen. Die Verkündigung wird entsprechende Themen mit der Gottesfrage zusammendenken helfen. Und das Gemeinschaftsleben wird beispielhaft Wege suchen, wie die Welt von morgen insgesamt gedeihlich wird leben können.

2. 4. Der geistliche Horizont der Grundvollzüge

An den Gesellschafts- und Zukunftsfragen wird besonders deutlich, an was für einem schwierigen Punkt der Moderne wir gegenwärtig angelangt sind. Heißt die Mitverantwortung der Kirche, daß wir kompetenter, engagierter, selbstloser und erfolgreicher sein müssen als die politischen gesellschaftlichen Kräfte? Ist das nicht eine unzumutbare Überforderung? Ja stellen nicht die modernen Herausforderungen insgesamt übermenschliche Ansprüche an Gerechtigkeitssinn, Sachkompetenz und Gestaltungskraft?

Reich Gottes

Es ist sicher nicht Sache der Kirche, die bessere Politik zu betreiben. Wohl aber ist es Sache der Christen, für Gerechtigkeit und Wahrheit einzustehen. Vor allem aber hat die Kirche die Erinnerung an das Reich Gottes mitten unter uns wachzuhalten. Die Kirche darf bei ihren vier Grundvollzügen deren weltlichen Ort nicht vernachlässigen. Sie muß sich dabei aber immer des geistlichen Horizonts bewußt bleiben.

Wir sagten bereits ganz am Anfang, daß im Zentrum der Botschaft Jesu, auf die die Kirche verpflichtet ist, das Reich Gottes steht: „Er verkündete das Evangelium Gottes und sprach: Die Zeit ist erfüllt, das Reich Gottes ist nahe. Kehrt um, und glaubt an das Evangelium!“ (Mk 1,14b–15) Mit Jesus hat also nach christlichem Glauben eine neue Zeit angefangen. Es ist jene schon im Alten Bund verheißene Heilszeit Gottes, wo Schwerter zu Pflugscharen werden, der Wolf mit dem Lamm spielt, die Armen reich beschenkt sind und jede Träne trocknet.

Daß das nicht ferne Utopien sind, macht Jesus in seinen Heilungen wahr und in seinen Gleichnissen auf vielfache Weise anschaulich. Die Spielregeln dieser neuen Zeit sind in der Bergpredigt ausgefaltet und im Liebesgebot zusammengefaßt. Paulus bringt das, was das Reich Gottes ist und nicht ist, auf einen sehr modernen Punkt: „Das Reich Gottes ist nicht Fraß und Völlerei, sondern Gerechtigkeit, Frieden und Freude im Heiligen Geist.“ (Röm 14,17) Nicht im maßlosen Konsum, wie er für die heutige Zeit in jeder Hinsicht so typisch ist, liegt der Segen, sondern in Gerechtigkeit, Frieden und Freude.

Die Gerechtigkeit ist zuerst Verteilungsgerechtigkeit. Die katholische Soziallehre hat das mit „Jedem das Seine“ beschrieben. Eine Gemeinschaft kann nicht bestehen, wenn es in ihr zu große Unterschiede im möglichen Lebensstil gibt. In der Familie ist es uns selbstverständlich, daß im Rahmen des Möglichen jeder gleich viel bekommt oder darüber verfügen kann. In der Pfarrgemeinde ist das schon schwieriger, weil man bei uns nach wie vor meint, man müsse sich für die eigene Armut schämen. Gerade heute, wo weit weniger die Tüchtigkeit oder Faulheit, sondern vor allem günstige Umstände und große Ungerechtigkeiten der Grund für die Einkommensunterschiede sind, müßten sich eher die Reichen dafür schämen, daß es Arme gibt. Das gilt erst recht für die Verteilung des Vermögens einer Volkswirtschaft und in größerem Rahmen für Last und Luxus in der Weltwirtschaft.

Eine zweite Ebene der Gerechtigkeit hat die kirchliche Soziallehre mit dem Prinzip der Subsidiarität bezeichnet. Demgemäß soll jede Ebene der Gemeinschaft das Recht und die Macht haben, das sie Betreffende weitgehend selbst zu entscheiden. Die jeweils Betroffenen müssen also gehört und beteiligt werden. Über die Köpfe der Leute hinweg zu entscheiden, was auch sie angeht, ist gegen die Beteiligungsgerechtigkeit. In der Pfarrgemeinde z.B. vergrämt man die Mitarbeiter, wenn die einen (z.B. der PGR) beschließen, was und wie etwas zu geschehen hat, andere es aber ausführen sollen (z.B. die Gestaltung des Pfarrblattes). Wer nicht mitentscheiden darf, hat keine Lust zum Engagement. Mitreden ist das eine, Machtspielräume sind das andere. Man kann z.B. von der Jugend nicht erwarten, daß sie kirchlich ist, wenn man ihr nicht zugesteht, ihre Formen, Kirche zu sein, selbst zu bestimmen und in die bunte Vielfalt des Gemeindelebens gleichberechtigt einzubringen.

Frieden ist eine Frucht der Gerechtigkeit. Wo jeder das Seine erhält und das Seine einbringen kann, läßt es sich gut leben. Frieden herrscht also nicht, wo Zank und Streit fehlen, weil die Unterlegenen der Gerechtigkeit sich resigniert in ihr Schicksal gefügt haben. Der Frieden der Bibel ist „shalom", d.h. ein Leben in Fülle. Zum Frieden gehört also jene Phantasie der Liebe, die den eigenen Vorteil und die eigenen Vorstellungen nicht zum Maßstab des Möglichen macht, die alles ersehnt und sich letztlich auch mit wenig zufriedengibt, die einfallsreich das Schöne und Gute schafft und im Ernstfall die Entschiedenheit aufbringt, um das Nötige zu tun.

Freude entspringt aus Gerechtigkeit und Frieden. Sie ist nicht die derbe Oberflächlichkeit des Egoismus, nicht die Schadenfreude des Selbstgerechten und nicht die protzige Selbstdarstellung des Mächtigen. Die Freude ist das Strahlen, das aus der Lebendigkeit des Reiches Gottes kommt. Sie ist ein Geschenk des Heiligen Geistes, das man nicht erzwingen, sondern nur empfangen kann. Deshalb ist die Freude des Reiches Gottes ein wichtiger prophetischer Kontrast gegenüber der modernen Resignation und Überforderung. Wer als einzelner, als Gemeinschaft und als Kirche alles tut, was vernüftigerweise in seiner Macht steht, kann getrost alles andere der Allmacht Gottes überlassen. Eine Kirche, die so lebt, ist mit der Freude beschenkt. Eine Kirche, die nicht lacht und singt, verliert ihre prophetische Kraft.

Auferstehung und Wiederkunft Christi

Das Engagement für das Reich Gottes mittels der kirchlichen Grundvollzüge kann zeitvergessen machen. Das verstärkt eine Not der modernen Welt, die verlernt hat, die Zeit zu leben. Einerseits ist Zeit Geld und alles hastet, um ja nichts zu versäumen. Andererseits entsteht dabei eine große Leere und man hat den Eindruck, daß die Zeit rast, sich aber gleichzeitig nichts mehr in ihr ereignet. Man eilt, um die Zeit nicht ungenutzt verstreichen zu lassen und trotzdem zerrinnt sie zwischen den Fingern. Man spart Zeit und versäumt gleichzeitig das Leben.

Es ist auch im christlichen Sinn, die Zeit nicht ungenützt verstreichen zu lassen. Schon das alte Sprichwort sagt: „Müßiggang ist aller Laster Anfang." Andererseits ist Muße der Raum der Besinnung und wer keine Muße kennt, wird besinnungs-los und läuft gleichsam zeit-betäubt durch die Welt. Die griechische Tradition kennt zwei Zeitbegriffe: Chrónos und Kairós. Chronos ist die Zeit, die man nach Sekunden und Jahren messen kann und die unaufhaltsam verrinnt. Kairos ist die erfüllte Zeit, die Zeit voller Leben, wo die Sekunde zur Ewigkeit wird und die Ewigkeit im Augenblick aufblitzt.

In diesem Sinn ist mit Jesus Christus die Fülle der Zeit gekommen. Man bekommt sie nicht billig, ohne Schmerz, Abschied und Tod. Aber durch den Tod hindurch gibt es die Auferstehung als den letzten und unzerstörbaren Sieg des Lebens. Mit Christi Auferstehung hat deshalb das Ende der Zeit begonnen. Die Fülle ist schon da, wenn auch nicht in letzter Vollendung. Aber wir leben auf sie zu, weil Gott auf uns zukommt am Ende der Tage. Deshalb ist für die Kirche die Zeit „relativ" – das heißt nicht „wenig bedeutungsvoll", sondern im Gegenteil voll von der Bedeutung, alles „in Relation", also „bezogen" auf die Wiederkunft Christi zu sehen. Bis dorthin ist die Kirche als „Gemeinschaft der Heiligen" – also der von Gott Berufenen und deshalb Geheiligten – zu „Gottes Mitarbeitern" (1 Kor 3,9) durch ihre Grundvollzüge bestimmt.

- Die Kirche versteht sich gemäß dem Konzil als Volk Gottes und als Heilssakrament. Sie verwirklicht das innerhalb der Schöpfung, in der Jesus Christus das Alpha und Omega ist, und durch die Kraft des Hl. Geistes, in dem Christus in ihr durch die Veränderungen der Geschichte hindurch gegenwärtig und wirksam bleibt.
- Das Wirken der Kirche entfaltet sich auf verschiedene Weise in vier gleichbleibenden Grundvollzügen: Gottesbegegnung, Gemeinschaft, Weltverantwortung und Verkündigung.
- Diese Grundvollzüge sind in vier Zusammenhänge hinein verwoben und erfahren durch sie ihre konkrete Ausgestaltung: durch die Gesellschaft, die Ökumene, die Interreligiosität und die Zukunft.
- Ihre prophetische Kraft und ihre leidensfähige Sicherheit findet die Kirche in ihrem geistlichen Horizont: Wir leben im angebrochenen Reich Gottes und sind daher auf Gerechtigkeit, Frieden und Freude verpflichtet und damit beschenkt. Wir sind in die Auferstehung Christi hineingetauft und erwarten seine Wiederkunft in jene Fülle der Zeit, die alles relativ – also auf Gott bezogen – sehen läßt.

3. Vier Entwicklungsstufen von Pfarrgemeinden

Die Kirche lebt in ihren Grundvollzügen, aber auf verschiedene Weise. Es gibt Unterschiede je nach der gesellschaftlichen Situation, wie wir sie oben beschrieben haben. Es gibt jedoch unabhängig davon noch eine Abfolge von Entwicklungsstufen, die sich eine aus der anderen mit der Zeit ergeben. Mit Pfarrgemeinden ist es ähnlich wie mit den Lebensabschnitten von Personen – mit dem Älterwerden ändert sich manches. Bei unseren Pfarrgemeinden kann man vier Entwicklungsstufen unterscheiden.

3. 1. Die Pfarrerpfarre – Mitarbeiter gesucht

Der erste Typ soll „Pfarrerpfarre" genannt werden, weil der Pfarrer in ihr bestimmend ist – es ist „seine Pfarre". Er weiß sich für sie verantwortlich und entscheidet daher weitgehend allein, was und wie es zu geschehen hat. Früher hatte er für die Durchführung mehrere Kapläne, die ihm Arbeit abnehmen konnten. Heute ist er auf ehrenamtliche Mitarbeiter angewiesen, die er nach ihrer Bereitschaft auswählt, seine Vorstellungen zu vollziehen.

In einem solchen Pfarrkonzept versteht der Pfarrer seine priesterliche Berufung als die Bereitschaft, die Last der Verantwortung auf sich zu nehmen und so seine „Ganzhingabe" an Christus und die Kirche zu vollziehen. Von seinen Laienmitarbeitern erwartet er, daß sie sich wie er Lasten aufbürden lassen. Sie haben das zwar vornehmlich in ihrem Beruf und in ihrer Sorge für die Familie zu tun, wo sich deren Ganzhingabe an Christus zeigt. In der freien Zeit sollen sie in der Pfarre wirken, besonders im Bereich der Kinderarbeit und der Altenfürsorge. Stärkung für diesen Dienst finden sie in den Sakramenten der Buße und der Eucharistie, sodaß sie zu deren regelmäßigem Empfang angehalten werden.

Im Zentrum der Seelsorge steht die Spendung der Sakramente und die Sorge um die Familie. Große Aufmerksamkeit richtet sich auf die Kinder, um sie möglichst intensiv auf einen würdigen Empfang der Beichte und Kommunion vorzubereiten und sie möglichst zahlreich zur Firmung zu führen. Junge Erwachsene sollen ihre Pflichen als christliche Eheleute annehmen, worin sie das Sakrament bindet und stärkt. Sie sollen ihre Kinder durch die Taufe und eine christliche Erziehung in die Kirche eingliedern. Die vielen Irrwege des Lebens finden im Sakrament der Buße Vergebung. Die alten Menschen sollen – wenn ihre Kräfte für anderes nicht mehr reichen – das christliche Leben durch ihr Gebet mittragen. Am Ende werden sie – versehen mit den Sakramenten der

Kirche – ihren letzten Gang vor den höchsten Richter antreten. Die Sorge um priesterlichen Nachwuchs für eine solche lebensumfassende Seelsorge wird zu einem zentralen Anliegen.

Die Pfarrerpfarre ist hierarchisch und dualistisch strukturiert. Das hierarchische Prinzip denkt in Über- und Unterordnungen. Die jeweils höhere Ebene hat mehr Verantwortung und daher mehr Entscheidungsbefugnis. Wer unten steht, hat Gehorsam zu üben und Respekt zu zollen. Wer oben steht, hat Gerechtigkeit zu üben und Barmherzigkeit walten zu lassen. Das dualistische Prinzip unterscheidet die geistlichen von den weltlichen Dingen. Für die geistlichen ist der Klerus kraft der Weihe vom Hl. Geist gerüstet und von der Kirche mit einem Amt beauftragt. Für die weltlichen Dinge sind die Laien kraft Taufe und Firmung verantwortlich.

Entsprechend werden die Grundvollzüge verstanden. Gottesbegegnung ereignet sich gemäß dem dualistischen Prinzip in den Sakramenten, in denen die Gnade Gottes durch den geweihten Amtsträger im Namen der Kirche vermittelt wird. Die Gemeinde der Gläubigen versammelt sich um den Priester zur Eucharistie, in der jede christliche Gemeinschaft ihr Zentrum hat. Die Laien übernehmen ihre weltlichen Pflichten in Familie und Beruf und konkretisieren damit ihre Berufung. Es ist Aufgabe der Verkündigung, sie in diesem Tun zu leiten. Der pfarrumfassende Ort der Grundvollzüge liegt gemäß dem hierarchischen Prinzip in der Kompetenz höherer Ebenen: Ökumene und Interreligiosität sind den dafür zuständigen Spezialisten anvertraut, die die unteren Ebenen eventuell durch Gebetsmeinungen oder pastorale Pioniermodelle daran beteiligen. Gesellschaft und Zukunft sind – wenn überhaupt – Sache höherer politischer und wissenschaftlicher Ebenen, in die der Vatikan bzw. theologische Fachleute eventuell einbezogen sein können. Der geistliche Horizont ist durch die Kirche umfassend repräsentiert und daher kein eigenes Thema.

Ein solches Pfarrkonzept stößt heute auf viele Schwierigkeiten. Sie haben ihre Wurzel in den drei erwähnten Prinzipien: Ganzhingabe, Hierarchie und Dualismus. Sie zeigen sich unter modernen gesellschaftlichen Voraussetzungen anders als früher und sind so nicht lebbar. Unter Ganzhingabe versteht der moderne Mensch die Verpflichtung, die Arbeitsintensität einer 40-Stunden-Woche auf einen Dienst rund um die Uhr und ohne Urlaubs- und Pensionsanspruch auszudehnen. Das übersteigt alle menschlichen Kräfte; wer es dennoch versucht, leidet unter Burn-out-Syndrom und schlechtem Gewissen wegen immer noch zu geringem Einsatz gleichermaßen. Schwere gesundheitliche und seelische Störungen sind die Folge.

Die Hierarchie als entlastendes Ordnungsprinzip der Verantwortung ist den modernen Anforderungen nicht gewachsen. In einer Zeit, wo im Prinzip alle Lebensregeln und möglichen Entscheidungen allgemein bekannt waren, brauchte es bloß autorisierte Vertreter dieser „heiligen Ordnung" (= „Hierarchie"), die sie der Allgemeinheit erinnernd verkündeten. In modernen Zeiten, wo sich die Lebenslagen laufend ändern, müssen immer neue Entscheidungen getroffen werden. Das geht verantwortlich nur mit einem hohen Maß an Spezialwissen, also Sachkompetenz. Der Zugang zu diesem Spezialwissen ist in der Regel nicht geheim und nicht nur bestimmten Personengruppen zugänglich, sondern kann von jedem zusammengetragen und aufgenommen werden, der sich dafür interessiert. Dabei besteht aber die Gefahr, daß man wesentliche Aspekte übersieht, weil das Ganze so komplex ist. Daher ist für eine verantwortliche Entscheidung die Zusammenarbeit mehrerer kompetenter Personen notwendig. Einsame Entscheidungen werden zu einem Zeichen von Inkompetenz und damit Verantwortungslosigkeit.

Der Dualismus zwischen weltlich und geistlich war eine politisch segensreiche Einrichtung unter dem Dach eines gemeinsamen Christentums. Unter modernen Voraussetzungen zieht sich jedoch das Christliche in die Kirchen zurück; außerhalb besteht eine säkulare Gesellschaft, die zwischen Funktion und Sinn trennt (siehe oben). Deshalb müssen die Christen gezielte Anstrengungen unternehmen, um die gesellschaftlichen Funktionen mit christlichem Geist zu durchdringen. Wo sie das unterlassen, wird die Welt unchristlich und die Kirche eine weltlose Servicestelle zur Vermittlung tröstlicher religiöser Riten.

Die Pfarrerpfarre paßt so wenig zu den modernen Gegebenheiten, daß sie nur bestehen bleibt, wenn sie von einer starken und anregenden Form vormoderner Gläubigkeit getragen ist. Wo das nicht der Fall ist, würde sie absterben, außer sie entwickelt sich weiter. Der Anstoß dazu kann erstens vom Pfarrer selbst kommen. Ihm wird die Last der alleinigen Verantwortung zu viel, er findet Vertrauen in seine Mitarbeiter und beteiligt sie schrittweise und wenigstens in bestimmten Bereichen der Pfarrarbeit an den Entscheidungen. Zweitens können interessierte Pfarrmitglieder die Möglichkeiten einer Beteiligung von Laien von anderen Pfarren her kennen und ganz behutsam und schrittweise den eigenen Pfarrer für das gewinnen, was sich anderswo bereits bewährt hat. Drittens kann ein Pfarrerwechsel mit längerer Vakanz, die Unmöglichkeit einer Nachbesetzung wegen Personalmangels oder ein neuer Pfarrer mit einem anderen Pfarrkonzept für oft schockartige Veränderungen sorgen. Jedenfalls wird damit die nächste Entwicklungsstufe erreicht: die Aktivistenpfarre.

3. 2. Die Aktivistenpfarre – Teilnehmer gesucht

Die „Aktivistenpfarre" ist das heute bei uns gängigste Modell von Pfarre, vor allem im städtischen Bereich. Sie wird von einer großen Zahl an Laien geprägt, die aktiv das Pfarrleben gestalten. Verschiedene Runden, Kreise, Gruppen und Aktionen ergeben ein buntes Pfarrleben für jede Altersstufe und fast alle Interessen. Jede/r, der/die möchte, kann sich auf irgendeine Weise beteiligen und gehört dadurch dazu. Und umgekehrt: Wer dazu gehören möchte, muß sich engagieren.

In diesem Pfarrkonzept wird der Pfarrer zum Animator und Moderator. Er kann neue Aktivitäten anstoßen und neue Leute zum Mitmachen animieren (und beides tun auch die aktiven Laien). Er muß vor allem Brücken zwischen den einzelnen selbständigen Bereichen und Gruppen bauen, das Verständnis füreinander fördern, Zeichen der Gemeinsamkeit und Einheit setzen, anstößig extreme Ideen mildern und einbinden, den Aktiven gegen Kritik von außen den Rücken stärken und jene kirchlich notwendigen Dimensionen fördern, die aus den Eigeninteressen der Beteiligten heraus zu kurz kämen. Indem er die Laien zur Selbständigkeit führt und sie darin bestätigt, bekommt der Pfarrer viel Freiraum für die eigentlich seelsorglichen Bereiche der persönlichen Beratung und geistlichen Begleitung.

Im Zentrum des Pfarrlebens stehen die vielen Gruppen und Aktivitäten. Sie sind teilweise an die Ausschüsse des Pfarrgemeinderats (= PGR) geknüpft, wie Liturgie- oder Caritaskreis. Teilweise entspringen sie der herkömmlichen Arbeit mit den verschiedenen Zielgruppen, z.B. Familien- oder Seniorenrunden. Zum Teil sind sie der Katholischen Aktion (= KA) oder kirchlichen und kirchennahen Verbänden oder Bewegungen angegliedert, wie z.B. Jungschar, Pfadfinder, Legio Mariens, Bildungswerk oder Mütterseminare. Dazu kommen Gruppen, die aus einem speziellen geistlichen oder politischen Interesse zusammenfinden, wie z.B. Bibel- und Gebetsrunden, Eine-Welt- oder Ökologiekreise. Schließlich gibt es Initiativen, die aus dem Wunsch nach geselligem Miteinander der verschiedenen Gruppen und durch gemeinsame Arbeit entstehen, wie z.B. Pfarrcafé und Pfarrball, Flohmarkt und Sanierungsaktionen für das Gemeindezentrum.

Die Aktivistenpfarre ist durch Vielfalt und Mitverantwortung geprägt. Die Vielfalt entsteht, weil den unterschiedlichen Interessen und Lebenssituationen der Pfarrmitglieder Rechnung getragen wird. Es bildet sich dadurch eine Art Vereinsleben. Das Pfarrzentrum wird zu einem wesentlichen Raum der Freizeitgestaltung, zum erweiterten Wohnzimmer, zum Ersatz für Wirtshaus, Kaffeehaus und Jugendtreff, zum Spielplatz für Kinder, zur Reiseorganisation für Senioren und zum Ausgangspunkt für sportliche und kulturelle Aktivitäten. Für das alles gibt es faktisch kein hauptamtliches Personal, man ist also hauptsächlich auf Eigeninitiative angewiesen. Deshalb spielt Mitverantwortung eine große Rolle, und reine Konsumenten sind auf Dauer nicht gefragt. Nur wer mitmacht, gehört auch dazu.

Das ist die eine Seite. Die andere Seite ist, daß sich die Aktivistengemeinde als Kirche versteht und sich daher den Grundvollzügen verpflichtet weiß. Sonntagsmessen, gemeinsame Stundengebete und Wortgottesdienste, Pfarrexerzitien und Wallfahrten werden mit viel Liebe und Aufwand gestaltet und so schon durch die Vorbereitungsgespräche zum Ort der Gottesbegegnung und des Glaubensgesprächs. Gemeinschaft als aktives und persönliches Miteinander wird intensiv gepflegt, man lernt im Laufe der Zeit auch, Konflikte durchzustehen. Gruppenegoismen und Rivalitäten verlangen der Leitungskompetenz des Pfarrers oft viel ab. Die Weltverantwortung wird über traditionelle Caritas und Flüchtlingsbetreuung, Eine-Welt- und Ökologieaktivitäten vielfach wahrgenommen. In die amtliche Verkündigung durch Pfarrer und eventuell Pastoralassistent/in sind zahlreiche ehrenamtliche Laien in der Erstkommunion- und Firmvorbereitung, bei Taufgesprächen und Eheseminaren, bei Hausbesuchen, Bibel- und Predigtgesprächen eingebunden. Gesellschaftliche Fragen werden mit wachem Blick verfolgt und die Zukunftsherausforderungen zum eigenen Problem gemacht. Die Ökumene ist selbstverständliches Anliegen im eigenen Umkreis und das interreligiöse Thema im alltäglichen Leben wie in den Bildungsveranstaltungen präsent.

Die Schwierigkeiten der Aktivistenpfarre liegen in Arbeitsüberlastung, Teilnehmermangel und Verlust an geistlicher Dichte. Weil man sich den Grundvollzügen verpflichtet weiß, werden viele Aktivitäten gesetzt, die nicht bloß den privaten Freizeitinteressen der Pfarrmitglieder entsprechen. Wer bereits aktiv ist, muß verwandte Bereiche als Aufgabe dazunehmen. Wer z.B. eine Jugendgruppe aufgebaut hat, wird auch als Firmhelfer eingesetzt; wer im Liturgieausschuß ist, sollte auch zur Instrumentalgruppe, zum

Kirchenchor oder zum Bibelkreis. Dazu kommt, daß die Aktivisten auch die Last der volkskirchlichen Versorgung zu tragen haben. Eine Pfarre in einem Neubaugebiet ist z.B. mit einer großen Zahl an Kindern gemeindeferner Familien konfrontiert, die es auf die Erstkommunion vorzubereiten gilt. Die seelsorgliche Arbeit muß geschehen und sie kann von den Hauptamtlichen allein nicht geleistet werden. Wer zum Kern der Aktivisten gehört, kann sich vor zuviel Arbeit kaum schützen.

Zum Kern gehört nur, wer vielseitig aktiv ist. Andererseits erfordern die vielen Aktivitäten auch viele Teilnehmer/innen. Sie zu finden, wird zunehmend schwierig, eine Übersättigung tritt ein. Zur Arbeit der Gestaltung von Aktivitäten kommt die Last, sie zu bewerben. Die reine Ankündigung über Schaukasten und Verlautbarung in den Sonntagsmessen bringt kaum noch Interessenten, gemeindeferne Personen anzusprechen, ist ziemlich aussichtslos. Je mehr Menschen aktiv sind, desto weniger bleiben als bloße Teilnehmer übrig. Man muß sich also gegenseitig zur Teilnahme werben, was an die Grenzen der zeitlichen Möglichkeiten stößt. Die Arbeitslast wird durch die mangelnde Nachfrage noch schmerzlicher empfunden. Die kirchliche Gewohnheit, Gruppen mit Ewigkeitswert gründen zu wollen, deren Ende von allen als Scheitern gedeutet wird, verstärkt das Problem.

Dazu kommt drittens, daß der Sinn all dieser Aktivitäten auch grundsätzlich immer fraglicher wird. Die Liturgien sind aufwendig gestaltet; aber können wir dadurch besser beten? Viele Kinder werden auf die Sakramente vorbereitet; aber danach werden die meisten nie mehr gesehen. Man trifft sich seit Jahren in freundschaftlichen Gruppen; es ist zwar nett, aber zu sagen hat man einander immer weniger. Gebetskreis und Bibelrunde sind selbstverständlich geworden; aber die ursprünglich persönlichen Aussagen sind inzwischen stehende Formeln wie andere Riten auch. Die karitativen Aktivitäten sind nötig wie eh und je; aber mit der Zeit wird man müde, immer wieder dem gleichen und nie auszurottenden Elend zu begegnen. Im wesentlichen kann man mit dem Pfarrleben zufrieden sein; und dennoch: es braucht neuen Schwung und eine neue geistliche Tiefe. An diesem Punkt ist die Aktivistenpfarre an der Schwelle zur „verbindlichen Gemeinde“.

3. 3. Die verbindliche Gemeinde – Freiräume gesucht

Die verbindliche Gemeinde wächst aus der Aktivistenpfarre, sobald man der vielen Aktivitäten überdrüssig wird. Meist sind Vorgänge der Gemeindeerneuerung dazu Anstoß und Hilfe. Es kann sich aber auch eine Personalgemeinde um einen Seelsorger herum aus Personen entwickeln, die bisher mehr oder weniger kirchlich aktiv waren und jetzt eine andere Qualität des Christseins suchen. Es wächst die Überzeugung, daß man primär zum Christsein und nicht zur Pfarrarbeit berufen ist; daß man nur geben kann, was man selbst empfangen hat; daß die Evangelisierung der modernen Welt nur aus einer neuen Tiefe der Gottesbegegnung kommen kann.

Der Pfarrer ist jetzt vor allem als Geistlicher im wahrsten Sinn des Wortes gefragt, also als jemand, der im Tiefsten seiner Person von Gott ergriffen und erfüllt ist. Er soll Liturgien vorstehen, die Wachheit und Stille atmen; die Gestaltung wird sparsam. Er soll geistliche Gruppen und Vorgänge begleiten, in denen in der Art von Exerzitien der Glaube im eigenen Leben konkret wird; die Beteiligung vieler oder die didaktische Gestaltung sind zweitrangig. Er soll in all dem nicht als allwissender und über die Maßen weiser Guru auftreten, sondern bereit sein, mit seinen eigenen Fragen und Glaubenszweifeln ein Christ unter ChristInnen zu sein.

Im Zentrum des gemeindlichen Lebens steht die geistliche Vertiefung. Man beendet Aktivitäten, an denen es kein Interesse mehr gibt; z.B. braucht das Pfarrcafé nicht jeden Sonntag einen Kuchen. Seelsorgliche Vorgänge werden verdichtet, auch wenn man damit Teilnehmer verliert; z.B. Firmung erst mit 16 Jahren und nach zwei Jahren Vorbereitung. Man sucht verstärkt die Zusammenarbeit mit Nachbarpfarren und organisiert z.B. die Erwachsenenbildung gemeinsam. Diakonische und politische Aktivitäten werden gezielt in die Person und den Glauben rückgebunden; z.B. treffen sich die Damen vom Besuchsdienst regelmäßig zu Supervision und Gebet. Die theologische Kompetenz der Laien wird erhöht, z.B. unterziehen sich immer mehr Personen einer theologischen Ausbildung.

Die Bindung an die Gemeinde als Symbol der Verbindlichkeit des Glaubens wird kennzeichnend. Über Verbindlichkeit hat auch die Aktivistenpfarre diskutiert, wenn viele die vagen Zusagen zur Teilnahme an einer Veranstaltung nicht eingelöst hatten. Im geistlichen Zusammenhang erhält sie eine neue Qualität: Es ist die persönliche Berufung des einzelnen in diese konkrete Gemeinde, die ihn bindet. Sie ist auch menschlich notwendig, weil die Intimität intensiver gemeinsamer Gebete und Glaubensgespräche ein hohes Maß an Vertrautheit und Treue erfordert.

Hatte der geistliche Horizont von Reich Gottes, Auferstehung und Wiederkunft in der Aktivistenpfarre nur den Wert ritueller

Gewohnheiten, wird er in der verbindlichen Gemeinde zentral. Aus ihm heraus werden die Grundvollzüge begriffen und durchgestaltet. Die Gottesbegegnung als persönliche Ergriffenheit und gemeindliche Indienstnahme steht in der Mitte. Sie braucht verbindliche Gemeinschaft, die als Geschwisterlichkeit vor Gott verstanden wird. Alle Ebenen der Weltverantwortung sind Ausdruck der Berufung zum Christsein mitten in dieser Zeit und werden explizit geistlich gestaltet. Verkündigung ist Sache aller und einerseits christliche Sinnstiftung gesellschaftlicher Vollzüge, andererseits Zeugnis persönlicher Gotteserfahrung. Ein solcher Zugang umgreift alle weltlichen Vollzüge incl. der Zukunftsgestaltung und bezieht die Gläubigen aller Konfessionen, Religionen und religiösen Geisteshaltungen mit ein, soweit sich konkrete Bezugspunkte ergeben oder nötig werden. „Das Reich Gottes ist mitten unter uns lebendig. Kehrt um und glaubt!“ wird zum Zentrum des Gemeindelebens.

Die Schwierigkeit der verbindlichen Gemeinde liegt eben in dieser Verbindlichkeit. Sobald sie als dichtes Beziehungsgeschehen untereinander und mit Gott erfahren wird, kommen auch Gefühle der Enge auf. Sobald die erste Faszination der gemeindlichen Vertrautheit und der neuen geistlichen Tiefe nachläßt, wird die Vernachlässigung anderer Lebensbereiche zum Problem. Das gab es auch in der Aktivistenpfarre, wo man aber nur mit schlechtem Gewissen und schwachen Argumenten sein Recht auf Freizeit außerhalb des Pfarrzentrums behaupten konnte. In der verbindlichen Gemeinde ist die Ausrichtung auf das Reich Gottes der geistliche Schlüssel, um ihm auf Dauer nicht bloß im geschützen Raum der gleichermaßen Ergriffenen verpflichtet zu sein. Wer seinen Anker in Gott gefunden hat, der wird auch in den Stürmen der alltäglichen Welt als Christ/in nicht untergehen. Aus solchen Erfahrungen wächst der Traum von einem schöpferischen Netzwerk.

3. 4. Das schöpferische Netzwerk – visionäre Optionen gesucht

Der Traum von einem „schöpferischen Netzwerk“ wird heute von vielen geträumt, die der Aktivistenpfarre entwachsen und in persönlichen Gotteserfahrungen verwurzelt sind. Es ist der Traum von „Inseln des Glaubens“ inmitten der säkularen Weltvollzüge, wo Menschen aus der Reich-Gottes-Botschaft heraus den gesellschaftlichen Alltag gestalten. Diese Inseln sind untereinander in loser Verbindung und wissen sich dem gleichen kirchlichen Auftrag verpflichtet. Sie sind an vier Spielregeln ausgerichtet: Gerechtigkeit, Wahrheit, Lebensqualität und Verbindlichkeit.

Gerechtigkeit – so sahen wir im Zusammenhang mit dem Thema Reich Gottes – ist Verteilungs- und Beteiligungsgerechtigkeit. Es wird beides nie vollkommen geben können. Aber jeder Einsatz dafür, der dem einen Schritt näher kommt, macht für die Betroffenen das Heil Gottes erfahrbar. Gerade in der modernen Welt, in der Macht und Geld zu den zentralen Steuerungsfaktoren geworden sind, ist der Einsatz für Gerechtigkeit eine zentrale Aufgabe. Wer zum schöpferischen Netzwerk gehört, ist auf sie verpflichtet. Dabei muß der Horizont weltweit gezogen werden. Es geht nicht darum, sich um Gerechtigkeit zwischen den ohnedies Reichen und Mächtigen zu bemühen; sie sind stark genug, darum selbst zu kämpfen. Der Einsatz für Gerechtigkeit muß vor allem den Benachteiligten gelten – auf eine Weise, die sie nicht noch weiter entmündigt.

Einer solchen Gerechtigkeit kommt man nur näher, wenn man sich der Wahrheit verpflichtet. Unrechtsverhältnisse sind in der modernen Welt dadurch leicht aufrecht zu erhalten, weil sie durch Pseudo- und Halbinformationen systematisch verschleiert werden. In der hohen Komplexität ist der Durchblick auch nicht leicht. Und der für heilig erklärte Fortschritt und Erfolg macht auch die offene Lüge zum akzeptierten Mittel. Dagegen immer wieder die Wahrheit aufzudecken, hilft den Übervorteilten und macht persönlich frei. Diese Wahrheit ist zunächst die Sachwahrheit: welche Seiten der Sache tunlichst verschwiegen werden, wem eine solche Argumentation ungerechterweise nützt, welche Gefahren und Folgen kein Thema sind. Damit schließt die höhere Wahrheit über den Menschen als Ebenbild Gottes nahtlos an, weil von ihr her Fortschritt und Erfolg als Lebensziele fragwürdig sind.

Als neues Ziel kann die „Lebensqualität" dagegen gesetzt werden. Sie beruht zuerst auf Gerechtigkeit und Wahrheit, weil sie eine Frucht recht verstandener Askese ist. Askese ist die Kunst des Wesentlichen, also die Übung, auf die Selbstverständlichkeiten – materiell, emotional, gedanklich – immer wieder probeweise zu verzichten, um das Wichtige vom Unwichtigen, das Gute vom Üblichen und das Schöne vom Gestylten zu unterscheiden. Auf dieser Basis kann jene Phantasie der Liebe wachsen, die zum Frieden des Reiches Gottes führt. Im modernen Sinn ist das Lebensqualität: die Erlösung vom Streß, weil man auf das Wesentliche konzentriert ist; die Erlösung vom Konsum, weil man die Qualität vorzieht; die Erlösung von der Leere des Seins, weil man die Phantasie entdeckt hat.

Es gibt viele christliche Laien in den verschiedensten gesellschaftlichen Aufgaben, die nach diesen drei Spielregeln leben und arbeiten – oder zumindest in einem dieser Bereiche deutlich in diese Richtung gehen. Der Traum richtet sich darauf, daß daraus ein „schöpferisches Netzwerk" wird. Das ist über drei Wege der Verbindlichkeit zu erreichen: zu seiner je eigenen Berufung, zum verläßlichen Miteinander und zur Einbindung in die Kirche. Wir sagten am Anfang, daß Christ/innen mit persönlicher Gottesverwurzelung nach einem solchen Weg der Glaubensgestaltung suchen. Ihnen ist bewußt geworden, daß das der Ausdruck ihrer Berufung ist. Voraussetzung für ein solches Netzwerk ist, daß solche Personen ihre Berufung verbindlich machen – also die Firmgnade aktualisieren – und sich von ihr nicht durch Unannehmlichkeiten oder Bequemlichkeit abbringen lassen. Zweitens wird man diese Berufung zum Thema unter Gleichgesinnten im selben Tätigkeitsfeld machen, damit man aufeinander bauen kann; das braucht dauerhafte Verläßlichkeit, also Treue. Drittens wird darin die Bindung an die Kirche verstärkt, weil man ihre Grundvollzüge in den säkularen Alltag trägt und sich so wesentlich an ihrem Auftrag beteiligt.

Dieses Konzept ist gegenwärtig kein Pfarrkonzept, weil es bei uns nach wie vor – wenn auch mit immer größeren Schwierigkeiten – das Territorialprinzip gibt: die Pfarrversorgung ist flächendeckend. Sollte die Kirche in späteren Jahrzehnten nicht reich oder nicht zahlreich genug dafür sein, wird es pastorale Inseln oder Oasen geben müssen. Sie werden sich spezialisieren und gemeinsam als Diözese die Grundvollzüge der Kirche abdecken. In einem solchen Konzept werden sich Knotenpunkte im beschriebenen schöpferischen Netzwerk bilden müssen, wo das Miteinander im Alltäglichen auch institutionell als Ort von Kirche angesehen werden kann. Möglicherweise wird bis dahin die Kirche ihr Weiheamt in der Linie des Konzils so weit pastoral durchgestaltet haben, daß solche kleinen Oasen z.B. auch miteinander Eucharistie feiern können.

Die Schwierigkeiten dieses Gemeindekonzepts liegen in drei Bereichen: Es ist optional, visionär und laiengeprägt. Erstens ist es „optional", es versteht also das Christsein nicht vom Ritus, sondern von der Option – also der vorrangigen Entscheidung – für die Benachteiligten her. Das ist eine neue Entwicklung, denn in einer christentümlichen Gesellschaft ist jeder automatisch Christ und Kirchgänger. In der beginnenden Moderne wird Kirchgänger-Sein zum Zeichen für Christsein. In der heutigen späten Moderne entscheidet sich das Christsein in der Sachkompetenz für das Reich Gottes, welche mit der Option für die Armen beginnt. Das zu lernen war offenbar den Armen der Dritten Welt leichter und sie haben daraus die Befreiungstheologie entwickelt. In der reichen Welt traditioneller christlicher Bürgerlichkeit ist dieser Weg schwierig.

Zweitens kann diese Entwicklung nicht auf altbewährte Vorbilder zurückgreifen. Sie ist erst im Entstehen, es gibt Irrwege und Sackgassen. Es ist mehr eine Problemanzeige und ein Suchweg als eine im Detail konkrete Lösung, von der man auch insgesamt nicht weiß, wie sie real werden wird. Sie ist „visionär", also geprägt von einer Vorausschau in die sich entwickelnden gesellschaftlichen Verhältnisse und das sich uns entgegenstreckende Reich Gottes. Manche halten es daher für eine Utopie, also etwas Unrealistisches. Andere halten es für gefährlich, weil damit die ohnedies brüchige gegenwärtige Ordnung noch schneller verloren gehen könnte. Tröstlich, daß dieses Problem schon zu biblischen Zeiten bestand: die Weisheit und Kraft Gottes, speziell das Kreuz, ist „den Juden ein Ärgernis, den Heiden eine Torheit" (1 Kor 1,23).

Drittens ist diese Entwicklung schwierig, weil sie nicht primär vom bewährten kirchlichen Amt (Priester oder Pastoralassistent/innen) ausgehen kann. Der Einsatz für Gerechtigkeit, Wahrheit und Lebensqualität im Namen des Reiches Gottes findet mitten in den gesellschaftlichen Vollzügen statt und muß von denen geprägt werden, die dort leben und arbeiten. Dort christlich zu handeln oder sogar sich als Christ zu deklarieren, ist bei uns dadurch erschwert, daß man allgemein den Glauben als Privatsache und Teil der Intimsphäre ansieht – man spricht nicht darüber. Außerdem hat die Kirche bei uns gegenwärtig kein sehr gutes Image und sich dafür auszusprechen, kann Spott und Geringschätzung nach sich ziehen. Schließlich sind selbst schwerwiegende persönliche Nachteile, z.B. für die Karriere, nicht auszuschließen, wenn man für Gerechtigkeit statt Gruppenegoismus und Wirtschaftlichkeit um jeden Preis eintritt.

Auch Pfarrgemeinden haben eine Entwicklung.

- Die „Pfarrerpfarre" ist durch Ganzhingabe, Hierarchie und Dualismus gekennzeichnet, was ihr unter modernen Voraussetzungen schlechte Chancen gibt. Die Weiterentwicklung geschieht über die wachsende Eigenverantwortung der Laien.
- Die „Aktivistenpfarre" ist durch Vielfalt und Mitverantwortung gekennzeichnet. Ihre Schwierigkeiten liegen in Arbeits-

überlastung, Teilnehmermangel und Verlust an geistlicher Dichte. Sie entwickelt sich weiter, sobald vielen der betriebene Aufwand sinnlos erscheint, was über Gemeindeentwicklung zu einer neuen Geistlichkeit geschieht.

- Die „verbindliche Gemeinde" kultiviert die persönliche Berufung des einzelnen in der verläßlichen Bindung an die Gemeinde. Sobald das als Enge erfahren wird, und der Wunsch nach einer christlichen Durchgestaltung des Alltags wächst, entstehen neue Kirchenträume.
- Das „schöpferische Netzwerk" ist eine Kirchenvision des alltäglichen Christseins nach den Spielregeln Gerechtigkeit, Wahrheit, Lebensqualität und Verbindlichkeit. Es ist schwierig zur realisieren, weil es optional, visionär und laiengeprägt ist.

4. Drei Aktuelle Übergänge im Gemeindeleben

Zum Abschluß dieses Teils über Grundfragen der Gemeinde sollen einige konkrete Probleme im gegenwärtigen Gemeindealltag stehen. Sie sind durch größeren persönlichen Einsatz allein in der Regel nicht zu bewältigen. Denn sie zeigen strukturelle Veränderungen an, die sich aus der Eigendynamik der Gemeinde und den sich ändernden gesellschaftlichen Umständen ergeben. Drei solche Übergänge von einer pfarrlichen Situation in eine andere mit ihren ganz praktischen Konsequenzen sind im folgenden näher beschrieben: von der Gruppe zum Interessentenkreis, vom Ehrenamt zur kompetenten Aufgabe und von der Anleitung zur Leitung.

4. 1. Von der Gruppe zum Interessentenkreis

Das heutige Pfarrleben ist in der Regel durch eine Vielzahl an Gruppen geprägt. Aus ihnen stammen die Personen, die sich auch in anderen Bereichen des gemeindlichen Lebens engagieren. Mindestens in eine davon muß man integriert sein, um in der Pfarre Heimat zu finden. Die Gruppen tragen auch Verantwortung in nicht gruppenspezifischen Bereichen des Gemeindelebens, indem sie z.B. abwechselnd die Gestaltung der Sonntagsmesse oder der Kreuzwegandachten übernehmen. Oder es ist z.B. die Bibelrunde, die für alle Interessierten der Pfarrgemeinde Exerzitien im Alltag organisiert, oder zwei Familienrunden kümmern sich gemeinsam um den Pfarrausflug.

Je wichtiger Gruppen für das Gemeindeleben und die Zugehörigkeit zu ihm sind, desto mehr fällt auf, wenn sie diese Funktion nicht mehr ausreichend wahrnehmen. Einerseits gibt es Nachwuchsprobleme bei Gruppen: Es wird immer schwieriger, alte geschrumpfte Gruppen durch neue Personen „aufzufüllen", aber auch, neue Gruppen zu gründen. Andererseits werden die Teilinteressen der Gruppen stärker: Man will zwar in einer bestimmten Gruppe dabei sein, damit aber nicht automatisch Mitverantwortung für die Pfarre übernehmen. Bitten, drängen oder an die Verantwortung appellieren, hilft dagegen nicht – die Gruppen sind in der Krise.

Besser als die Klage über geringere Loyalität und Verantwortungsbereitschaft für kirchliche Belange ist die Bereitschaft, die Beweggründe der Menschen ernst zu nehmen, die sich in einer geänderten Lebenssituation entsprechend einrichten müssen. Bei allen Zielgruppen liegen wesentliche Gründe in Zeitmangel und hohem Arbeitsdruck, einem geänderten Freizeitverhalten, einer größeren Mobilität, differenzierteren Interessen und Erwartungshaltungen und einem verstärkten Engagement in nichtkirchlichen Initiativen. Trotz der gemeinsamen Tendenzen gelten für jeden Gruppentyp spezielle Umstände, die verschiedene Lösungsmöglichkeiten nahelegen.

Familienrunden

Familienrunden sind bereits eine Einrichtung mit Tradition. Sie sind in vielen Pfarren vor Jahrzehnten dadurch entstanden, daß der Pfarrer die Ehepaare mit Kindern dazu eingeladen hat, sich als Erwachsene meist monatlich in privatem Rahmen unter seiner Leitung zu treffen. Einem „geistlichen" Teil mit Schriftlesung, Gebet und Glaubensgespräch folgte ein „gemütlicher" Teil mit Imbiß und Gespräch über „alltägliche" Themen aus den Bereichen Partnerschaft, Kindererziehung, Arbeitswelt, Haushalt, Politik, Gesellschaft und Kultur. Einmal im Jahr wurde etwas Geselliges gemeinsam mit den Kindern unternommen und gelegentlich eine Aufgabe in der Pfarrgemeinde mitgetragen. Zudem traf man einander bei der Sonntagsmesse.

Dieses traditionelle Modell der Familienrunde hat sich im Lauf der Zeit verändert. Wo viele solche Runden entstanden waren, konnte der Pfarrer nicht mehr überall dabei sei. An seiner Stelle sprangen Kaplan oder Pastoralassistent/in ein, oder die Runde mußte selbst beginnen, für den Inhalt verantwortlich zu werden. Nicht selten erwics sich das – auch mangels Anleitung – als schwierig; das Geistliche wurde eingeschränkt, das Privat-Gesellige überwog und lief sich teilweise tot. Andere Gruppen suchten Wege der weiteren geistlichen und persönlichen Vertiefung und übernahmen z.B. das Konzept von Marriage Encounter. Manche Gruppen zerfielen im Zuge von Partnerschaftsproblemen und Scheidung einzelner Paare, manche gaben auf, weil sie zu klein geworden waren, als abgesprungene Paare nicht mehr durch neue ersetzt werden konnten. Manche nahmen auch Alleinstehende oder einzelne Ehepartner auf und wurden zu einem pfarrlichen Erwachsenenkreis.

Familienrunden, die über lange Jahre Bestand hatten, sind ins Seniorenalter gekommen. Die Kinder sind längst erwachsen und außer Haus und man genießt die Möglichkeiten des Pensionistenlebens. Man ist schon lange im eher kleinen Kreis unter sich und hat sich einen Ritus der Zusammenkünfte zurechtgelegt: z.B. Schriftlesung, Stille, Fürbitten, Vaterunser, Essen, Plaudern. Gelegentliche Vorstöße zu neuen Inhalten oder Personen versanden bald ergebnislos. Neuer Schwung entsteht dort, wo – eventuell mit Anstoß und Unterstützung von außen – die neue Situation zum Thema gemacht wird: Erwachsenwerden der Kinder, Leben als Senior, Älterwerden als Glaubensthema. Oder die Gruppe findet sich eine neue gemeinsame Aufgabe: z.B. eine Flüchtlingsfamilie betreuen, eine Patenschaft für ein Entwicklungshilfeprojekt übernehmen, die Pfarrbücherei zu neuem Leben erwecken, ein „Großelternprojekt" für Alleinerzieher/innen starten.

Familien mit schulpflichtigen Kindern sind für Familienrunden kaum zu gewinnen. Das liegt einerseits an den Alltagsbelastungen: Das Berufsleben ist für Menschen in mittleren Jahren höchst beanspruchend. Man hat in einem Bereich Fuß gefaßt und Zugang zu verantwortlichen oder leitenden Aufgaben gefunden. Das verlangt den ganzen Einsatz, die Arbeitsintensität ist äußerst hoch, Überstunden und Wochenendarbeit sind die Regel. Die Frauen wollen eventuell nach der Kinderpause wieder in die Arbeitswelt zurückkehren, haben versäumte Entwicklungsschritte nachzuholen und sich gegen Jüngere zu behaupten. Daneben brauchen die Kinder zu bestimmten Zeiten intensive Zuwendung, der Haushalt ist weiterhin ihre Sache und die Partnerschaft verlangt gerade jetzt einen neuen Einsatz, soll sie nicht zerbrechen oder versanden. Bleibt die Frau zu Hause, will sie die wenigen Abende lieber mit ihrem Gatten allein verbringen. Alleinerzieherinnen wieder stehen unter hoher Alltagsbelastung und fühlen sich zudem unter „ganzen Paaren" nicht recht wohl.

Auf der anderen Seite haben sich die Erwartungen an die Freizeitgestaltung geändert. Früher ist man (mindestens als braver Christ) nach den beruflichen Pflichten nach Hause zurückgekehrt, um sich den häuslichen und familiären Angelegenheiten zu widmen. Die Pfarre wurde als zusätzliche Teilfamilie angesehen, der man verbunden und verpflichtet war. Heute ist das Bewußtsein der Individualität weit ausgeprägter. Man will in der Freizeit möglichst jene Bereiche der eigenen Interessen oder persönlichen Begabungen kultivieren, die im Arbeitsalltag keinen Platz haben. Außerdem muß man sich vom Streß der Arbeitswelt erholen, der oft nur noch das Bedürfnis nach Sich-gehenlassen-dürfen übrig läßt. Schließlich ist man mit Problemen und Kommunikationsabläufen übersättigt und will in der Freizeit nicht wieder sitzen und Probleme besprechen. Und letztlich möchte man die knappe Zeit möglichst intensiv, vielseitig und gewinnbringend gestalten, statt wenig qualifizierte Allerweltsgespräche zu führen oder sich immer nur mit Kirchenfragen zu befassen.

Neue Familienrunden aus Jungfamilien haben meist bessere Chancen. Für sie kann man z.B. im Zuge der Taufvorbereitungen werben. Junge Ehepaare treten mit der Geburt ihres ersten Kindes in eine neue Lebensphase. Die Zeit der allerengsten Partnerkonzentration ist vorüber, das Elternsein stellt vor ganz neue Aufgaben und Fragen. Meist ist damit auch ein Umzug in eine größere oder kindgerechte Wohnung verbunden. Schließlich „übersiedelt" man gleichsam von der Welt der Noch-Jungen in die Welt der Verantwortung tragenden Erwachsenen.

Die neuen Erfahrungen drängen danach, mit Gleichgesinnten besprochen und geteilt zu werden. Wenn man beim Taufgespräch auf verständige Pfarrangehörige trifft und in den Liturgien ein kinder- und elternfreundliches Klima herrscht, sind die Chancen für das Interesse an einer Jungfamilienrunde groß. Man findet dadurch auch im neuen Wohngebiet Anschluß, kann sich gegenseitig aushelfen und miteinander freizeitliche Aktivitäten setzen. Fragen nach Geheimnis und Sinn des Lebens und der Liebe haben darin ihren Platz und können ins Glaubensgespräch führen. Allerdings ist die Form der Zusammenkünfte insgesamt offener und vielfältiger als bei traditionellen Familienrunden.

Mütterrunden und -seminare

Immer öfter ist das Verhältnis der Partner zur Kirche sehr unterschiedlich, und der eine Teil (meist der Mann) will von einer kirchlichen Gruppe nichts wissen. Zudem sind vor allem Frauen mit kleinen Kindern die meiste Zeit des Tages mit ihren Problemen allein. In diesem Feld haben sich die Mütterrunden und -seminare gut eingeführt. Sie bringen Abwechslung in die Vormittage junger Mütter, nehmen ihnen für zwei Stunden die Kleinkinder ab und ermöglichen ihnen die Beschäftigung mit Fragen zu Lebenshilfe, Partnerschaft, Persönlichkeitsentwicklung, Gesellschaft und Religion.

Während Mütterrunden stabile Gruppen sind, die auch gemeinsam in die Jahre kommen und zu Seniorinnenrunden werden können, sind die Mütterseminare offen konzipiert. Sie werden als Angebot vom Familienverband konzipiert, der auch die Seminarbegleiterinnen in ihre Aufgabe einführt. Die zusammenhängenden Seminarblöcke zu jeweils einem Thema werden einzeln beworben. Neben einer gewissen Stammkundschaft stoßen je nach Interesse etliche für einen thematischen Seminarblock dazu. Man geht keine langfristigen Verpflichtungen ein und kann in einen Randbereich der Pfarre hineinschnuppern. Insofern sind sie auch ein exzellentes Angebot, um kirchlich wenig gebundene Personen an die Pfarrgemeinde heranzuführen.

Erstkommunion- und Jungschargruppen
Auch die Erstkommunion-Vorbereitung wird zunehmend zu einem Angebot der Fernstehendenpastoral. In Stadtgemeinden stammen bereits die allermeisten Kinder, die zur Erstkommunion geführt werden sollen, aus kirchenfernen Familien. Viele bringen nicht einmal die einfachsten Grundkenntnisse mit, können weder das Kreuzzeichen noch das Vaterunser. Manche sind erst im Jahr davor getauft worden und seitdem vielleicht nie mehr in der Kirche gewesen. Die Ausstattung des Kirchenraums, liturgische Geräte oder der Ablauf der Messe sind ihnen großteils unbekannt. Die Eltern schicken das Kind vor allem zur Erstkommunion, um es nicht von einem Fest auszuschließen, das die Klassenkameraden begehen werden.

Mit dem traditionellen Erstkommunion-„Unterricht" ist es nicht mehr getan. Der spielerische und erfahrungsbezogene Zugang zu grundsätzlichen Glaubenserfahrungen macht kleine Gruppen nötig, die außerdem auch disziplinär leichter zu handhaben sind. Schließlich kann diese Einführung von Kindern in den Glauben nur so weit fruchten, als man die Eltern teilweise einbeziehen kann. Denn sie werden es sein, die ihrem Kind für die nächsten Jahre die Kontakte zur Pfarre ermöglichen oder verschließen werden – nicht zuletzt durch die Wochenendplanung. Als guter Weg haben sich inhaltlich orientierte Elternabende und das System der Tischmütter bewährt. Über die Kinder finden so manche Eltern einen Zugang zur Pfarrgemeinde.

Das gelingt trotz großer Bemühungen nur teilweise. Viele Eltern widersetzen sich allen Versuchen, sie in die Katechese ihrer Kinder einzubinden. Für sie ist die Pfarre eine Institution mit religiösem Service wie eine Tanzschule oder Musikschule auch. Sie sind gern bereit, zu bestimmten feierlichen Anlässen ihr Kind dort zu bewundern und es dafür auszustatten. Aber in ihren Augen ist der Anspruch des sonntäglichen Kirchenbesuchs eine vergleichbare Zumutung, als wollte man von ihnen verlangen, mit ihren Kindern gemeinsam Blockflöte zu lernen, weil Hausmusik so schön ist. Sie fördern gern die Freizeitinteressen ihrer Kinder und übernehmen die damit verbundenen Transportprobleme, wollen aber selbst nicht weiter eingebunden werden. Mit dem Fest sehen sie den Auftrag der Pfarre als abgeschlossen und brechen den Kontakt wieder ab.

Im Anschluß an die Erstkommunion werden Jungschargruppen gegründet, soweit das möglich ist. Auch das wird zunehmend schwierig, selbst wenn die Eltern grundsätzlich zustimmen. Die Kinder sind heute mit einem großen Angebot an schulischer und außerschulischer Nachmittagsbeschäftigung konfrontiert und nehmen vieles davon wahr: Sport betreiben (Fußball, Ballet,...), sich musisch entwickeln (Flöte, Gitarre, Theater,...), Ergänzungs- und Weiterbildung nutzen (Förder- und Nachhilfestunden, Computer- und Fremdsprachenkurse,...). Dazu sind die Kinder den Hausaufgaben oft wenig gewachsen und verbringen außerhalb viel Zeit bei Computer und Fernsehen. Durch öffentlichen Verkehr und Fahrrad sind die Kinder von klein auf auch selbständig mobil und weiträumig unterwegs. Ein gemeinsamer Termin für eine Jungschargruppe ist kaum noch zustandezubringen.

Dazu hat die Attraktivität der Jungschar abgenommen. War früher die pfarrliche Welt oft der einzige Raum, in den hinein man die Familie verlassen durfte, sind die Kinder heute weit freier. Sie gehen wie ihre Eltern interessensspezifischen Formen der Freizeitgestaltung nach. Sie kommen mit den Eltern im Urlaub meist weit herum. Für sie ist die kleine pfarrliche Welt mit den althergebrachten Kinderspielen nicht spezifisch interessant und die Sommerlager bieten keine Chance mehr zur Eroberung „der großen weiten Welt". So finden sich in der Jungschar vornehmlich die Kinder der immer weniger werdenden kirchlich sozialisierten Familien, die auf diesem Weg möglichst in die Kirche hineinwachsen sollen. Mitgebrachte Schulfreunde vergrößern die Gruppen, schaffen aber für die kindgemäße Hinführung zum Glauben stark ungleiche

Voraussetzungen, die didaktisch schwer zu bewältigen sind. Dazu kommt der permanente Mangel an Gruppenführern, die nicht mehr aus den Jugendgruppen nachwachsen.

Jugendgruppen

Teilweise hat die Krise pfarrlicher Jugendgruppen ähnliche Gründe wie bei den Kindern: viele an spezifischen Interessen ausgerichtete Freizeitangebote und eine große Mobilität bei gleichzeitiger Kirchenferne der Herkunftsfamilie. Dazu kommt ein bereits der Erwachsenenwelt vergleichbarer Streß in der Schule. Lehrlinge und Jungarbeiter sind schon länger nicht in der kirchlichen Jugend zu finden, wo Gruppengespräche zu hohe Anforderungen an die sprachliche Ausdrucksfähigkeit stellen. Die Landjugendbewegung wieder findet nicht primär auf Pfarrebene statt.

Dazu kommt, daß die Jugendarbeit besonders stark von anerkannten Identifikationspersonen lebt. Da die Jugend mobil ist, bündeln sich pfarrliche Jugendgruppen zunehmend in Pfarren, die durch Personen, Jugendräume und attraktive Veranstaltungen einen Schwerpunkt in diesem Bereich setzen. Meist ist es ein faszinierender Kaplan oder ein/e Pastoralassistent/in, um die/den sich die Jugendlichen scharen. Er/sie ist eine starke eigenständige Persönlichkeit mit sehr viel Gefühl für die jugendlichen Lebenslagen, Trends und Nöte. Zu oder oft vor den Gruppen kommt eine offene oder halboffene Arbeit: Die Jugendlichen verbringen auch außerhalb der Gruppen viel Zeit in den eigens für sie bestimmten und großteils von ihnen adaptierten Räumen, oder es gibt freien Zugang für alle unabhängig von einer Gruppenzugehörigkeit. Letzteres, also die offene Arbeit, muß oft wegen Alkohol und Vandalismus beendet werden.

Pfarrliche Jugendarbeit wird also zunehmend zu einem Gestaltungsraum für Jugendliche im Kontext der Pfarre. In ihm kann bei entsprechender Leitung auch spezifisch christliche Gruppenarbeit gedeihen. Die Motivation und Begleitung meist älterer Jugendlicher für diese Aufgabe stellt hohe Ansprüche an die Jugendleitung. Sie wird zusätzlich erschwert, wo die sich als Pfarrgemeinde verstehenden Erwachsenen die Jugend vor allem als Störfaktor wahrnehmen oder den Meßbesuch zum Zugangskriterium in dann traditionell zu gestaltende Gruppen machen wollen. „Die Jugend ist nicht kirchlich genug" heißt der Vorwurf von der einen Seite; „die Pfarrgemeinde hat kein Verständnis für die Jugend" der von der anderen.

Firmgruppen

Das Problem mit den Jugendgruppen schlägt sich auch bei den Firmgruppen nieder. Gibt es eine starke Jugendgruppenarbeit, können aus ihr auch Firmhelfer zur Leitung von Gruppen gewonnen werden. Wo dies nicht der Fall ist, müssen Erwachsene gefunden werden. In beiden Fällen sind die inhaltlichen Ansprüche für eine Firmkatechese hoch, zumal für die Firmlinge ähnliche Schwierigkeiten mit geringer Kirchennähe bestehen wie bei der Erstkommunion.

Selbst kirchlich gut integrierte Erwachsene trauen sich die Firmvorbereitung in der Regel nicht zu, weil sie sich den kritischen Fragen der Jungen über die Bedeutsamkeit der vermittelten Glaubensinhalte für das eigene Leben nicht gewachsen fühlen. Die Anforderungen an die eigene gläubige Kompetenz sind hoch.

Je mehr die Firmvorbereitung – durch theologisch vorgebildete Leiter und kirchlich ziemlich ahnungslose Firmlinge – zum „Firmkurs" wird, desto höher ist die Chance, die Betroffenen „aus der Kirche hinauszufirmen". Sie machen alles, was man verlangt, um zur traditionellen Feier zugelassen zu werden, und sind nachher verschwunden. Die Bemühungen, aus den Firmlingen eine Jugendgruppe zu gründen, sind umso erfolgversprechender, je mehr bereits die Firmvorbereitung in eine starke Jugendarbeit integriert ist. Gute Chancen bestehen auch, wenn eine starke Leitungsperson die Firmlinge als Jugendgruppe weiterführen kann.

Die besten Jugendleiter sind junge Erwachsene, die aus Jugendtagen zu einer Gruppe zusammengewachsen sind und noch als Studenten zu einer Leitungsverantwortung bereit sind. Das ist jedoch nur selten möglich, weil sowohl Berufsanfänger nach der Matura als auch Studenten in eine neue Lebenswelt übersiedeln, die neue Kontakte mit sich bringt, neue Anforderungen stellt und neue soziale Räume fordert. Manche fassen in Hochschulgemeinden Fuß oder engagieren sich in Bürger- und Sozialbewegungen. Umgekehrt finden junge Erwachsene in der Zeit vor der Familiengründung in der Regel kaum pfarrliche Angebote, die sie dauerhaft anziehen könnten – eine ganze Altersklasse verschwindet und taucht eventuell in jungen Familien wieder im pfarrlichen Leben auf.

Senioren- und Bastelrunden

Erwachsenengruppen mit geschlechtsspezifischer Ausrichtung (Männerrunde, Frauenrunde) sind verschwunden oder zu Seniorenrunden geworden. Die traditionelle Form stirbt aus: Plaudern bei

Kaffee und Kuchen, dazu ein kultureller oder geistlicher Impuls (Mundartgedichte, Adventbesinnung,...), manchmal ein Vortrag (Lebenshilfe, Lichtbilder,...). Manche Frauenrunden bestehen als Bastelkreis (Adventkränze, Christbaum- und Osterschmuck, Kleinigkeiten für den Dritte-Welt-Basar) weiter und habe eine wichtige Bedeutung als Umfeld für das Gespräch. Hier werden Neuigkeiten weitergegeben, Sorgen geteilt und Meinungen ausgetauscht.

Neue Seniorenrrunden nehmen die geänderten Lebensverhältnisse auf: Wer heute erwachsene Kinder hat oder in Pension geht, ist nicht am Ende, sondern steht vor einem neuen Lebensabschnitt von etwa 20 Jahren. Die meisten sind finanziell gut abgesichert, viele wollen endlich ihren zu kurz gekommenen Interessen nachgehen und reisen, ihre Hobbys pflegen oder sogar noch ein Studium beginnen. Andere widmen sich der Kultur (Theater, Konzert, Literatur,...) oder der Geselligkeit (Seniorentanz, Gaststätten, Kartenspielen,...). Andere sind müde und wollen ihre Ruhe, oder sie sind mit der Pflege alter Angehöriger oder der Betreuung der Enkelkinder ausgelastet. Etliche gehören zu jenen Aktivisten, ohne die eine Pfarrgemeinde heute nicht bestehen kann; sie können auch spezifische Interessen teilweise im pfarrlichen Raum abdecken (Geselligkeit, Tanz, Reisen,...). Spezifische Runden zu „Glaubend älter werden" wachsen mancherorts.

Bibelgruppen und Gebetskreise

Verschiedene Entwicklungen fördern das Interesse an spezifisch glaubensbezogenen Angeboten: gewisse Ermüdungserscheinungen beim pfarrlichen Aktivismus, eine auf mehr Innerlichkeit bedachte kulturelle Entwicklung und die immer stärkere Notwendigkeit unter säkularen Bedingungen, als Christ zu wissen, warum und was man glaubt. Dazu ist die stärkere biblische Orientierung auch des katholischen Glaubens seit Bibelbewegung und Konzil bis zur Basis vorgedrungen; die Bibel qualifiziert lesen und auch ihre weniger bekannten Teile kennenlernen, ist für viele erstrebenswert. Andererseits haben die theologisch gebildeten PastoralassistenInnen in der Pfarrarbeit auch von sich aus ein Interesse, derart anspruchsvolle Gruppen zu leiten.

Neben Bibelgruppen, in denen zu Schriftlesung und Besprechung auch das Gebet gehört, kommen eigene Gebetsgruppen dazu. Sie entstehen, weil Gläubige auch außerhalb der Messen miteinander beten wollen. Dabei übernimmt die „Pfarrfamilie" anstelle der Herkunftsfamilie die Rolle der „Hauskirche". Teilweise besteht noch das regelmäßige Rosenkranzgebet, das von

Jüngeren aber kaum angenommen wird. Diese haben das kirchliche Stundengebet der Orden (meist Laudes und Vesper) teilweise als Gemeindegebet entdeckt. Dazu gibt es Gebetsgruppen, die sich am Stil von Taizé, an einer charismatischen Richtung oder einer marianischen Bewegung orientieren. Sie werden meist schnell zu fixen Gruppen mit eingespieltem Ritual und regelmäßigen Teilnehmern.

Die Tendenz, spezifischen Interessen nachzugehen und dafür kompetente Anbieter zu suchen, fördert die Nachfrage nach glaubensspezifischen Gruppen in Pfarrgemeinden. Wer sonst, als eine Pfarrgemeinde sollte sie anbieten? Was sonst, als Glaubensgruppen sollte man in einer Pfarrgemeinde vor allem suchen? Leider werden sie ausschließlich für Insider angeboten, setzen also eine hohe gewachsene Kirchlichkeit voraus. Für getaufte kirchenferne Erwachsene ohne die geringste Ahnung vom kirchlichen Leben und von volkskirchlichen Selbstverständlichkeiten gibt es bislang keine Angebote im Pfarrbereich.

Dritte-Welt- und Aktionsgruppen

Den leichtesten Zugang zu pfarrlichen Gruppen finden Fernstehende (neben den Mütterseminaren und der Sakramentenvorbereitung) im Rahmen von Aktionsgruppen, die sich an einer konkreten Aufgabe orientieren. Traditionell sind das die Caritas-Kreise, die einen unschätzbaren Wert in der Altenbetreuung haben, jedoch tendenziell überaltern. Jüngere Personen, auch Jugendliche, engagieren sich in Dritte-Welt- oder Eine-Welt-Gruppen, bauen Partnerprojekte zusammen mit überregionalen Trägern auf, fördern die Bewußtseinsbildung in der eigenen Gemeinde und verkaufen z.B. auch EZA-Produkte.

Erst schrittweise werden Aktions- und Initiativgruppen üblich. Sie entstehen, wo ein Kreis von Personen sich im Rahmen oder unter Zuhilfenahme pfarrlicher Strukturen zusammenfindet, um ein konkretes Projekt zu verfolgen, z.B. im Bereich der Kommunalpolitik, der Flüchtlingshilfe, der Alkoholiker-Selbsthilfe, der Behindertenbetreuung. Eine solche Gruppe entsteht, wenn die Pfarre engagierten Personen ein Forum bietet, um ihre Anliegen zu artikulieren, ein Bewußtsein für die Notwendigkeit zu schaffen, miteinander eine christliche Selbstverpflichtung zum Handeln zu erfahren und die konkrete Umsetzung kompetent voranzutreiben.

Insgesamt hat sich bei allen Arten von Gruppen gezeigt:

● Die herkömmlichen Gruppen sind in der Krise, weil sich dafür immer schwerer sowohl Teilnehmer als auch Leiter finden lassen.

- Die Tendenz geht verstärkt zu Gruppen, die spezielle Interessen abdecken können, sei es im Bereich des Glaubenswissens und der Glaubensvertiefung, sei es im Bereich der christlichen Lebensgestaltung und Weltverantwortung.
- Die Herausforderung besteht darin, solche Interessen aufzugreifen und kompetent abzudecken.
- Die Chance einer solchen Entwicklung in den Pfarrgemeinden besteht darin, inhaltlich ausdrücklich christliche Angebote zu machen, in ihnen verschiedene Generationen und Bildungsschichten zusammenzubringen und damit auch bisher der Kirche fernstehende Personen zeitweise an die Pfarrgemeinde heranzuführen.

4. 2. Vom Ehrenamt zur kompetenten Aufgabe

Das heutige kirchliche Leben wäre ohne ehrenamtliche Mitarbeit nicht denkbar. Die vielfältigen Aufgaben im Pfarrleben sind von den wenigen hauptamtlichen Personen längst nicht mehr zu leisten. Die gesellschaftliche Wertschätzung der karitativen Tätigkeiten der Kirche – Altenbetreuung, Krankenseelsorge, Behindertenarbeit, Flüchtlingshilfe – gilt überwiegend ehrenamtlichem Engagement. Wo käme die Kirche hin ohne Ehrenamtliche? Andererseits beklagen die Hauptamtlichen, daß Ehrenamtliche immer schwieriger zu finden sind. Wo sind die Ehrenamtlichen hingekommen?

Oft hört man in diesem Zusammenhang die Klage über zunehmenden Individualismus, abnehmenden Idealismus und mangelnde Solidarität. Gemäß dem pastoraltheologischen Grundansatz, nicht den Verlust zu beklagen, sondern den Wandel zu verstehen und danach zu handeln, muß man nach den Gründen fragen. Der erste Grund für den Schwund an Ehrenamtlichen ist mit der Krise der Teilnehmer an Gruppen ident: die hohen zeitlichen Ansprüche und psychischen Anstrengungen der Arbeitswelt. Das wird auch an den Ehrenamtlichen sichtbar, die gegenwärtig das kirchliche Leben tragen. Es sind das hauptsächlich Hausfrauen, Pensionisten, Studenten, einige Freiberufler; insgesamt zu 80% Frauen.

Ein zweiter Grund für den Rückgang des Ehrenamtes liegt in seinem Charakter begründet: Es bringt erstens keine Ehre und zweitens kein Amt. In der Regel ist es ein mühevoller Dienst: Man erhält von keiner Seite Dank oder Anerkennung, dafür aber reichlich Kritik. Man kann sich noch so aufopfern und macht es doch nie gut genug. Man erhält meist keine Ausbildung und keine

Begleitung, muß die benötigten Materialien oft aus der eigenen Tasche zahlen und für einen Schlüssel oder die Möglichkeit eines Telefonats betteln gehen. Außerdem ist man selten umfassend über das informiert, was einen betrifft, hat keine Entscheidungskompetenz, muß aber für alles, was jemandem nicht paßt, den Kopf hinhalten. Es kann passieren, daß von heute auf morgen kein Bedarf mehr für den eigenen Einsatz besteht, ohne daß man erfährt, warum. Oder man wird eine einmal übernommene Aufgabe selbst bei nachdrücklichem Wunsch nicht los und erhält weitere ungeliebte Notwendigkeiten dazu. Als treuer Mitarbeiter kann man schließlich nicht nein sagen, wenn Not am Mann ist – und das ist es immer.

Früher war die Bereitschaft, sich für die eigene (Pfarr-)familie nach Kräften aufzuopfern, ein Teil der allgemeinen Moral. Heute ist diese Art von Pflichtbewußtsein – nicht zuletzt aus harter historisch-politischer Erfahrung – kein hoher Wert mehr. Man ist sehr wohl bereit, sich zu engagieren, achtet aber mehr auf die begrenzten eigenen Kräfte; man will es ja gut machen (und „gut" ist das Gegenteil von „gut gemeint", sagt eine aus dem Ehrenamt erwachsene Spruchweisheit). Deshalb will man auch nur tun, was man kann. Das nützt der Allgemeinheit und trägt gleichzeitig zur eigenen Persönlichkeitsentfaltung bei. Nun ist es viel schwieriger, die Begabungen von Menschen aufzuspüren und sie von da her zu einer Aufgabe zu ermutigen, sie dazu zu befähigen und sie dann zu begleiten. Viel einfacher war es früher, wo man jemandem umso mehr aufbürden konnte, je tiefer er der (Pfarr-)familie verbunden war.

Doch auch die Orientierung an der Kompetenz ist ein zweischneidiges Schwert. Nur zu gern werden Hauptamtliche auf die berufliche Kompetenz der Pfarrmitglieder zurückgreifen. Man bittet die erfahrene Sekretärin, doch ehrenamtlich den Briefverkehr der Pfarre zu übernehmen. Die Buchhalterin wird auch für die Pfarrbuchhaltung gebraucht, der Rechtsanwalt für die rechtlichen Angelegenheiten, der Architekt für die Pfarrhaussanierung, die Religionslehrerin für die Firmstunden und die Hausfrauen zum Putzen und Kuchenbacken. In Einzelfällen werden die Betroffenen gern dazu bereit sein. Im allgemeinen aber verbringen die Menschen in der Pfarre ihre Freizeit und möchten daher dort nicht wieder ihren beruflichen Tätigkeiten nachgehen. Es braucht also viel Phantasie und eine hohe Bereitschaft zum Zuhören, damit das pfarrliche Engagement eine erholsame Ergänzung zum Alltag sein kann. Wer dies für sich – zurecht – verlangt, muß allerdings nach demselben Grundsatz akzeptieren, daß die Hauptamtlichen ein Recht auf freie Zeit außerhalb der Pfarre (als ihrem beruflichen Arbeitsfeld) beanspruchen dürfen.

Es gibt also Entwicklungen, die die Bitte nach Ehrenamtlichkeit für die Angesprochenen zu einem Übel werden lassen: die zunehmenden beruflichen Belastungen, das abnehmende Verständnis für den Wert des Sich-Aufopferns, der Wunsch nach Selbstentfaltung und Erholung in der Freizeit. Diese Entwicklungen schaffen gleichzeitig neue Chancen für das Ehrenamt und seinen Beitrag zum pfarrgemeindlichen Leben und kirchlichen Auftrag, die es zu nützen gilt.

Kehren wir zum geistlichen Horizont der kirchlichen Grundvollzüge zurück. Wir sagten, daß es zur prophetischen Herausforderung der Kirche in der modernen Welt gehört, die Phantasie, die Liebe, die erfüllte Zeit und den Blick für das Wesentliche zu entwickeln. Das beginnt bei den eigenen Pfarraktivitäten, wo man miteinander einmal besprechen kann, was man zu einem guten Ende bringen könnte, statt immer nur, was man noch alles zusätzlich plant. Oft ist es z.B. besser, eine dahinsiechende Gruppe mit einem Fest des Dankes für die gemeinsame Zeit zu beenden, als sie mit viel Aufwand an Arbeit und gutem Willen notdürftig zu erhalten. Es kann nur Neues wachsen, wenn man Altbewährtes auch aufgeben kann, wenn seine Zeit vorüber ist.

Dieser Mut zu neuen Entwicklungen zeigt sich auch darin, nein sagen zu lernen. Ehrenamt darf und soll Freude machen. Wenn ich mir etwas nicht zutraue, dazu keine Lust habe oder mich dafür für nicht geeignet erachte, ist nein sagen eine Tugend. Denn wenn ich zusage, nehme ich einem anderen – der es gern und gut machen würde – die Chance dazu. Natürlich ist es oft bequemer, immer die gleichen zu fragen und auf ihr Ja zählen zu dürfen. Aber selbst über allseits ungeliebte Aufgaben (z.B. Tische stellen, Gläser abwaschen, Briefe kuvertieren) kann jemand, der Anschluß an die Gemeinde sucht, eine Chance zum Dazugehören bekommen; und es daher gern machen. Allerdings ist es gerade bei solchen Aufgaben wichtig, daß sie nicht immer von den gleichen erfüllt werden müssen. Vor allem jene, die immer die qualifizierten Tätigkeiten übernehmen (PGR, Lektoren, Gruppenleitung, Pfarrteam), sollten sich „demonstrativ" auch an den „niedrigen Diensten" beteiligen.

Auch wer gern zusagt, sollte zuerst realistisch den Aufwand überlegen und sich darüber nicht täuschen lassen. Z.B. ist die Leitung einer Gruppe vom Zeitaufwand her durchaus mit dem eines Hobbys (z.B. wöchentlich Tennis oder Karten spielen) vergleichbar. Man sollte daher nie zusagen, ohne seine anderen Verpflichtungen – besonders gegenüber der eigenen Familie! – zu bedenken und mit den Betroffenen abzusprechen. Auch sollte man genau überlegen, was dadurch in Zukunft nicht geschehen wird – denn man hat ja bisher in dieser Zeit auch etwas getan. Man kann all das nur richtig einschätzen, wenn der genaue Umfang der Tätigkeit abgesprochen ist. Z.B.: Besteht die Abmachung für ein Jahr oder auf unbestimmte Zeit? Was kommt an Zeitaufwand durch vorbereitende Besprechungen und koordinierende Sitzungen dazu? Welche weiteren Aufgaben ergeben sich zusätzlich aus der neuen Tätigkeit? Wer all das nicht gut überlegt, wird leicht „ausgebrannt". Das auch im ehrenamtlichen Bereich häufige Burn-out ist in der Regel keine Folge von viel Arbeit, sondern von Überforderung, z.B. weil man ungenau geplant hat.

Der zweite häufige Grund für das Burn-out ist, daß einem die Probleme und Umstände über den Kopf wachsen. Nicht selten werfen dann Ehrenamtliche ohne Vorwarnung aus nichtigem Anlaß alles hin; und nur der Ehrenamtliche kann das ungestraft. Man hat meist viel zu lang ja gesagt, wo man längst hätte nein sagen sollen. Man wurde nicht informiert und mußte Entscheidungen über den eigenen Kopf hinweg vollziehen. Man steckt dauernd in Reibereien über das, was man darf und soll, und das, wo jemand anderer sich nicht dreinreden lassen will. Es findet sich niemand dafür zuständig, sich die eigenen Probleme wenigstens anzuhören. Und wenn man einmal zufällig von einer Schulung hört, dann muß man sich selbst um alles kümmern, sie aus der eigenen Tasche bezahlen und sich noch den Vorwürfen stellen, an einem wichtigen Sonntag nicht da zu sein.

Es ist also vor allem wichtig, die Ehrenamtlichen als Mitarbeiter und daher weder als kostenlose Dienstboten noch als aufdringliche Wichtigtuer zu behandeln. Wer mitarbeitet, der hat ein Recht auf angemessenes Arbeitsmaterial, einen passenden Arbeitsraum incl. aller nötigen Schlüssel und alle zumutbare sonstige Unterstützung. Selbstverständlich darf eine Mitarbeiterin das Telefon und den Kopierer benutzen, darf die Sekretärin um die Weitergabe einer Information an Frau N. bitten und im Auftrag der Pfarre bei einem Behelfsdienst einen Film ausleihen. Es ist gut, wenn solche Selbstverständlichkeiten abgesprochen sind; der Hinweis, die anderen dürften das auch nicht, genügt nicht als ablehnender Grund. Selbstverständlich ist auch, daß der „Chef" für die Mitarbeiter regelmäßig erreichbar ist, daß man über alle wichtigen Ergebnisse informiert wird und sich auch die Mitarbeiter untereinander öfter zusammensetzen. Schließlich muß man angstfrei über Probleme reden können, bevor sie katastrophale Ausmaße annehmen. Und man muß die Gelegenheit und ausreichende Unterstützung erhalten, um sich für die eigene Aufgabe weiterzubilden.

In Pfarrgemeinden, wo das Bewußtsein dafür wächst, als Kirche für das Reich Gottes berufen zu sein, entsteht noch eine neue Perspektive vom Ehrenamt. Es sind nicht nur die pfarrlichen Aufgaben, für die ehrenamtliche Mitarbeiter gesucht werden. Es gibt auch umgekehrt ChristInnen, die ihre Berufung in einem bestimmten Bereich entdeckt haben und in der Gemeinde einen Stützpunkt und ein Forum für ihr kirchliches, aber übergemeindliches Engagement suchen. Z.B. organisieren drei junge Mütter einen Kurs in Umgangssprache für die Mütter der fremdsprachigen Mitschüler ihrer Kinder. Zwei Mitglieder einer Umweltinitiative arbeiten gemeinsam mit Interessierten an einem Konzept der Verkehrsberuhigung für den Bezirk. Ein pensionierter Musiker hat einen Kreis der Freunde des Chorals angeworben. Ein Sozialarbeiter ist für die Jugendlichen aus dem angrenzenden Wohnblock da. Fünf Damen treffen wöchentlich zum Gebet des Rosenkranzsühnekreuzzugs zusammen.

Das Ehrenamt hat eine Entwicklung erfahren:

- Erwachsene Menschen im arbeitsfähigen Alter stehen unter einer hohen Arbeitsbelastung und sehnen sich nach unverplanter Freizeit.
- Sie wollen sich nicht mehr aus Pflichtbewußtsein Arbeiten aufbürden lassen, die ihnen keine Freude bereiten oder denen sie sich nicht gewachsen fühlen.
- Sie engagieren sich gern in Bereichen, wo sie für sich selbst neue Erfahrungen machen und neue Kenntnisse erwerben können.
- Sie möchten als Mitarbeiter geschätzt, unterstützt und gefördert werden.
- Sie wünschen, daß klare Prioritäten gesetzt werden und für interessante Initiativen Platz und Freude da ist.

4. 3. Von der Anleitung zur Leitung

Es gibt genug Ehrenamtliche, wenn man sie nur tun läßt – das ist die eine Seite. Die andere Seite ist: Ohne Leitung ist das das reinste Chaos. Je mehr sich das Pfarrleben von einigen berechenbaren Gruppen zu einer Vielfalt wechselnder Initiativen wandelt, in denen viele Personen sehr selbständig agieren, wächst der Leitungsbedarf enorm. Konflikte schlichten, Problembeladene begleiten, Gescheiterte trösten, Zaghafte ermutigen, Unbekümmerten Grenzen setzen, Bemühte fördern, Beleidigte versöhnen, Verantwortliche informieren, der Vielfalt eine einheitsstiftende Mitte geben, im Geistlichen voraus- und mitgehen, das gemeinsame Kirchenbewußtsein wachhalten, für alles nach außen die Verantwortung tragen – es ist aufregend, schwierig und bereichernd, unter solchen Voraussetzungen Pfarrer zu sein.

Es bringt jedoch enorme Anpassungsschwierigkeiten mit sich. Die allermeisten Priester sind ausgebildet worden, um ihren Pfarrkindern gute Hirten zu sein. Als es keine Kapläne mehr gab, mußten sie Laien für die vielen seelsorglichen Aufgaben finden, die sie selbst allein nicht bewältigen konnten. Manche wurden dafür ausgebildet (zuerst die Seelsorgshelferinnen, dann die PastoralassistentInnen). Vieles war in den Bewegungen gewachsen, vom Konzil und den Landessynoden bestätigt und durchgestaltet worden und mußte in den einzelnen Pfarren erst gemeinsam erlernt werden: wie man die Liturgien aktiv mitgestaltet, wie ein Pfarrgemeinderat funktioniert, welche Gruppen es geben kann, was die Kinderseelsorge vermitteln soll usw. Der Pfarrer suchte sich seine Mitarbeiter und gab ihnen Anleitungen, wie sie die Aufgabe erfüllen sollten. Mit der Zeit wurden die Mitarbeiter selbständiger und der Pfarrer konnte sich auch garnicht mehr intensiv um alle kümmern. Immer mehr Aufgaben gingen in ihre eigene Verantwortung über, immer kompetenter konnten und wollten sie mitreden und auch mitentscheiden. Die Zeit, wo Leitung vor allem Anleitung war, ist in den meisten Pfarren vorbei.

Wenn Mitarbeiter keine Anleitung mehr brauchen, bedeutet das nicht, daß man sie jetzt mit allem allein lassen darf. Wer seine Arbeit gut macht, erhält zwar viel Bestätigung aus der Sache – die Gruppenmitglieder kommen wieder, die Aufgabe macht Spaß, ihr guter Ruf wird auch außerhalb wahrgenommen usw. Für viele unbedankte Tätigkeiten muß die Leitung regelmäßig im Namen aller Dank und Anerkennung aussprechen, z.B. den treuen Kirchenputzerinnen und Pfarrblattverteilern, den Ministranten und den Abwäscherinnen nach dem Pfarrcafé. Personen in schwierigen Aufgaben brauchen eine Begleitung. Wer z.B. das erste Mal eine Firmgruppe leitet, der sollte gefragt werden, wie es ihm geht, und seine ersten Eindrücke erzählen dürfen. Bei Schwierigkeiten kann man ihm Unterstützung anbieten, z.B. einen Aspekt gemeinsam theologisch durchsprechen, bei Disziplinschwierigkeiten einmal durchgreifen, bei kritischen Anfragen von Eltern sie mit dem

Hinweis auf volles Vertrauen zu ihm an den eigenverantwortlichen Firmleiter weiterverweisen, bei auftretenden eigenen Glaubensfragen zum seelsorglichen Gespräch zur Verfügung stehen. All das bestärkt Mitarbeiter in ihrer Eigenverantwortung – sie erhalten Begleitung.

Zur Begleitung gehört auch, den Mitarbeitern Hilfen zu professioneller Arbeit anzubieten. In vielen Pfarren wird deshalb so bemüht, aber dilletantisch gearbeitet, weil die vorhandenen Möglichkeiten nicht genützt werden. Z.B. gehen diözesane Angebote zur Mitarbeiterschulung vom Schreibtisch des Pfarrers nicht weiter zu denen, die sie benötigen. Man erfindet notdürftig eigene Unterlagen, weil man die vielen guten Behelfe nicht kennt. Man tastet sich vielerorts perspektivenlos durch den Nebel moderner Entwicklungen, weil man keine pastoraltheologischen Bücher liest. Man rechtfertigt sich damit, daß die Wissenschaft viel zu un-praktisch ist, unternimmt aber keine Anstrengungen, die professionellen Theoretiker zur gemeinsamen Arbeit an den ganz konkreten Problemen zu gewinnen. Auch ehrenamtliche Mitarbeiter wollen kompetent arbeiten – der moderne Mensch ist es gewöhnt, seine Hobbys möglichst professionell auszuüben. Eine starke Leitung fördert die Kompetenzen.

Manche Leiter geben Aufgaben nicht gern selbständig aus der Hand, weil sie Angst haben, daß ihnen dann die Leitung entgleitet. Aus dem gleichen Grund können sie zwar anleiten, möchten aber die Kompetenzen nicht durch Hilfen von außen fördern. Sie meinen, niemand dürfe in einem Bereich des Pfarrlichen mehr können oder wissen als sie selbst, weil man sonst ihre Autorität bezweifeln würde. Diese Angst ist unbegründet. Je selbständiger und kompetenter Menschen in den verschiedensten Bereichen gemäß den eigenen Interessen und Fähigkeiten tätig sind, desto weniger Neigung zeigen sie, jemand anderem seine Position streitig zu machen. Im Gegenteil wird ihnen der Dienst an der Einheit immer wichtiger. Denn was hätte all ihr Einsatz für einen Sinn, wenn er nicht mehr als gemeinsame kirchliche Arbeit sichtbar würde. Diese Einheit als gelungene Ergänzung der unterschiedlichen Begabungen sichtbar zu machen, ist die vornehmste Aufgabe der Leitung. Der Leiter muß nicht alles können; er muß nur alles in seinem Beitrag zum Ganzen zu schätzen wissen. Der Respekt vor seiner Autorität wächst mit der Wertschätzung, die er der Kompetenz seiner Mitarbeiter entgegen bringt.

Die Einheit läßt sich unter modernen Bedingungen nicht über Einheitlichkeit erzwingen. Einheit entsteht durch Kommunikation, also dadurch, daß man voneinander weiß, die verschiedenen Vorstellungen kennt, den Wert der unterschiedlichen Motivationen anerkennt, an den Vorhaben der einzelnen Anteil nimmt, die Probleme miteinander trägt und die Freuden und Erfolge gemeinsam feiert. Einheit entsteht also durch wohlwollende Beziehungen. Das schließt Konflikte nicht aus. Im Gegenteil ist es besser, Meinungsverschiedenheiten auszutragen, als sie im Sinne eines (Schein-)friedens unter den Teppich zu kehren. Wichtig ist dabei vor allem, die Hochachtung der Person unter allen Umständen aufrecht zu halten. Persönliche Diffamierungen vergiften das Klima und zerstören das Vertrauen in die Beziehungen. Es gehört zu den wichtigsten Aufgaben der Leitung, solches im Dienste der Gemeinschaft nicht zuzulassen.

Neben der Kommunikation ist Information ein wichtiger Beitrag zur Gemeinschaft. Wer nicht informiert wird, fühlt sich nicht ernst genommen, von Entwicklungen ausgeschlossen und damit gleichzeitig von der Gemeinschaft und von deren Zielen abgeschnitten. Wer Informationen nur bei Gelegenheit weitergibt, vernachlässigt seine Leitungsaufgabe. Wer Informationen gezielt verteilt und zurückhält, betreibt eine gemeinschaftsschädigende Machtpolitik. Andererseits erzielt man dadurch, daß man Informationen weitergibt, Vorhaben und Ziele baldigst zur Diskussion stellt und neu aufkommende Ideen als bereichernde Beiträge willkommen heißt, ein hohes Maß an Gemeinschaft unter den Beteiligten und deren Identifikation mit der Sache.

Alle diese Aspekte der Leitung zusammen fördern den Teamgeist, also das Wissen um die eigene Mitverantwortung und die Bereitschaft, in sie zu investieren. Die Teamarbeit – also die Zusammenarbeit von Personen unterschiedlicher Charismen an einer Sache – ist unter modernen Voraussetzungen der beste Weg, um kompetent und konsequent zu handeln und dabei auch menschlich zu gewinnen. Ein Team entwickelt sich gut, wenn man über das gemeinsame Ziel im Gespräch bleibt, die Vorgangsweise gemeinsam plant, die Aufgaben den Begabungen und Zuständigkeiten entsprechend verteilt und gegeneinander gewissenhaft abgrenzt, sich regelmäßig Rechenschaft über den Fortgang der Bemühungen gibt, die auftauchenden Probleme gemeinsam trägt und sich ausreichend Zeit nimmt, das Erreichte in Ruhe zu feiern. Einzelkämpfertum dagegen ist heute nicht mehr angebracht, weil es sachlich unverantwortlich und menschlich auszehrend ist.

Leitung wird formell und informell ausgeübt. Die formelle Leitung hat der, der durch Amt und Beauftragung (auch zeitweise

Delegation) dafür zuständig ist. Gruppen ab sechs Personen brauchen einen Leiter. Informellen Anteil an der Leitung übernimmt, wer die Verantwortung für den gedeihlichen Fortgang der Dinge mitträgt. Das ist in jeder Teamarbeit selbstverständlich, aber überall möglich, wo es nicht mit diktatorischer Gewalt verhindert wird. In konkreten Gruppenprozessen übernimmt Anteil an der Leitung, wer z.B. in Konflikten vermittelt, an das gemeinsame Ziel erinnert, einen konstruktiven Vorschlag macht, Personen am Rande einbindet, den Zeitplan einzuhalten hilft, sich um ein konkretes Ergebnis bemüht. Wer Leitung stört, ist destruktiv. Wer als Zuständiger die Leitung nicht wahrnimmt, erschwert das Miteinander und das Erreichen guter Ergebnisse.

Die Leitung ist ein wichtiger Dienst für jede Gemeinschaft ab sechs Personen.

- Mit der Vielfalt wächst der Leitungsbedarf.
- Statt der Anleitung wird die Begleitung wichtig.
- Auch ehrenamtliche Arbeit möchte professionell sein.
- Die Autorität des Leiters wächst mit der Wertschätzung, die er seinen Mitarbeitern entgegenbringt.
- Einheit entsteht durch Kommunikation in einem Umfeld gegenseitigen Vertrauens.
- Umfassende Information fördert die Identifikation mit der Gemeinschaft und ihren Zielen.
- Teamarbeit ist unter modernen Verhältnissen die kompetenteste und menschlich bereicherndste Form des gemeinsamen Handelns.
- Die Leitung wird von allen wahrgenommen, die sich mitverantwortlich für eine gedeihliche Entwicklung zeigen.

Exkurs: Über den Umgang mit Konflikten
(von Sr. Dr. Helga Auer)

Menschen sind unterschiedlich und sie machen Unterschiede. Wir haben verschiedene Vorlieben und Ansichten und aufgrund der individuellen Lerngeschichte verschiedene Reaktionsweisen, mit diesen Spannungen umzugehen. Daraus entstehen Konflikte. Sie sind etwas ganz Normales und gehören zum Leben.

Ein Konflikt ist das Aufeinanderprallen von Unvereinbarkeiten im Denken, Vorstellen, Wahrnehmen, Fühlen oder Wollen, innerhalb einer Person oder zwischen Interaktionspartnern. So können Konflikte unterschiedlich große Kreise ziehen. Wir unterscheiden:

- Intrapsychische Konflikte, wenn in uns selbst gegensätzliche Ziele, Wünsche, Ideen bestehen und uns zu einer Entscheidung zwingen. Wir fühlen uns zerrissen, gelähmt, handlungsunfähig („Zwei Seelen wohnen, ach, in meiner Brust". „Ich tue nicht, was ich will, sondern was ich hasse", Röm 7,15).
- Interpersonale Konflikte in Zweierbeziehungen oder wenn zwischen den Mitgliedern einer Gruppe Konkurrenz- und Rivalitätskämpfe oder Konflikte um Normen und Regeln auftreten.
- Soziale Konflikte sind Differenzen zwischen Gruppen, die miteinander in Beziehung stehen: Familienkämpfe, Junge und Alte, Konservative und Fortschrittliche.

Oft sind diese drei miteinander verflochten, so daß die erste Aufgabe einer Konfliktlösung darin besteht, diese Verflechtung zu durchschauen und zu entwirren. Persönliche innere Konflikte schlagen stärker auf die sozialen Beziehungen durch, wenn die Identifikation mit der Gruppe wesentlich zur Selbstidentifikation gehört und es sich nicht nur um eine Interessensgruppe handelt.

Ein Konflikt ereignet sich immer in einem Kontext, einem sozialen Raum. Dieser bestimmt, wie der Konflikt verlaufen wird. Es macht einen Unterschied, ob ein Streit mit dem Pfarrer in seinem Sprechzimmer, beim Pfarrgemeinderat, bei der Erstkommunionjause, vor dem Bischof oder in der Presse ausgetragen wird. Dazu kommt die Beschaffenheit des Kontextes: ob Regeln und Gesetze eher streng oder locker sind, die Umgebung für mich wichtig ist und wie die Autoritätsverhältnisse liegen.

Konflikte verbinden Menschen. Personen oder Gruppen sind durch ihr Interesse am Konfliktgegenstand miteinander verbunden. Ihre Ziele sind jedoch gegensätzlich, widersprüchlich und damit auseinanderstrebend. Die unterschiedlichen Ziele trennen dic Konfliktparteien. Die Gleichzeitigkeit von verbindenden und trennenden Strebungen macht die Dynamik von Konflikten aus und erzeugt bei den Personen das Gefühl, in der Situation gefangen zu sein.

Konflikte sind Dreiecksverhältnisse. Sie bestehen aus mindestens zwei Konfliktparteien und mindestens einem Konfliktgegenstand. Auf der psychologischen Ebene können wir zwei Ebenen unterscheiden: a) Die Sachebene: Worum geht es? Meist gibt es in Konflikten mehr als einen Konfliktgegenstand: Bei einer Leistungskonkurrenz (Wer erfüllt die Aufgabe besser?) geht es zugleich auch um Anerkennung und Zuneigung der Vorgesetzten. Das Analysieren, Differenzieren und Bewerten der einzelnen

Konfliktgegenstände ist ein erster Schritt zu seiner Lösung. b) Die Beziehungsebene: Sie beschreibt, wie die Konfliktpartner zueinander stehen. Hier sind vor allem die emotionalen Aspekte und die Wahrnehmung von Konfliktsituationen von Bedeutung.

Nicht alles, was nach Konflikt aussieht, ist auch einer. Damit aus Unterschieden Konflikte werden, müssen die Konfliktpartner von einigen Grundannahmen überzeugt sein, die jedoch irrig sind:

- Es gibt eine objektive Wahrheit.
- Widersprüche müssen beseitigt werden.
- Es kann nur einer von beiden recht haben.
- Einer muß gewinnen.
- Es genügt nicht, unterschiedliche Ziele zu haben, man muß sie auch gleichzeitig erreichen wollen!

Konflikte entstehen zu einem großen Teil in unseren Köpfen.

Konflikte bieten viele Chancen. Sie sind der Weg, durch den Probleme sichtbar und Lösungen gefunden werden können. Aus Verschiedenartigkeit läßt sich lernen. Ohne Konflikte gäbe es keine Komplexität, keine Vielfalt. Im Vergleich der Standpunkte liegt die Chance, daß sich die beste Variante durchsetzt. Konflikte führen zur Selbsterkenntnis, sie sind identitätsstiftend. Sie grenzen Gruppen von einander ab und festigen sie in ihrem Selbstverständnis. Nähe und Distanz wird geregelt, Standpunkte und Grenzen werden klar. Konflikte sind die Wurzel für Veränderungen der Persönlichkeit und der Gesellschaft. Sie sind Gelegenheit zum Wachsen und Reifen und Herausforderung zum Handeln.

Konflikte bergen aber auch Risiken. Es gibt die Gefahr von Verletzungen, von Eskalation bis hin zur gegenseitigen Vernichtung. Sie stellen eine ernsthafte Gefährdung für Frieden und Einheit dar. Rückzug und Isolation vergiften Beziehungen oder brechen sie ab. Deshalb ist es wichtig, angemessene und zielführende Formen der Konfliktaustragung zu finden und unnötige Konflikte zu verhindern.

Um Konflikte zu einer Chance für Entwicklung und Erhöhung von Zufriedenheit werden zu lassen, können Formen der Konfliktbearbeitung eingeübt werden:

1. Wahrnehmung: Der Schlüssel zum Konflikt ist die Wahrnehmung bezüglich der Ziele, Intentionen, Motive der Betroffenen. Es gilt zunächst, die oft verzerrte und einseitige Wahrnehmung zu korrigieren und zwar auf den beiden Ebenen der Inhalte und der Beziehung. Jeder muß sagen können, wie er die Situation sieht, das Problem erlebt.

2. Bewertung: Nur wenn ein Konflikt von allen Beteiligten gleich oder ähnlich gesehen wird, kann er befriedigend gelöst werden. Da jeder Mensch die Situation unterschiedlich wahrnimmt und interpretiert, gibt es oft Bewertungsprobleme.
3. Teilthemen: Wichtig ist dabei, das pauschale Streitthema in kleine Streitpunkte aufzufächern, bis sie konkret, überschaubar und überprüfbar sind. Dazu kann man bestimmte Vorfälle nehmen und diese einzeln analysieren und besprechen. So kann die allgemeine Problematik besser verstanden und diskutiert werden.
4. Besinnung auf das Ziel: Konflikte entstehen häufig dadurch, daß man das Ziel aus den Augen verloren hat, andere Ziele anstrebt, oder daß Ziele miteinander in Konkurrenz treten. In vielen Fällen wird deshalb die Besinnung auf das Ziel notwendig sein, um den Weg zu finden, der aus dem Konflikt herausführt.
5. Selbstwertgefühl: Bei jeder Konfliktbewältigung muß darauf geachtet werden, daß das Selbstwertgefühl der Beteiligten nicht zerstört wird und die Gesprächsbereitschaft auf beiden Seiten erhalten bleibt. Weitere Kontakte sind sonst nicht mehr möglich.
6. Kommunikationsregeln: Damit die Konfrontation nicht verhärtet oder verletzt, sind bestimmte Spielregeln in der Kommunikation einzuhalten: eine grundlegend akzeptierende und verstehenwollende Haltung ohne Vorwürfe, Schuldzuweisungen und Forderungen an den anderen; die eigenen Bedürfnisse als Ich-Botschaften formulieren, statt den anderen zu moralisieren oder für die eigenen Gefühle verantwortlich zu machen („Ich möchte gern beim Pfarrball die Würsteln verkaufen", statt: „Du willst immer im Mittelpunkt stehen und hältst die andern für unfähig"). Wenn die Gegensätze deutlich sind, soll auch das Gemeinsame, das Verbindende gesucht und besprochen werden: sich bemühen, die gemeinsamen Ziele oder Interessen herauszuschälen.
7. Kompromiß: Ein hilfreicher Schritt ist die Umformulierung der Störungen in konkrete Wünsche an den anderen. Dann beginnt das Sammeln von Vorschlägen für mögliche Lösungen. Die für die Beteiligten akzeptable Entscheidung wird dadurch getroffen, daß jeder ungefähr im gleichen Ausmaß seine Ansprüche zurücksteckt, also ein Kompromiß geschlossen wird. Wenn die Abstriche des einen größer sind als die des anderen, besteht die Gefahr, daß wieder Unzufriedenheit aufkommt und ein neuer Konflikt entsteht.
8. Konsens: Die reifste Form von Konfliktbearbeitung ist der Konsens. Nur in diesem Fall kann von echter Konfliktlösung gesprochen werden. Konsensfindung verlangt einen Dialog, in dem sich

die Beteiligten mit den Anliegen des anderen bewußt auseinandersetzen. In diesem Prozeß wird eine Lösung gefunden, in der sowohl die Interessen des einen als auch des anderen optimal vertreten sind.

Die Psychologie liefert uns wichtige Hinweise zum Verstehen und Bewältigen von Konflikten. Für den gläubigen Menschen wird darüber hinaus die Bibel zur Fundgrube. Zunächst ist das Gebet zu nennen – etwa in den Psalmen. Es ersetzt zwar nicht die Aussprache mit dem Konfliktpartner – denn Mißverständnisse sind aufzuklären und Vorurteile abzubauen –, es kann jedoch zu den nächsten Schritten motivieren und Wege aufzeigen. Auch das meditative Schweigen hat eine konflikthygienische Funktion: Gefühle klären sich, die Dinge bekommen eine andere Dimension.

Konfliktlösung in der Bibel heißt Versöhnung. Z.B. zeigt sich bei Paulus, wie leidenschaftlich er bei aller Prinzipientreue die Einheit und den Frieden um der Zukunft des Gottesreiches willen gesucht hat. Der Bericht eines urkirchlichen Entscheidungsprozesses (Apostelkonzil in Jerusalem: Apg 15), besonders das Studium der Voraussetzungen und Grundhaltungen, kann uns Mut machen, innerhalb der Gemeinschaft der Glaubenden auch für schwierige Fragen eine Lösung zu finden. Weiters könnte man erarbeiten, wie Jesus mit Konflikten umgegangen ist und welche Ratschläge er seinen Jüngern gibt: „Bei euch soll es nicht so sein" (Mt 20,26).

Letztlich wird uns die christliche Überzeugung helfen: Der andere ist genauso wichtig wie ich!

● Konflikte sind das Aufeinanderprallen von Unvereinbarkeiten im Denken, Vorstellen, Wahrnehmen, Fühlen oder Wollen innerhalb einer Person oder zwischen Interaktionspartnern. Sie sind die Wurzel für Veränderungen der Persönlichkeit und der Gesellschaft, Gelegenheit zum Wachsen und Reifen und Herausforderung zum Handeln. Man kann lernen, mit Konflikten gedeihlich umzugehen. Konflikte haben eine Sach- und eine Beziehungsebene. Kommt es in der Auseinandersetzung zu persönlichen Diffamierungen der Beteiligten, vergiftet das die Beziehung nachhaltig. Die reifste Form der Konfliktbearbeitung ist der Konsens, wo in einer dialogisch gefundenen Lösung die Anliegen der Beteiligten gut aufgehoben sind.

KAPITEL 3:

Weltverantwortung – Sorge füreinander in Caritas, Politik und Gebet

Politik ist
die wirksamste Form
der Nächstenliebe.
(Papst Paul VI.)

Die Pfarrgemeinden sind gegenwärtig der wichtigste Ort, wo Kirche gelebt wird. Auf ganz verschiedene Weise – je nach sozialer Situation und Entwicklungsstufe – entfalten sie durch ihre Grundvollzüge christliches Leben in der modernen Welt. Sie machen damit wahr, daß Kirche immer eine Kirche für die Menschen ist. Denn das Reich Gottes ist ein Stück Himmel mitten unter uns, wo Gott durch Menschen hindurch sein Heil wirkt.

1. Strukturen der Weltverantwortung

Diese Weltverantwortung der Kirche geschieht auf drei verschiedene Weisen, die in diesem Kapitel näher dargestellt sind: durch Caritas, Politik und Gebet. Wie sie zusammengehören, soll zum Einstieg eine bekannte Geschichte mit einer neuen Wendung zeigen. Anschließend sind die einzelnen Bereiche konkret dargestellt.

Die andere Geschichte vom Samariter

Zwischen Jericho und Jerusalem fiel wieder einmal ein Mann unter die Räuber. Zum Glück kam bald ein Samariter des Weges. Routiniert leistete er Erste Hilfe, packte den Mann auf seinen Esel, brachte ihn zur nächsten Herberge, gab dem Wirt Geld für die Pflege und verabschiedete sich.

Der Mann bedankte sich recht herzlich bei ihm. „Ach, das ist doch selbstverständlich!“ antwortete der Samariter. Außerdem sind Sie nicht der erste. Fast jede Woche finde ich hier einen liegen – eine gefährliche Gegend ist das.“ „Dann bin ich doppelt froh“, sagte der Mann, „daß es Ihnen noch nicht zu viel geworden ist und

Sie lieber wegschauen, statt noch einmal Zeit und Geld zu investieren. Sie sind ein herzensguter Mann. Gott wird es Ihnen vergelten."

Manchmal war es ihm doch fast zu viel. Dann blieb er beim Wirt eine Stunde sitzen und klagte ihm sein Leid. „Zweimal die Woche gehe ich diesen Weg. Und es vergeht kein Monat, wo ich nicht einen oder sogar mehrere auflesen muß. Es ist eine Schande, daß die Priester und anderen Reisenden, die vorbeikommen, offenbar einfach wegschauen." Der Wirt pflichtete ihm bei – es war eine Schande. Seine alte Mutter saß dabei, hörte schweigend zu und nickte.

Zwei Jahre und 45 Verletzte später forderte der Wirt den Samariter auf, sich unbedingt etwas niederzusetzen. „Ich muß Dir etwas erzählen, was Dich sehr freuen wird" sagte er. „Es ist ja wirklich ein Skandal, daß bei uns so oft Reisende unter die Räuber fallen. Ich hab mich mit ein paar Nachbarn abgesprochen und einer kennt das Versteck der Bande. Weil sich dort niemand von uns hinwagen kann, hab ich mit meinem Cousin geredet, der bei der römischen Wache ist. Der hat mit dem Kommandanten und der wieder mit dem Chef der Truppen geredet. Er hat eine Abteilung Soldaten geschickt. Ihre Späher haben das Räubernest bereits ausgekundschaftet. Und heute oder spätestens morgen nacht werden sie die Bande ausheben und verhaften."

„Gott sei Dank!" sagte da leise die alte Mutter. „Aber ich habe ja gewußt, daß es bald eine gute Lösung geben wird." „Woher hast Du das gewußt?" fragte ihr Sohn, der Wirt. „Ach weißt du, seit es da angefangen hat mit den Überfällen habe ich täglich zu Gott gebetet. Ich hab ihm gesagt, er soll dir eine Idee schenken, wie man Abhilfe schaffen könnte. Und ich hab für dich, lieber Freund" – sie wandte sich zum Samariter – „gebetet, daß du die Kraft und die Geduld nicht verlierst, so lange zu helfen, wie es nötig ist."

Diese Geschichte vom Samariter hat eine andere Pointe als die bekannte biblische. In der Bibel geht es um die Barmherzigkeit, die der Samariter – obwohl ein sozialer Außenseiter – ganz selbstverständlich walten läßt, die hochangesehenen wichtigen Religionsdiener (Priester und Levit) aber nicht. In dieser Geschichte kommen neben dem Samariter andere handelnde Personen und eine längere Zeitspanne ins Spiel. Die Sinnspitze der Geschichte: Auf Dauer ist nicht die Barmherzigkeit am zielführendsten, sondern eine Lösung des grundlegenden Problems.

In der Geschichte gibt es drei zentrale Personen: den Samariter, den Wirten und dessen Mutter. Der Samariter hilft unermüdlich und engagiert, bis an die Grenze seiner eigenen Möglichkeiten. Er tut das sachgerecht und investiert Zeit und Geld dafür, ohne eine Entschädigung zu verlangen. Der Wirt läßt sich für seine Arbeit bezahlen und denkt sich anfangs nicht viel dabei. Im Laufe der Zeit brennt ihm aber immer mehr das Problem unter den Nägeln. Er erkennt: Die eigentliche Schande ist nicht, daß immer derselbe helfen muß, sondern daß niemand etwas gegen die Räuber unternimmt. Da er selbst dagegen nichts unternehmen kann, bespricht er sich mit den Nachbarn. Gemeinsam und unter Ausnutzung all ihrer Verbindungen kommen sie zu einer kompetenten Lösung. Die Mutter des Wirten schließlich hat das Problem schon längst erkannt und weiß als alte Frau, daß sie bei Männerangelegenheiten nichts mitzureden hat. Aber sie betet und vertraut, daß Gott durch Menschen das Heil wirken wird – auf welchem Weg auch immer.

Die drei Personen stellen einen jeweils verschiedenen Weg dar, die Verantwortung zu tragen. Der Samariter ist ein „Helfer": Er ist zur Stelle, wo es Not tut, opfert Zeit und Geld bis an die Grenze seiner Möglichkeiten. Der Wirt ist ein „Stratege": Er sieht, wo das grundlegende Problem liegt und mobilisiert kompetente Wege, um es von der Wurzel her zu lösen. Die Mutter ist eine „Beterin": Sie weiß, daß alles in Gottes Hand liegt und betet um Eingebung und Kraft für die beiden anderen.

Welche der drei Personen ist die wichtigste? Welche hat am meisten Verantwortung gezeigt? Der modernen Lebensauffassung entspricht es, die Beterin für die unwichtigste Rolle zu halten. Schließlich hat sie ja nichts getan, sondern „nur" gebetet. So zu denken ist zutiefst unchristlich, weil es Gott als den, der für uns Menschen da ist, nicht ernst nimmt. Wer die Beterinnen nicht ehrt, hat das Herzstück des Christlichen der modernen Weltauffassung geopfert. Dieser liegen die Strategen und Planer am nächsten, die tüchtig und kompetent sind. In christlichen Gemeinden hat man für sie kaum einen Blick; man verkennt den Heiligen Geist als Kraft der alltäglichen Lebensgestaltung zum Wohle der Menschen. Am häufigsten sind in den Pfarrgemeinden die Helfer anzutreffen. Obwohl gesellschaftlich und auch gemeindlich oft unbeachtet, leisten sie einen wichtigen Beitrag, damit die moderne Welt nicht unmenschlich wird.

Aus christlicher Sicht sind also alle drei Rollen gleich wichtig. Die Begabungen sind verschieden verteilt. Es kommt also nicht darauf an, daß jeder Christ zum Beter, Helfer und Strategen gleichzeitig wird. Es kann zwar jeder ein wenig von allem haben, aber wirklich stark ist man meist nur in einem Bereich – der sich aber im Laufe des Lebens ändern kann. Die christliche Weltverantwortung trägt man daher immer gemeinsam in der Zusammenarbeit der verschiedenen Begabungen. Diese Haltung ist eine moderne Anforderung und in unseren Gemeinden noch nicht gut entwickelt. Wo dieses Zusammenspiel verstärkt wird, wächst nicht nur die Weltverantwortung der Gemeinde, sondern es vertieft sich auch die Gemeinschaft untereinander. Viele Gemeinden, die über das unverbundene Nebeneinander der verschiedenen Gruppen und Aktivitäten klagen, können im Zusammenspiel der Rollen in der Weltverantwortung neue Wege des Miteinander entdecken.

Theologisch steht hinter diesem Zugang: Die Kirche muß dort sein, wo Menschen um ihre Lebenschancen betrogen sind. Es ist die Aufgabe der Helfer, in der Not rechtzeitig und wirksam beizustehen. Die Strategen sorgen dafür, daß menschenverachtende Systeme und ungerechte Entwicklungen sachgerecht verändert werden. Und die Beter legen eine gedeihliche Zukunft und die, die sich dafür einsetzen, in die allmächtigen und gütigen Hände Gottes. Wo die Beter fehlen, erlahmt mit der Zeit die Kraft, immer wieder Probleme anzupacken und immer wieder dem Elend zu begegnen – die Menschen werden ignorant, die Verhältnisse unmenschlich. Wo die Strategen fehlen, wird viel Mühe und guter Wille eingesetzt, ohne das Problem ändern zu können – die Helfer werden mit der Zeit überfürsorglich, die Hilfsbedürftigen unmündig. Wo schließlich die Helfer fehlen, herrscht die Kälte bürokratischer Verhältnisse – jedes Problem wird irgendwann einmal gelöst, aber die Betroffenen werden zu unpersönlich behandelten Problemfällen, die als Sand im Getriebe des Systems lästig sind.

Moralisch entscheidend ist also nicht die jeweilige Rolle, die jemand in dieser Weltverantwortung übernimmt. Entscheidend ist, wieviel Zeit und Lebenskraft man insgesamt – in der Kirche und als Kirche im Alltag – darin investiert. Diese Investition ist der eigene Anteil am Reich Gottes. Gleichzeitig kann man sich durch ein solches Engagement bewußt werden, in welcher Hinsicht oder in welchem Lebensbereich man selbst zum Räuber wird – indem man über wirtschaftliche, ökologische, politische oder persönliche Zusammenhänge an einer ungerechten Verteilung der Lebenschancen beteiligt ist – und dabei selbst das Reich Gottes verliert.

Die Kirche muß dort sein, wo Menschen um ihre Lebenschancen gebracht sind. Sie realisiert diese Weltverantwortung in drei einander ergänzenden Rollen:

- Die „Helfer" sind zur Stelle, wo konkrete Not ist, und helfen unmittelbar, persönlich und wirksam.
- Die „Strategen" haben die grundlegenden Probleme im Blick und arbeiten an umfassenden kompetenten Lösungen.
- Die „Beter" wissen um die allmächtige Güte Gottes und erbitten für seine Mitarbeiter auf Erden die nötige Weisheit und Gestaltungskraft.

2. Caritas – den Bedürftigen beistehen

Der erste Bereich der Weltverantwortung ist die Caritas. Den Bedürftigen beistehen, damit neue Hoffnung wachsen kann, ist ein wesentlicher Grundvollzug von Kirche. Hoffnungslosigkeit macht lebensmüde und gottvergessen. Und selbst wo scheinbar keine Hoffnung bestehen kann, wächst aus Beistand und Trost neue Kraft. Not und Leid sind schlimm – in ihnen allein gelassen zu sein, ist zum Verzweifeln. Die Caritas kann viel ausrichten an kleiner und auch großer ganz konkreter Hilfe. Aber selbst wo es keine Hilfe gibt, ist die menschliche Nähe der entscheidende Trost des Lebens.

2. 1. Traditionelle Handlungsfelder

Altenpastoral
Die herkömmliche Altenpastoral ist eng mit der Pfarrcaritas verbunden. Einige Helferinnen bringen alten Leuten zu runden Geburtstagen einen Glückwunschbrief des Pfarrers und eventuell eine kleine Aufmerksamkeit. Bei dieser Gelegenheit kann man auch fragen, ob jemand etwas braucht, einen regelmäßigen Besuch wünscht, die Krankenkommunion oder Krankensalbung empfangen oder für die nächste Seniorenjause abgeholt werden möchte.

Viele Pfarren veranstalten in Verbindung damit Geburtstagsjausen, z.B. alle zwei Monate mit den jeweiligen Geburtstagskindern. Nach einer gemeinsamen Messe gibt es bei Kaffee, Kuchen und Wein ein gemütliches Beisammensein, eventuell mit kleinen Darbietungen einer Kinder- oder Jugendgruppe. Wer teilnimmt, wird auf Wunsch von zu Hause abgeholt und wieder heimgebracht.

An manchen Orten werden einsame ältere Leute auch zu Weihnachten zum gemeinsamen Feiern zusammengeholt. Alte Menschen sind nicht automatisch religiös; aber viele, selbst wenn sie sonst keinen Kontakt zur Kirche halten, freuen sich über solche Aufmerksamkeiten. Manchmal ergeben sich daraus auch seelsorgliche Gelegenheiten, häufig bleiben sie stärker geselliger Natur.

Besuchsdienste

Ein Hauptbetätigungsfeld der Pfarrcaritas sind die Besuchsdienste bei Alten und Kranken. Meist sind es Frauen mittleren Alters mit größeren Kindern oder rüstige Pensionistinnen, die diese Dienste übernehmen, manchmal auch Jugendliche. Die wichtigste Anforderung für sie ist, daß sie sich ganz regelmäßig Zeit für ihre Besuche nehmen können. Sei es im Altersheim, im Krankenhaus, im Seniorenwohnheim oder in der eigenen Wohnung – Alten und Kranken wird meist die Zeit sehr lang. Sie freuen sich schon lange vorher auf den Besuch und sind sehr enttäuscht, wenn er dann nicht kommt. Wenn die Personen dazu schon etwas verwirrt sind, brauchen sie noch mehr eine verläßliche Regelmäßigkeit, auf die sie sich einstellen können.

Zweitens müssen die BesucherInnen zuhören können. Auch betagte Menschen möchten von dem erzählen, was sie bewegt. Oft sind das sehr alte und immer wieder die gleichen Geschichten, die sie beschäftigen. Sie gewinnen im Erzählen eine neue Qualität als Lebenserfahrung, wenn Jüngere sich dafür interessieren. Gleichzeitig kann die eigene Lebensgeschichte und mit wachsendem Vertrauen auch das Belastende in ihr zur Sprache kommen, an Klarheit gewinnen und versöhnt werden. Manchmal kommt dies in die Nähe eines Beichtgesprächs – vom Zuhörenden wird verlangt, daß er absolut diskret ist und emotionale Sicherheit vermitteln kann.

Aus den Lebensgeschichten heraus entstehen immer wieder auch seelsorgliche Gespräche. Oft unvermittelt werden die zentralen Fragen nach Sinn und Ziel des Lebens, nach Schuld und Vergebung, nach dem Tod und dem Danach gestellt. Hier ist der Zuhörende persönlich gefragt, muß über seine Lebenseinstellung und Glaubenshaltung Auskunft und Zeugnis geben. Eine theologisch richtige Erklärung hat dabei meist weniger Wert als eine menschlich ehrliche Antwort. Wenn diese dann zu den gläubigen Wahrheiten hinführt, geschieht Seelsorge im vollen Sinn. Viele, die an sich gern ältere Menschen besuchen, fühlen sich in solchen Situationen überfordert. Eine Supervision – also begleitende Treffen zum Austausch unter Gleichgesinnten, eventuell mit fachlicher Begleitung von außen – ist da sehr hilfreich. Ebenso ist es gut, wenn man solche Glaubensfragen für sich selber stellt, z.B. mit dem Fernkurs „Glaubend älter werden".

Schließlich kommen beim Besuchsdienst ganz praktische Fragen und Bitten zur Sprache. Man möchte ein Testament machen und weiß nicht, wie man das anfängt. Man hat in alten Sachen gekramt und möchte manches auf einen Flohmarkt geben. Man möchte die spezielle Weihnachstischdecke auflegen und braucht jemanden, der bis in das oberste Kastenfach gelangen kann. Man hat eine Verständigung von der Pensionskasse bekommen und kommt mit dem Amtsdeutsch nicht zurecht. Die täglichen Einkäufe erledigt die Nachbarin; aber könnten Sie mir vom Markt ein paar frische Kirschen mitbringen? Solche kleinen Sorgen und Wünsche zu befriedigen, macht auf beiden Seiten Freude. Als Besuchsdienst muß man allerdings darauf achten, daß man rechtzeitig verschiedene Personen (Nachbarn, Verwandte) und professionelle Dienstleistungen (Fußpflegerin, Haushaltshilfe, Raumpflegerin, Essen auf Rädern usw.) in die Betreuung einbindet, damit es einem selbst nicht zu viel wird.

Gemeinschaftsbetreuung

Dem Besuchsdienst verwandt ist die gemeinschaftliche Betreuung hilfsbedürftiger Personen in ihrem privaten Lebensumfeld. In diesem Fall besucht nicht eine Person mehrere Bedürftige, sondern ein Bedürftiger wird von mehreren Personen gemeinsam versorgt, dafür aber rundum in all seinen Lebensbelangen. Voraussetzung dafür ist, daß die z.B. betagten Menschen, jüngeren Schwerbehinderten oder Familien in Ausnahmesituationen in der unmittelbaren Wohnumgebung Menschen finden, die bereit sind, zusammenzuarbeiten und sich rund um die Uhr abzuwechseln.

Voraussetzung für ein solches Projekt ist, daß eine Gruppe von Menschen langfristig dazu bereit ist, verläßlich eine übernommene Teilaufgabe wahrzunehmen, mit den anderen zusammenzuarbeiten, notfalls auch für andere Teilaufgaben einzuspringen und auch neu entstandene Situationen mitzutragen. Z.B. tun sich zehn Personen zusammen, um eine AIDS-Kranke bis zu ihrem Tod in allem zu betreuen, was sie braucht. Nachtwachen, Einkauf, Behördenwege, Kinobesuch, Kirchgang, Wäsche, Körperpflege,... – für jeden Bereich hat sich jemand bereit erklärt und die Gruppe als ganze weiß sich verantwortlich, auch neu auftauchende Aufgaben zu übernehmen oder jemanden dafür zu finden. Wie lang immer es nötig sein wird – fünf Monate oder drei Jahre – man ist verbindlich dabei.

Angehörige und Freunde sind in dieses System weitmöglichst eingebunden, wären aber ohne die nachbarschaftliche Hilfe nicht in der Lage, eine Hausbetreuung zu ermöglichen. Die AIDS-Kranke erfährt das Glück, nicht in eine Betreuungseinrichtigung hineingeschoben zu sein, sondern ihr Leben in privater Würde und menschlich umsorgt beenden zu können. Die zeitliche und seelische Belastung der Helfenden ist auf die Gruppe verteilt und im Miteinander weniger schwer. Freunde und Angehörige können viel beitragen, ohne hoffnungslos überfordert zu werden. Schließlich finden Menschen, die ursprünglich nur helfen wollten, Kontakt zu pfarrlich gebundenen Personen und manchmal auch Veranstaltungen. Ihre Nähe zur Kirche wächst.

2. 2. Neue Handlungsfelder

Die traditionellen Handlungsfelder der Pfarrcaritas sind im Schnittfeld zwischen Betreuung, Gespräch, Seelsorge und Katechese angesiedelt. Dafür werden Helferinnen gebraucht, die gerne im Kontakt mit betagten oder hilfsbedürftigen Menschen sind und auch gelegentlich Hand anlegen können. Die neuen Handlungsfelder der Pfarrcaritas sind im Schnittfeld zwischen Notfallüberbrückung, Selbsthilfe, Sozialarbeit und Sozialpolitik angesiedelt. In ihnen braucht es neben Menschen mit einem offenen Ohr und einer hilfreichen Hand auch solche, die professionelle übergemeindliche und staatliche Hilfe mobilisieren, in bürokratischen Zusammenhängen kompetent unterstützen und politische Notwendigkeiten erkennen und thematisieren können.

Flüchtlingsbetreuung

Eine neuere Entwicklung in der Gemeinschaftsbetreuung ist die pfarrliche Sorge für Flüchtlinge. Sie befaßt sich mit Menschen, die mitten aus einem eigenverantwortlichen Leben heraus in Unglück und Wirren von Krieg und Verfolgung gestürzt wurden, sich den Trennungen, der Not und den chaotischen Improvisationen der Flucht unterworfen haben und sich jetzt in einer bürokratisch reglementierten Wohlstandsordnung wiederfinden, die sie zur Hilflosigkeit verurteilt.

Was diese Menschen zuerst brauchen, ist Überbrückungshilfe in jeder Hinsicht: Nahrung, Kleidung, Wohnraum. Viele Pfarren haben in den letzten Jahren diesbezüglich einen bewundernswerten Einsatz an menschlicher Anteilnahme, Zeit, Organisationskraft und materieller Unterstützung erbracht. Schnell löst sich der

Schock und schrittweise kommt der ganze Schrecken zutage. Viel menschliche Nähe und Zuwendung wird jetzt gebraucht, häufig auch professionelle Unterstützung durch Psychologen und Dolmetscher. Dazu kommen die rechtlichen Schwierigkeiten mit der Anerkennung als Flüchtling, die häufig ohne viele Amtswege und gekonnte Interventionen nicht zu lösen sind, gegebenenfalls aber auch offen bleiben. Die nötigen pfarrinternen Diskussionen über Rechtsstaatlichkeit, Menschenrechte und politischen Ungehorsam reichen tief in die Politik hinein.

Sobald sich wieder eine gewisse Normalität des Lebens einstellt, ergeben sich neue Fragen. Die Kinder brauchen einen Schulplatz und die Erwachsenen möglichst bald eine Arbeit. Konflikte untereinander durch die beengten Verhältnisse, die großen psychischen Belastungen und eine aussichtslos erscheinende Zukunft verschärft, erfordern oft konfliktlösende und friedensstiftende Maßnahmen seitens der Pfarrgemeinde. Arbeits- und Studiengenehmigung, phantasievolle Beschäftigungsprojekte über Vermittlung der diözesanen Caritas, Sprachkurse und interkulturelle Initiativen sind gefordert.

Schließlich gelingt es durch vielfältigen Einsatz der Pfarrgemeinde meist, den Flüchtlingen zu einer Aufenthalts- und Arbeitsgenehmingung, einer dauerhaften Wohnung, Arbeits- und Schulplatz und damit wieder zu geregelten Verhältnissen zu verhelfen. Die Gemeinde hat dabei viel unmittelbare Not, Verzweiflung und Dankbarkeit, Konflikte und Schwierigkeiten und oft die unfreundliche Seite staatlicher Bürokratie kennengelernt. Gleichzeitig haben sich die inneren Kontakte und der Zusammenhalt unter den pfarrlichen Helfern vertieft. So manche Gemeinde hat auch die neue Freude entdeckt, daß im Pfarrhof nicht bloß Gruppen ein- und ausgehen, sondern daß er bewohnt ist und die Höhen und Tiefen des Lebens ausstrahlt.

Obdachlosenasyle

Die soziale Not im eigenen Land hat manche Pfarrgemeinden dazu geführt, Initiativen für Obdachlose zu starten. Neben den traditionellen Sandlern, die sich nie in die Gesellschaft eingliedern konnten und bei der Kirche gelegentlich Essensgeld, Kleidung oder Hilfe für einen Arztbesuch fanden, zeigt heute das Elend ein neues Gesicht. Bereits jüngere Leute leben auf der Straße, weil sie kein Zuhause und kein Einkommen haben, und niemand ihnen den Weg in eine immer unbarmherziger erfolgsorientierte Gesellschaft weisen konnte. Dazu kommen Menschen, die ganz normale Mitbürger waren, bis sie eine Verkettung von Schicksalsschlägen abstürzen ließ. Das geht oft ziemlich schnell: Arbeitsplatz verloren, Schulden, Scheidung, keine Wohnung mehr, daher auch kein neuer Arbeitsplatz, Alkohol, sozialer Abstieg. Zum Mangel an menschenwürdigen Lebensumständen kommt die Verzweiflung, weil man keine Zukunft für sich sieht.

In den Pfarrgemeinden beginnt es meist mit einem Frühstück an einem Wochentag nach der Morgenmesse, wo auch Sandler eingeladen sind. Daraus wird eventuell im Laufe der Zeit ein Tagesasyl mit einer einfachen Mahlzeit zu Mittag, vielleicht einer Waschmöglichkeit. Einzelne Gemeinden haben dann auch ein paar Betten aufgestellt, eine Sozialarbeiterin angestellt, bieten ärztliche Hilfe, Unterstützung bei Behördenwegen und Hilfe bei dem Weg zurück in die soziale Normalität. Besonders zu Weihnachten wird mit viel Herz die schwierige emotionale Situation aufgefangen und alles getan, um miteinander wieder zu feiern. An all dem beteiligen sich die Gemeindemitglieder auf verschiedene Weise: durch regelmäßige Mitarbeit, durch gelegentlich Hilfe, durch Gebet und durch Geld- und Sachspenden. Es wird das Elend und die große soziale Schere mitten im Wohlstand bewußt, und gleichzeitig wächst die Gemeinde an der gemeinsamen Aufgabe zusammen.

Selbsthilfegruppen

Stärker im sozialpsychologischen Feld angesiedelt und gleichzeitig auf stabile pfarrliche Gruppen hin gerichtet sind Selbsthilfe-Initiativen. Menschen in persönlich schwierigen Situationen finden zuerst die Möglichkeit zur Aussprache. Auf Dauer aber müssen sie selbst Wege finden, ihr Leben neu zu ordnen. Das geht unter Menschen in der gleichen Situation leichter. Ganz verschiedene Lebensnöte können zusammenführen: Es treffen sich die Alleinerzieherinnen, die Frühpensionisten, die anonymen Alkoholiker, die Arbeitslosen, die Einsamen. Zeitweise ist professionelle Unterstützung gut: durch eine Psychologin, einen Arzt, einen Seelsorger. Über lange Strecken braucht es vor allem einen Ort, wo man zusammenkommen kann und willkommen ist.

Die Aufgabe der Pfarrgemeinde besteht darin, eine so menschliche Atmosphäre auszustrahlen, daß Menschen sich mit ihren Lebensproblemen einfinden. Dann gilt es, eine Vertrauensbasis zu schaffen und ein Bewußtsein dafür, wie sehr geteiltes Leid halbes Leid ist. Auch die Pfarrgemeinde muß lernen, daß menschliche Sorgen und nicht bloß religiöse Interessen die Gründung einer pfarrlichen Gruppe rechtfertigen. Daran wird deutlich, daß sich die

Erlösung ganz real menschlich zeigt. Alle Seelsorge beginnt dort, wo das Heil Gottes wirklich wird, weil es zwischen Menschen gewachsen ist.

Die Caritas gibt den Hilfsbedürftigen Trost, Beistand und Hoffnung.
- Die traditionellen Handlungsfelder der Pfarrcaritas sind zwischen Betreuung, Gespräch, Seelsorge und Katechese angesiedelt: Altenpastoral, Besuchsdienste, Gemeinschaftsbetreuung.
- Die neuen Handlungsfelder liegen im Schnittfeld zwischen Notfallüberbrückung, Selbsthilfe, Sozialarbeit und Sozialpolitik: Flüchtlingsbetreuung, Obdachlosenasyle, Selbsthilfegruppen.

3. Politik – die Verhältnisse mitbestimmen

Ebenso wichtig wie die Caritas ist die Politik. Es ist schon bei den Handlungsfeldern der Caritas deutlich geworden, wie beide Seiten der Weltverantwortung ineinander greifen. Politik wird immer dann notwendig, wenn eine konkrete Not kein Einzelschicksal ist, sondern mit den gesellschaftlichen Umständen zusammenhängt. Das ist in modernen spezialisierten Gesellschaften fast immer der Fall. Selbstverständlich sind nicht an allem die Verhältnisse schuld. Aber sie sind oft stärker an vertanen Lebenschancen beteiligt, als man aus einem moralischen Blickwinkel wahrnehmen kann. Deshalb ist auch die konkrete Hilfe für den einzelnen Menschen meist nicht ausreichend, um sein Problem zu lösen – von der gleichen Gefährdung für andere Meschen ganz zu schweigen. Wieder gibt es dazu traditionelle und neue Handlungsfelder.

3. 1. Traditionelle Handlungsfelder

Die einfachste Form politischen Handelns ist die Beteiligung an *Sammelaktionen.* Z.B. rufen Caritas, Missionswerk und Familienverband regelmäßig zum Spenden für bestimmte Anliegen auf. Schon sehr früh wurde darauf Wert gelegt, damit Projekte zu unterstützen, die die Selbsthilfe und Selbständigkeit fördern. Einer staatlichen Entwicklungshilfe z.B., die hauptsächlich Exportförderung zur Erschließung neuer Absatzmärkte für die heimische Industrie ist, wurden Initiativen entgegengesetzt, die sich an den Notwendigkeiten derer orientieren, für die sie bestimmt sind. So helfen etwa einfache Pflüge, die robust sind, leicht bedient und repariert werden können, besser als moderne Traktoren, für die es keine Fahrer, keinen Treibstoff, keine Ersatzteile und keine Reparaturwerkstätten gibt.

Geldspenden werden oft geringschätzig betrachtet. Die Geber stehen unter dem Verdacht, sich mit ein paar Schillingen von der Verantwortung loszukaufen. Positiv betrachtet haben sie sicher entlastende Funktion: Wer z.B. täglich das Elend in Bosnien im Fernsehen sieht, kann durch Spenden für „Nachbar in Not" wenigstens symbolisch etwas beitragen. Viele kleine Beträge ergeben bei professioneller Organisation eine beträchtliche und wirksame Hilfe. Außerdem wäre die Alternative zum Geldspenden ja nicht, daß nun viele ihren Lebensstil aufgeben, um an Ort und Stelle zu helfen. Die reale Alternative ist bloß, das Wegsehen zu üben und sich vom Elend nicht mehr betreffen zu lassen. Außerdem wächst bei den Spendern eine gewisse Verbundenheit mit den Menschen in Not, die auch die Haltung gegenüber Flüchtlingen betrifft – eine brisant politische Bewußtseinsbildung kommt in Gang.

Dreikönigsaktion

Die Dreikönigsaktion der Katholischen Jungschar verbindet noch mehr Anliegen miteinander. Kinder und Jugendliche, die als Sternsinger von Haus zu Haus ziehen, werden mit den jeweiligen Projekten vertraut gemacht, für die sie sammeln, und erfahren über die Lebensumstände und die politischen Realitäten in verschiedenen Erdteilen und die wirtschaftlichen Zusammenhänge zu uns. Gleichzeitig wird ihnen die christliche Weihnachtsbotschaft, indem sie sie in einer zeitgemäßen Fassung verkünden, zu Bewußtsein gebracht. Die meisten Haushalte freuen sich über dieses christliche Brauchtum. Der missionarische Geist und die politischen Anliegen kommen auch bei ihnen an.

Dritte-Welt-Gruppen

Dritte-Welt-Gruppen begnügen sich nicht mit Sammelaktionen und Kurzinformationen zur Lage, sondern übernehmen Patenschaften für Gemeinden aus anderen Erdteilen. Man informiert sich über die Lebensverhältnisse und Nöte, organisiert Fotoausstellungen und Diaschauen darüber, sucht Kooperationen zur Linderung der Not und sammelt für bestimmte Projekte in der eigenen Gemeinde. Weil man sehr genau weiß, wohin die Gelder fließen, was damit geschieht und wie sich die Verhältnisse über einen längeren Zeitraum dadurch verändern, wächst die Spendenbereitschaft. Man gibt nicht irgendwelche Summe her, sondern kann sehen, was man bewirkt, erhält Rückmeldung und persönlichen Dank. Dadurch wächst eine gewisse Mitverantwortung für die Entwicklung, man verfolgt politische Nachrichten aus der betreffenden Region mit hohem Interesse. Gelegentlich unternehmen jüngere Leute auch einen Entwicklungshilfeeinsatz an jenem Ort, was die Kontakte noch wesentlich vertieft.

Kirchenumfeld
Neben politisch-karitativen Aktionen in fernen Weltteilen gibt es traditionell auch das politische Handeln rund um den eigenen Kirchturm. In traditionellen Landgemeinden wurde Gemeindepolitik immer durch die wichtigen Männer des Ortes gemacht – auch einschließlich des Pfarrers. Die Interessenstrennlinien verliefen in aller Regel zwischen den sozialistischen und den christlichsozialen Vertretern, wobei letztere ihre Vorstellungen in den christlichen Werten legitimiert sahen. So einfach geht es längst nicht mehr, und deklarierte ChristInnen finden sich in allen Parteien. Die politischen Gräben verlaufen entlang der Deutungsmuster – die explizite Berufung auf christliche Werte ist selten.

In der Stadt ist die Politik längst Funktionärssache, mit der die Kirchengemeinden traditionell kaum in Berührung kommen. Am ehesten ist das noch der Fall, wenn es um Baubewilligungen für kirchliche Gebäude oder um die verkehrstechnische Gestaltung des Kirchenvorplatzes geht. Politisches Handeln geht dann über Einflußnahmen durch kirchlich verbundene Parteifunktionäre. Vieles wird möglich, da man der Kirche als nach wie vor starkem gesellschaftlichem Machtfaktor nicht nahe treten möchte.

3. 2. Neue Handlungsfelder

Bei den traditionellen politischen Handlungsfeldern geht es um politisch relevante Hilfe in fernen Ländern oder die Kirche als politischen Machtfaktor im unmittelbaren gemeindlichen Umfeld. Die neuen Handlungsfelder wechseln den Blickwinkel. Sie wachsen aus der Erfahrung, daß wir weltweit in einem Boot sitzen. Wir als die Reichen sind nicht die großherzigen Gönner und die tüchtigen Könner, sondern die unbarmherzigen Ausbeuter und die ignoranten Zerstörer. Wir sind mit den Armen der Erde aufeinander angewiesen und können voneinander lernen, wobei wir Nutznießer den ersten Schritt der Versöhnung schuldig sind.

Fastenaktionen
Ein erster Schritt in diese neue Richtung politischen Handelns ist die Beteiligung an Fastenaktionen, wie Familienfasttag oder „Brot

statt Böller". In beiden so unterschiedlichen Beispielen geht es darum, auf gesellschaftliche Selbstverständlichkeiten wie ein reiches Sonntagsmenü oder die Feuerwerks- und Knallkörper zu Silvester zu verzichten und die Ersparnis den Bedürftigen zukommen zu lassen. Darin sind zwei Dimensionen verbunden: Erstens wird erfahrbar, daß wir Reichen den Armen nicht bloß ein paar Schillinge von unserem Überfluß schulden. Wir müssen bereit werden, auf ein Stück unseres Luxus zu verzichten, damit auf der Welt mehr Gerechtigkeit herrscht. Wir müssen anfangen zu teilen.

Zweitens soll bewußt werden, daß wir uns nicht nur unrechtmäßig zu viel, sondern auch das Falsche leisten. Unser Nutzvieh für den täglichen Fleischkonsum wird mit jenem Soja gemästet, das die Armen der Erde über Zwangsmaßnahmen der Weltwirtschaft auf jenen Böden anbauen, die ihnen für die Eigenversorgung abgehen. Sie vergiften sich mit den Quecksilberverbindungen für die Sternspucker. Kleine Kinder basteln unter hohem Arbeitsdruck und Verletzungsrisiko unsere Feuerwerks- und Knallkörper. Unser Braten ist der Hunger, unser Feiertagsvergnügen das Verderben der Armen.

Eine-Welt-Gruppen und Ökokreise

Eine-Welt-Gruppen ziehen aus solchen Einsichten Konsequenzen und gehen Partnerschaften mit armen Gemeinden ein. Im Gegensatz zu den Dritte-Welt-Gruppen, aus denen heraus sie oft entstanden sind, geht es nicht um ein einseitiges Gefälle von Geld und Wissen in die eine und von Information und Dankesbezeugungen in die andere Richtung. Es wird erkannt, daß wir den Armen etwas schulden: eine gewisse Wiedergutmachung für die Konsequenzen unserer Ausbeutung durch Geld und technisches Wissen. Dann dürfen wir uns auch beschenken lassen: durch ihre Kulturleistungen eines lebensfördernden Umgangs mit der Natur und in der Gemeinschaft, durch ihre freudige Gelassenheit und ihre Gabe zu Tanz und Fest.

Ökokreise setzen bei den verhehrenden ökologischen Folgen unseres Wirtschaftens an und arbeiten beispielhaft an alternativen Lebensmodellen. Ihnen geht es vor allem darum, gegen die Verschleierung der Verursacher und der Folgekosten umfassende Informationen zu beschaffen und eine Bewußtseinsbildung voranzutreiben. Sie verbinden das mit einem zeichenhaft einfachen Lebensstil, der vielfältigen Zusammenarbeit mit den großen politischen Alternativbewegungen (NGO = Non Governmental Organisations) und dem Bemühen um eine vertiefte Schöpfungsspiritualität.

Dorferneuerung und Grätzlgestaltung
Eine politische Initiative im eigenen Lebensumfeld ist die Dorferneuerung, an der sich auch die Kirche beteiligt. Gegen die schleichende Zerstörung der Heimat durch Zersiedelung mit Zweitwohnsitzen, Zerstückelung durch große Verkehrsadern, Auspendeln und Abwanderung in die Städte setzt sie vielfache Anstrengungen, um das Dorf wieder zum lebendigen Lebensort zu machen. Die Kirchengemeinde trägt bei, indem sie das gemeinschaftliche Miteinander, die Pflege religiösen Brauchtums, das Selbstwertgefühl als Dorfbewohner, die Verbundenheit mit der Heimat und die Pflege der kleinteiligen Schönheit dörflicher Lebensräume fördert.

Ähnliche Initiativen in der Stadt gelten der „Grätzlgestaltung". Die Pfarrgemeinden sind hier in der Regel die einzigen Gemeinschaften, die Menschen aller Altersstufen aus demselben Wohnumfeld zusammenführen. In Zusammenarbeit mit den Bezirksparteiorganisationen wird es möglich, die Wohn- und Lebensqualität auf vielfache Weise zu fördern: die Bausubstanz restaurieren, die Straßen auf ein fußgängerverträgliches und kindergerechtes Maß rückbauen, Parks und Grünflächen errichten und gestalten, den öffentlichen Verkehr benutzerfreundlich abstimmen, die Nahversorgung mit Gütern und Dienstleistungen des täglichen Bedarfs sicherstellen, Nachbarschaftshilfe und soziale Netze aufbauen. Wo kirchliche Räume zum Treffpunkt und Inspirationsraum solcher Initiativen werden, gewinnt der Glaube einen befruchtenden Lebensbezug.

> Die Politik beschäftigt sich mit den gesellschaftlichen Umständen, die sich lebensbehindernd auswirken.
> - Bei den traditionellen politischen Handlungsfeldern geht es um politisch relevante Hilfe in fernen Ländern oder die Kirche als politischen Machtfaktor im unmittelbaren gemeindlichen Umfeld: durch Kirchensammlungen, Dreikönigsaktion, Dritte-Welt-Gruppen, politische Sorge für das Kirchenumfeld.
> - Die neuen Handlungsfelder ziehen Konsequenzen aus der schuldhaften Ausbeutermentalität der reichen Welt: durch Fastenaktionen, Eine-Welt-Gruppen und Ökokreise, Dorferneuerung und Grätzlgestaltung.

4. Fürbittgebet – einander vor Gott tragen

Das Fürbittgebet ist die dritte Dimension der Weltverantwortung. In ihm wird deutlich, daß gelungenes Leben immer ein Gottesgeschenk ist: Es läßt sich durch noch so aufopfernde Hilfe und kluge Strategie nicht herstellen wie ein Produkt. Andererseits geschieht in scheinbar aussichtslosen Situationen mitunter eine glückliche Wende, die niemand für möglich gehalten hätte. Wer betet, sucht den Anschluß an diese Gestaltungsmacht Gottes. Wer nicht mit Worten betet, aber sich durch Hilfe und Strategie am Reich Gottes beteiligt, macht die Arbeit zum Gebet. Gebet und Tat sind also untrennbar ineinander verwoben.

Das Gebet ist als Beziehungsgeschehen zwischen Mensch und Gott weniger den Zeitbedingungen unterworfen als die Tat. Man kann daher nicht so leicht alte und neue Handlungsfelder unterscheiden. Es gibt dennoch verschiedene Typen je nach der Gemeindlichkeit des Fürbittgebets.

Rosenkranz
Das traditionellste und nach wie vor verbreitetste Fürbittgebet ist der Rosenkranz. Durch seine rhythmische Struktur bei immer wiederkehrenden Formeln eröffnet er einen Zeitraum meditativer Besinnung auf die zentralen Geheimnisse des Glaubens. Dadurch ist er die einfachste Form, um längere Zeit im Gebet verbringen zu können. Nun könnte man meinen, man brauche schließlich nicht viel Zeit, um eine Bitte vor Gott zu bringen; wenn man sie nur ausspricht oder denkt, ist sie bereits bei ihm angekommen. Das ist die eine Seite. Die andere ist, daß der Mensch seine Erfahrungen nach dem Maßstab der Zeit macht. Was mir besonders wichtig ist, dafür verwende ich auch viel Zeit. Will ich also die Wichtigkeit meiner Bitte vor Gott nach menschlichem Maß unterstreichen, muß ich ihr viel Zeit widmen. Der Rosenkranz ist ein guter Weg dazu.

Fleißige, meist ältere Beterinnen des Rosenkranzes tragen all ihre Sorgen mit ihm vor Gott: über das eigene Leben, die Probleme mit den Kindern, die Schwierigkeiten in der Ehe, Leid und Angst in der Krankheit, die Sorge um das Seelenheil lieber Menschen usw. Indem sie ihren Lebensthemen vor Gott Zeit geben, finden sie selbst Klarheit und Kraft. Gleichzeitig vertiefen sie ihre Verbundenheit mit jenen, für die sie beten, und mit Gott, an den sie sich wenden. Treffen sie sich zum gemeinsamen Gebet in der Kirche oder in einem häuslichen Herrgottswinkel, entstehen auch Bindungen untereinander, die kleine Gespräche und gegenseitige Unterstützung möglich machen.

Fürbittbuch und Klagemauer
Das gemeindliche Zueinander im Gebet wird durch Wege verstärkt, die die je eigenen Anliegen (meist anonym) in der Gemeinde

bekannt machen. Ein Weg dazu ist das Fürbittbuch. An einem geeigneten Ort in der Kirche – sofern diese ganztägig geöffnet ist – liegt ein Schreibbuch und ein Stift. Wer die Gemeinde um Gebetsunterstützung bitten möchte, schreibt sein Anliegen hinein. Das Buch wird zum Opfergang in der Sonntagsmesse mit auf den Altar gelegt, um so symbolisch alle enthaltenen Bitten vor Gott zu tragen. In regelmäßigen Abständen, z.B. am Herz-Jesu-Freitag, werden die liturgischen Fürbitten aus diesem Buch genommen. Damit werden die eigenen Anliegen Teil des Fürbittgebets der Gemeinde.

Eine andere gute Möglichkeit ist die Klagemauer. Dazu braucht man an einem passenden, tagsüber zugänglichen Ort der Kirche ein Kreuz, eine große Pinwand, kleine Zettel, Schreibstifte und Pinwandnägel. Dem Kirchenjahr entsprechende Motive oder prägnante Bibelstellen laden zum besinnlichen Verweilen vor dem Kreuz ein, was durch Sitz- und Kniegelegenheiten gefördert wird. Wer zum Beten hierher kommt, kann seine Bitte auf einen der Zettel schreiben und an die Wand heften. Er kann die dort angebrachten Bitten lesen und sie in sein Gebet einschließen. So entsteht ein anonymer Gebetsaustausch, der auch für Menschen einladend ist, die nicht zur Gemeinde gehören – z.B. Touristen oder Personen, die gern leere Kirchen besuchen.

Gebetspatenschaften und -netze

Die gemeindebezogensten und gemeinschaftsfördernsten Formen des Fürbittgebets sind solche, wo Menschen persönlich wissen, wer für sie betet und worum. Bei einer Gebetspatenschaft übernimmt ein Gemeindemitglied das Gebet für ein Anliegen eines anderen. Z.B. gestalten in vielen Gemeinden die Erstkommunionkinder oder die Firmlinge Kerzen mit ihrem Namen oder Kärtchen mit ihrem Bild. Bei der Vorstellung der KandidatInnen in der Sonntagsmesse übernehmen die Gemeindemitglieder oder Familien jeweils eine/n durch das Symbol als Patenkind, für das sie bis zum sakramentalen Fest regelmäßig beten. Meist sind solche Aktionen dann besonders fruchtbar, wenn auch eine persönliche Beziehung aufgebaut wird, indem man z.B. das Kind gelegentlich in die Familie und zu gemeinsamen Aktivitäten einlädt.

Intensive Gebetspatenschaften entstehen, wenn unter persönlich bekannten Gemeindemitgliedern – z.B. in einer Familienrunde – jemand in großen Schwierigkeiten ist und jemand gebeten wird oder sich anbietet, für sie/ihn zu beten. Aber auch in ganz alltäglichen Zusammenhängen können ChristInnen einander stärken, indem sie in schwierigen beruflichen Situationen füreinander beten. Das darf auch ausgesprochen werden: Warum sollte man nur sagen dürfen „Ich halte dir die Daumen!" und nicht auch „Ich bete für dich ein Vater unser". Ein gutes Gefühl für die Situation und die Beziehung gehört allerdings dazu, damit solches nicht zur Peinlichkeit wird. Insgesamt jedoch könnte mehr Mut in dieser Richtung nicht schaden. Die eigene ehrliche Gottesbeziehung im Gebet schützt vor dem Eindruck ideologisierten Sektierertums.

Gebetsnetze entstehen, wenn dieses Füreinander-Beten eine gewisse Selbstverständlichkeit im Miteinander erhält. Man weiß sich und sein Bemühen von der Gemeinschaft im Gebet getragen und trägt selbst genauso daran mit. Viele Gemeinden leiden darunter, daß ihre vielen Aktivitäten so nebeneinander herlaufen, daß man voneinander nicht weiß. Eine neue Informations- und Gebetskultur kann Abhilfe schaffen. Z.B. macht auf einer Gemeindetafel im Pfarrcafé jeder namentlich bekannt, wenn er etwas plant und Unterstützung in Tat und Gebet wünscht. Auch wer etwas anzubieten hat, tut es dort kund. Dieser Weg ist anfangs beschwerlich, weil man gewöhnt ist, alles selbst zu machen und sich Hilfesuche als Schwäche anzurechnen. Nur schrittweise kann in einer Gemeinde das Bewußtsein dafür wachsen, daß Weltverantwortung unter modernen Bedingungen nur gemeinsam gelingen kann; Schwäche zeigt, wer seine Anliegen ängstlich für sich behält, statt mit gemeinsamen Kräften dafür einzustehen. Das kostet am Anfang genauso wie Teamarbeit zusätzlich Zeit für Information, Vertrauensbildung und Konfliktlösung. Auf Dauer jedoch können alle nur gewinnen.

Gebet und Tat sind untrennbar ineinander verwoben und zeigen alles als Gottesgeschenk.
Die verschiedenen Typen des Fürbittgebets unterscheiden sich je nach ihrer Gemeindlichkeit:

- Der Rosenkranz eröffnet Zeit vor Gott und vermittelt Klarheit, Kraft und Verbundenheit.
- Fürbittbuch und Klagemauer lassen die eigenen Gebetsmeinungen anonym zum gemeinsam geteilten Anliegen werden.
- Gebetspatenschaften und -netze schaffen persönliche Verbundenheit untereinander und eröffnen zeitgemäße Wege der Weltverantwortung.

5. Unerwünschte Begleiterscheinungen

Weltverantwortung in Caritas, Politik und Fürbittgebet ist ein zentraler Grundvollzug von Kirche, nicht bloß eine wünschenswerte Ausfaltung der Nächstenliebe. Keine Gemeinde und kein einzelner Christ kann sich davon dispensieren. Jede dieser Dimensionen hat auch ihre Klippen – also ihre unerwünschten Begleiterscheinungen, die es möglichst zu meiden gilt.

5. 1. Helfersyndrom

Eine wichtige Klippe für die Caritas liegt in der Persönlichkeit der Helfer begründet. Wirksam helfen kann nur, wer einen Blick für das Leid der anderen hat, seelisch stark genug ist, es anzusehen und zu ertragen und wer dadurch, daß er den Schwachen beisteht, seine eigene Stärke neu erfährt. Es sind also bei der Hilfeleistung beide beschenkt: der Leidende, weil ihm geholfen ist, und der Helfer, weil er in der Hilfeleistung seine eigene Stärke bestätigt sieht. Das ist ein selbstverständlicher Mechanismus für jede Art von Aufgabe: Gut für sie geeignet ist nur der, der an ihr persönlich wachsen kann.

Darin steckt gleichzeitig die Problematik des Helfers. Als der Starke steckt er dauernd in der Versuchung, den Schwachen zu bevormunden und damit noch schwächer zu machen. Der Hilfsbedürftige ist in einer gewissen Hinsicht vom Helfer abhängig, schuldet ihm zudem Dank, ist also in einer sehr schwachen Position. Soll er sich auch noch dankbar zeigen müssen, wenn die Hilfe gegen seine Wünsche und Bedürfnisse geht? Muß er nicht ja und amen zu allem sagen, weil er vom Helfenden abhängig ist? Aggression und Undankbarkeit kommen da leicht auf. Die Situation wird noch verschärft, wenn der Hilfsbedürftige sehr darunter leidet, in diese Lage gekommen zu sein und sich damit nicht abfinden kann. Der Helfer wird ihm zum Symbol seiner eigenen verhaßten Hilflosigkeit.

Ein Helfer ist so gut, als er dem Bedürftigen seine eigene Stärke zurückgeben kann. Das relativiert aber die Stärke des Helfers, der nicht mehr nach seinen eigenen Vorstellungen hilfreich sein kann. Leicht vergeht ihm dann die Freude und er zieht sich zurück. Dieser Teufelskreis wird durchbrochen, wo sowohl der Helfer als auch der Hilfsbedürftige lernen, ihre eigene Schwäche anzunehmen. Der Notleidende wird seine Not nur wenden können, wenn er sie geduldig anschauen und Schritt für Schritt mit ihr umgehen lernen kann. Der Helfer wird die erdrückende Überfürsorglichkeit ablegen, wenn er seine eigenen Schwächen annimmt und sich zugesteht, daß er in gewisser Weise genauso bedürftig ist wie der Leidende vor ihm. Wenn er nicht mehr seine eigenen Sorgen im anderen wiederfindet und bekämpft, wird er bereit, dem Leidenden nach dessen Maß zu helfen und zu stärken. Er findet gleichzeitig seine eigene Stärke, die umso tiefer ist, als sie die eigenen Schwächen angenommen hat.

5. 2. Information als Unterhaltung

Drohen die Helfer an ihrer eigenen Persönlichkeit zu scheitern, so liegt die Klippe für die Strategen in den gesellschaftlichen Umständen. Eine moderne Gesellschaft stellt Unmengen an Information zur Verfügung, jedes Spezialwissen ist frei zugänglich. Gleichzeitig wird es immer schwieriger festzustellen, was man davon halten soll. Daten, Fakten und Analysen gibt es viele; in ihrer Deutung scheiden sich die Geister. Die Strategen müssen sich also informieren und sich eine kompetente Meinung bilden, was immer schwerer wird. Sie müssen das Problem durchschauen, es benennen, Mitstreiter mit eigener Kompetenz gewinnen, miteinander konkrete Lösungswege ersinnen, die Zuständigen ausfindig machen und sie zum Handeln bewegen. Je komplexer die Sachlage ist, desto schwieriger läßt sich etwas verändern.

Eine gute sachliche Lösung zu finden, ist also ziemlich schwierig. Es reicht zudem bei weitem nicht, weil es auch die Macht zur Umsetzung braucht. Diese Macht liegt heute in keinem Bereich mehr bei einem einzelnen, sondern ist auf viele Personen verteilt, die jede für sich ziemlich machtlos sind. Insgesamt hat jeder den Eindruck, die Sachzwänge gegen sich zu haben. Dazu kommt, daß die Probleme so unüberschaubar sind, daß man eine Lösung kaum allen Beteiligten gleich einsichtig machen kann. Spielen dann noch persönliche Interessen hinein – vor allem auch das Interesse an Bequemlichkeit im Arbeitsalltag – ist eine Umsetzung außerhalb jeder Reichweite.

Daß alles so kompliziert ist, ist die eine Seite. Das eigentliche Übel liegt aber anderswo: „Wir amüsieren uns zu Tode" hat Neil Postman bereits vor einigen Jahren festgestellt. Information wird immer häufiger in unterhaltsamer Form weitergegeben und auch fast nur noch so angenommen: bunt, in kleinste Happen zerlegt, leicht verdaulich, ohne Bezug zur eigenen Welterfahrung und ohne Relevanz für die eigenen Entscheidungen. Die Information macht nicht betroffen, man geht zur Tagesordnung über. Man hat sich daran gewöhnt, mit Schrecken überhäuft zu werden, ohne noch Betroffenheit zu verspüren. Ob jemand im Krimi oder in den Nachrichten stirbt, macht emotional keinen Unterschied. Wenn Menschen aber nicht betroffen werden, sie nichts mehr angeht, sehen sie auch keinen Grund für Veränderungen. Ohne die Betroffenheit der Beteiligten sind die Strategen chancenlos.

5. 3. Moralisierung des Bittgebets

Im Bereich der Beter liegt die größte Klippe nochmals anderswo, nämlich im Gottesbild. Wenn der Bittende die Lösung vertrauensvoll in Gottes Hände legt, erwartet er von ihm Macht und Güte gleichermaßen. Vormoderne Menschen sehen Gott als allmächtig, hegen aber beim obersten Richter Zweifel an seiner Güte. Moderne Menschen betrachten Gott als gütig, hegen daher aber angesichts der wahnsinnigen Leiden in der Welt massive Zweifel an seiner Macht. Die Konsequenz davon ist die in den Gemeinden üblich gewordene Moralisierung des Bittgebets, die vor allem in gestalteten Fürbitten zum Ausdruck kommt, wenn da häufig formuliert wird: „Gott, hilf, daß wir nicht..., sondern..." Gott wird zur Wand, an der die Appelle an die eigene Moral gespiegelt werden – von Bittgebet keine Spur.

Bittgebet setzt voraus, die eigene Schwäche und Bedürftigkeit vor Gott anzuerkennen, nicht weil man selbst unfähig oder minderwertig, sondern weil man Mensch ist. Menschsein heißt, immer in der Sehnsucht nach dem Vollkommenen zu leben, ohne es im Normalfall je erreichen zu können – die Geschenke jener Sternstunden, wo sich die Ewigkeit im Augenblick ereignet, einmal ausgenommen; und sie halten jene Sehnsucht wach. Deshalb ist das erste und zentrale Gebet immer der Lobpreis Gottes: Auch im Vater unser beten wir zuerst „geheiligt werde dein Name!" Aus ihm kann sich die Bitte entwickeln, die eine Bitte nach dem Reich Gottes ist: „dein Reich komme, dein Wille geschehe". Aus ihr erst leiten sich die Bitten nach dem ab, was man zum täglichen guten Leben braucht: das Brot und die gegenseitige Vergebung. Daran mag sich auch die Klage schließen: „führe uns nicht in Versuchung, sondern erlöse uns!", um mit dem großen Lobpreis göttlicher Allmacht zu enden: „dein ist das Reich, die Kraft und die Herrlichkeit!" Das Bittgebet gewinnt seine Stärke daraus, daß es im Lobpreis wurzelt und auf ihn hinzielt und daß es die Klage nicht vergißt. Sonst wird es zur moralischen Selbstbespiegelung.

Der zentrale kirchliche Grundvollzug der Weltverantwortung ist unerwünschten Begleiterscheinungen ausgesetzt:

- Der Helfer tendiert von seiner Persönlichkeit her zu einer erdrückenden Überfürsorglichkeit. Er kann sie nur vermeiden, wenn er sich seiner eigenen Schwachheit bewußt ist und so fähig wird, den Hilfsbedürftigen seine eigene Stärke wiederfinden zu lassen.
- Die gesellschaftliche Tendenz, aus Komplexität, Machtinteressen, Sachzwängen und Bequemlichkeit die Information nur noch in ihrem Unterhaltungswert wahrzunehmen, läßt jene Betroffenheit nicht aufkommen, ohne die es keine politischen Lösungen gibt.
- Der moderne Mensch hält seine Bedürftigkeit vor Gott für eine Schwäche und weicht ihr aus, indem er Gott die Güte oder die Macht abspricht. Das Fürbittgebet tendiert zur moralischen Selbstbespiegelung und kann nur aus dem Lobpreis und der Klage neue Kraft gewinnen.

KAPITEL 4:

Gottesbegegnung – Wege der Seelsorge, Mystagogie und Verkündigung

Mystischer werden sie sein müssen,
die Christen des 21. Jahrhunderts –
oder sie werden nicht sein.
(P. Karl Rahner SJ)

Die Gottesbegegnung ist die andere Seite der Weltverantwortung. Wir glauben als Christen, daß sich Gott – durch Menschwerdung, Tod und Auferstehung – so menschengerecht als Retter und Erlöser geoffenbart hat, daß zu unserer eigenen Menschwerdung kein Weg an ihm vorbeiführt. Der Mensch wird am Du Gottes zutiefst er selbst. Wege der Gottesbegegnung zu eröffnen, ist daher ein Grundvollzug von Kirche und gleichzeitig ihre gesellschaftliche Pflicht, wenn sie sich selbst ernst nimmt. Verzichtet sie darauf, müßte man sie wegen unterlassener Hilfeleistung klagen.

Gegenwärtig scheint das Problem aber eher umgekehrt gelagert: Die Kirche ist sich nicht so sicher, was sie dem modernen Menschen noch zu bieten hat, und ob manche nicht beim Psychologen besser aufgehoben sind (was kein Widerspruch sein dürfte). Die Gesellschaft andererseits zeigt sich wenig bedürftig nach den Leistungen der Kirche. Für die Gottesbegegnung scheinen manche esoterische Richtungen verheißungsvollere Wege anzubieten. Die Kirche ist vor allem zu den großen Lebenswenden gefragt, die sie durch ihre Sakramente festlich gestaltet.

1. Lebenswenden – mit dem Sein in Berührung

Nach volkskirchlichem Verständnis gibt es drei große lebensgeschichtliche Gelegenheiten – Heirat, Geburt und Tod – und zwei jährliche Feste – Allerheiligen und Weihnachten -, wo die Kirche zum Leben dazugehört. Bei steigenden moralischen und katechetischen Anforderungen seitens der Kirche bleibt der Bereich rund um den Tod übrig: das kirchliche Begräbnis und der Friedhofsbesuch zu Allerheiligen. Nicht wenige kirchlich Fernstehende bleiben einzig wegen des kirchlichen Begräbnisses zeitlebens Kirchensteuerzahler. Der Kontakt zum Heiligen, wenn es im Leben ums Ganze geht, ist ihnen diesen Preis wert.

Der Mensch ist unheilbar religiös. Mindestens an den großen Wendepunkten des Lebens stellt er die Frage nach dem Sinn und Ziel seines Lebens. Die Bedeutung des Ganzen wird zum Thema. Sie läßt sich nur von einem Punkt aus ergründen, der nicht dem Wechsel des Vergänglichen unterworfen ist. Das Ewige erscheint in der Zeit. Deshalb feiern alle Kulturen die Lebenswenden mit religiösen Riten: wenn ein Kind geboren wird, wenn ein Jugendlicher erwachsen wird, wenn Erwachsene die Ehe schließen, wenn das Leben im Tod seine Erfüllung findet. Wenn das Leben eine neue Richtung nimmt, möchte man sicher gehen, daß alles gut wird. Man stellt sich unter den göttlichen Segen.

Wendemarken des Lebens

Solche Gelegenheiten, wo das Große das Alltägliche unterbricht, können zu „Gipfelerlebnissen" werden. Es sind die Hoch-Zeiten des Lebens, wo man sich seiner gewiß ist, das Leben seine wolkenlose Sonnenseite zeigt, alle Schatten fern und bedeutungslos erscheinen und man unendlich weit weg ist von den Niederungen des normalen Lebens. Die Zeit scheint still zu stehen, die Anwesenden scheinen sich zu verklären. In solchen Momenten ereignet sich Ewigkeit im Augenblick: wenn Liebende ineinander versinken, wenn ein Kind das Licht der Welt erblickt, wenn eine große Tat vollbracht, ein großer Sieg errungen oder ein schwerer Weg zu einem guten Ende gebracht ist.

Solche Gipfelerlebnisse sind meist von langen „Dickichtzeiten" umgeben. Man „sieht den Wald vor lauter Bäumen nicht", ist in unübersichtliche Situationen verstrickt und gerät von einer Unwegsamkeit in die andere. Man hat schwer zu kämpfen – in der Partnerschaft, im Beruf, mit seiner Lebensentscheidung, mit seinem Gottesbild – aber alle Anstrengungen führen zu keinem befriedigenden Ergebnis. Oder es geht alles seinen geregelten Weg und läuft in den normalen Bahnen. Aber es erfüllt einen nicht, man läuft sinnlos im Kreis, es ist keine lohnende Perspektive in Sicht. Ob man sich anstrengt oder nichts tut, es kommt aufs gleiche heraus. Man wird ruhelos und träge gleichermaßen, der Nebel des Seins ist grau und undurchdringlich, nirgends Land in Sicht.

Manchmal löst sich plötzlich alles in Wohlgefallen auf, das Licht bricht durch, ein Gipfel ist erreicht. Häufiger ergeben sich „Kreuzungssituationen": Man sieht mehrere Wege vor sich, einige deutlich, einige schemenhaft. Welchen soll man einschlagen? Wie lang kann man an der Kreuzung stehenbleiben? Nach welchen Kriterien soll man wählen? Auf wessen Rat soll man hören? Lohnen die Chancen des einen Weges den Verzicht auf die Möglichkeiten der anderen? Werden die Verheißungen eingelöst? Werden die mir wichtigen Menschen mitgehen können und wollen? Wird ein aussichtsreicher Weg mich zum erhofften Ziel führen? Kann das Ziel richtig sein, weil ein verlockender Weg scheinbar anderswohin führt? Entspricht ein Richtungswechsel, eine Kurskorrektur, meiner Berufung? Fragen über Fragen. Gewinnt, wer wagt?

Der Lebensweg als Weg des Glaubens
Wer seinen Lebensweg überblickt, wird diese drei Wendemarken immer wieder antreffen. In ihnen verdichtet sich das Leben so sehr auf das Wesentliche hin, daß man im Innehalten den Atem des Seins verspürt. Man kommt dabei dem Grund, Sinn und Ziel des Lebens so nahe, daß man sie religiös-rituell feiern möchte. Auch die christlichen Sakramente sind an diesen Orten des Lebenslaufs angesiedelt. Die persönliche Seelsorge setzt an ihnen an: Wo der Mensch religiös gestimmt ist, wird auch sein christlicher Glaube neu befruchtet. Die Lebenswenden sind bevorzugte Orte der Gottesbegegnung.

Im Lebenslauf gibt es nur wenige große Lebenswenden. Wer nur an ihnen mit Kirche und Glaube in Berührung ist, wird keinen lebenstragenden Glauben entwickeln können. Wenn das Ziel gelungenen menschlichen Lebens Gott ist, dann muß auch der Weg davon geprägt sein. Der Weg ist – entgegen manchen postmodernen Vorstellungen – nicht das Ziel. Er ist aber auch nicht unabhängig davon. Der Weg ist das Sakrament des Ziels: Mittel, um das Ziel zu erreichen, und Vorausschau auf das Kommende gleichermaßen. Wer ein Ziel nicht nur körperlich erreichen möchte, der muß sich auf dem Weg dorthin einstimmen und vorbereiten. Sonst ist er zwar angekommen, mit seinen Sinnen aber noch ganz wo anders.

Wenn der Lebensweg also Vorbereitung und Anzahlung auf das Ziel ist, daß Gott mir alles sein wird, muß er entsprechend gestaltet sein. Wir Menschen sind darauf angelegt, indem wir nie geradewegs auf ein Ziel zugehen können. Wer von einem Ort zum andern will, wird sich in der Regel an Straßen und Wege halten, die immer Umwege mit Wendungen sind. Und selbst auf einem geraden Wegstück wird man um sich sehen und dabei den Kopf und sich selbst nach allen Seiten wenden. Wer natürlich vorwärts geht, der ist nie mit Scheuklappen und schnurstracks unterwegs. Sich zu wenden, ist also im Gehen selbstverständlich. Auch der Lebensweg besteht aus laufenden kleinen und größeren Wendungen, kleinen und größeren Gipfel-, Dickicht- und Kreuzungssituationen. Jede ist als Konzentrationsstelle auf das Wesentliche eine Chance der Gottesbegegnung.

Die Kirche ist Mittlerin und Begleiterin dieser Gottesbegegnung an den großen und kleinen Wendemarken des Lebens. Sie tut das auf drei verschiedene Weisen: In der Seelsorge begleitet sie Menschen durch die Dickichtzeiten ihres Lebens. In der Mystagogie eröffnet sie Gipfelerlebnisse und bringt ihre reiche geistliche Erfahrung ein, um sie auszuloten. Durch die Verkündigung fördert sie die Orientierung für die Kreuzungssituationen.

> Gottesbegegnung ist der Weg zur Menschwerdung. An den Wendemarken des Lebens ist das Alltägliche besonders durchsichtig für den Kontakt mit Gott:
> - In den „Gipfelerlebnissen" ereignet sich Ewigkeit im Augenblick.
> - In „Dickichtzeiten" nimmt einem die Verstrickung in die Umstände jede Perspektive; die Sehnsucht nach dem Sinn verstärkt sich.
> - In „Kreuzungssituationen" wird das Leben zur Frage; erst wer das Ziel bestimmen kann, wird sich entscheiden.

2. Seelsorge – durch Dickichtzeiten begleiten

Seelsorge geschieht dort, wo Menschen einander in Dickichtzeiten des Lebens tragen, trösten und ermutigen im Wissen, daß Gott es ist, der durch sie hindurch wirkt. Insofern ist Seelsorge ein Vorgang tiefster menschlicher Verbundenheit und Gottesbegegnung gleichermaßen. Da wir glauben, daß Gott allein das Heil des Menschen ist, ist jede heilende Zuwendung ein seelsorglicher Vorgang. Bricht dabei auch das Geheimnis Gottes auf, geschieht gleichzeitig Mystagogie. Werden Heil und Geheimnis als Wirken Gottes gedeutet, geschieht Verkündigung. Die drei Weisen der Gottesbegegnung spielen also im Idealfall zusammen, sind aber als einzelne Dimensionen nicht weniger wichtig. Außerdem können, wenn eine Dimension lebensnah erfahren wird, die anderen später deutend hinzugefügt werden.

2. 1. Gemeinde als Ort liebenden Vertrauens

Der umfassende Ort der Gottesbegegnung und damit auch der Seelsorge ist die christliche Gemeinde als ganze. In besonderer Weise ist der beamtete Seelsorger beauftragt, dafür zu sorgen, daß sie geschieht. Sein eigenes Wirken mag dafür beispielhaft sein; verantwortlich dafür ist die Gemeinde als ganze. Da die Seelsorge zu den Grundvollzügen der Kirche gehört, ist jede Gemeinde dazu verpflichtet, das Heil Gottes erfahrbar zu machen. In dieser kurzen pastoraltheologischen Einführung soll diese gemeindliche Perspektive im Mittelpunkt stehen.

Schon im Zusammenhang mit der Caritas ist deutlich geworden, daß Menschen Heil durch Zuwendung erfahren. Selbst wer in einer tiefen Not- oder Leidenssituation keinen Grund zur Freude zu haben scheint, kann durch die verläßliche Nähe eines Menschen Geborgenheit, Trost und Heil erfahren. Die seelische Heilung durch liebende Zuwendung kann also manche Not durchbrechen, die sich nicht unmittelbar beseitigen läßt. Dickichtsituationen werden durch die vertrauensvolle Nähe anderer erträglicher.

Eine Gemeinde wird somit zum Ort der Seelsorge, wenn man in ihr Liebe und Vertrauen findet. Liebe bedeutet dabei nicht, daß alle ein Herz und eine Seele sein müssen, man sich in einer kuscheligen Familienidylle findet oder eine besonders starke emotionale Zuneigung zueinander besteht. Emotionen lassen sich nicht erzwingen, nicht willentlich herbeiführen und nicht zum moralischen Anspruch machen. Liebe bedeutet die Haltung des „Es ist gut, daß es dich gibt!". Es geht also um das Bemühen, den anderen in seinen Entscheidungen, Interessen und Haltungen zu verstehen und sich in seine Lage zu versetzen.

Diese Art liebenden Umgangs miteinander setzt Vertrauen voraus: Nur wenn ich berechtigt hoffen kann, daß der andere meine Stärken nicht geringschätzen oder neidisch zunichte machen und meine Schwächen weder verlachen noch ausnutzen wird, werde ich sie schrittweise zeigen. Geschieht dies aber – und zwar auf Gegenseitigkeit -, wird das Vertrauen untereinander gestärkt. Liebe und Vertrauen wachsen aneinander und miteinander. Eine Gemeinde, die sich um eine solche Umgangsweise bemüht, ist seelsorglich.

Jeder einzelne seelsorgliche Vorgang gelingt nur auf dem Boden eines solchen seelsorglichen Gemeindeklimas. Wenn nur einzelne Gemeindemitglieder oder nur der hauptamtliche Seelsorger eine solche Haltung liebenden Vertrauens ausstrahlen, bleibt jeder seelsorgliche Vorgang an diese konkrete Person gebunden. Er wird abgeschnitten, wenn er nicht in die Gemeinde weiterführen kann, geht ins Leere oder führt in die Enge immer näherer Bezogenheit.

Wenn daher eine Gemeinde darüber klagt, daß ihre Seelsorge nicht angenommen wird, sollte sie ihre eigene seelsorgliche Haltung überprüfen. Ist sie nicht ausgeprägt, dann verschwinden z.B. aktive Gemeindemitglieder sang- und klanglos, wenn sie in einer tiefen Ehekrise stecken. Es gibt zwar Kinder und Jugendliche genug im pfarrlichen Wohnumfeld, aber selbst die Kinder der Gemeindemitglieder haben kaum Interesse an einer Pfarrjugend. Wer Probleme mit Alkohol, Arbeitslosigkeit oder Depressionen hat, sucht keinen Kontakt zu pfarrlicher Seelsorge. Umgekehrt gibt es Gemeinden, wo all diese Personen wie von selbst angezogen werden. „Ich stehe dazu, daß wir eine Gemeinde von Psychopaten und Sozialfällen sind" sagte mir einmal ein erfahrener Pfarrer. „Ja wohin sollten diese Leute denn sonst gehen?" Das Kriterium brachte ein Jugendlicher für mich auf den Punkt: „Hier habe ich das Gefühl, daß man mich versteht."

2. 2. Einander Seelsorger sein

Verstanden werden und füreinander Verständnis aufbringen, sind die zentralen Kriterien der Seelsorge. Konkret bedeutet das für eine/n SeelsorgerIn: Sie/er muß geduldiger Gesprächspartner, tröstender Beistand und freigebender Ratgeber sein. Es braucht Geduld, um die Dickichtsituation aushalten zu können und sie nicht verdrängen zu müssen. Es braucht jene Art von Trost, der den Nebel des Zweifels und der Verzweiflung durchdringt, damit – noch schemenhaft – sich der nächste Gipfel abzuzeichnen beginnt. Es braucht den Rat, um auf die nächste Kreuzungssituation mutig zugehen zu können. Konkrete Hilfen und Lernwege, um ein guter Seelsorger zu sein, hat die Pastoralpsychologie entwickelt:

Exkurs: Über seelsorgliche Gespräche im Alltag
(von Prof. Dr. Isidor Baumgartner)

Man möchte meinen, daß jeder Mensch von Natur aus zuhören kann. Selber merkt man aber, daß das gar nicht so leicht ist. Es gibt zwar „Naturtalente", Mensch gewordene Klagemauern im besten Sinn. Es gibt auch Menschen, die sich so verhalten, daß man ihnen nie wieder etwas erzählt. Die meisten liegen irgendwo dazwischen; und können Hilfen brauchen, wie man mit solchen Situationen umgeht. Ein paar Hinweise aus der Psychologie können weiterhelfen.

Die Voraussetzung, um in emotional schwierigen Situationen gute Gespräche zu führen, ist, mit sich selbst ins reine zu kommen. „Selbsterkundung" bedeutet, im je eigenen Lebenshaus auf die Suche nach unbegangenen, versperrten, verbotenen oder vergessenen Räumen zu gehen, um sich selbst wieder neu, mit allem, was zu einem gehört, kennenzulernen. Dabei wird man auf verborgene Ängste, Befürchtungen, aber auch Hoffnungen, Lebensziele und -wünsche stoßen, denen man vielleicht bislang zu wenig Beachtung geschenkt oder die man überhaupt noch nie in Worte gefaßt hat. Durch eine solche aufmerksame Erkundungsreise ist man vorbereitet, im seelsorglichen Begleitungsgespräch nicht unbewußt die eigenen, mitgebrachten Enttäuschungen und Ängste zum Thema zu machen.

Vom Seelsorger – sei er nun haupt- oder ehrenamtlich, regelmäßig oder nur „durch Gelegenheit" mit seelsorglichen Gesprächen betraut – ist „Echtheit" verlangt, also in der Beziehung zum Gesprächspartner als Person, wie er wirklich ist, erkennbar zu sein. Dies schließt ein, daß ich mich nicht hinter irgendwelchen Fassaden und Rollen verstecke. Damit ist nicht gemeint, daß ein Helfer alles, was im Augenblick des seelsorglichen Gesprächs in ihm aufkommt, mitteilen sollte. Vielmehr sollen die geäußerten Worte auf jeden Fall mit dem inneren Erleben übereinstimmen. Ein Seelsorger wird deshalb nicht von sich geben: „Das ist ja äußerst spannend, was Sie da erzählen!", wenn es ihn eher langweilt.

Die „Wertschätzung" ist eine Haltung der Achtung und des wohlwollenden Respekts für die Individualität des andern. Er/sie ist ja eine einmalige, unwiederholbare, einzigartige Person, die kein zweites Mal auf dieser Welt jemals so existiert hat, noch existieren wird. Als Christ wird man diese Einzigartigkeit einer jeden und eines jeden als ein Gottesgeschenk betrachten. Wir sind von ihm als Originale gedacht. Das ist vor allem dann unverzichtbar, wenn die Unvollkommenheiten und Schwächen des andern mich im ersten Moment empören oder erschrecken. Dann müßte ich mir im Sinne der Wertschätzung sagen: „Wer weiß, ob ich nicht auch, wenn ich in seiner Lebensspur hätte gehen müssen, in seiner seelischen Gestalt daher käme?"

Wertschätzung bedeutet sodann, dem Gesprächspartner Vertrauen in seine inneren Selbstheilungskräfte entgegenzubringen. Theologisch ist hier daran zu erinnern, daß jede und jeder immer schon einen Weg mit Gott geht. Gott ist in ihm und in ihr immer schon am Werke. In diesem Vertrauen auf das unbeirrbare Wirken Gottes im andern und sein Geschenk der Individualität werde ich mich als Seelsorger mit Bewertungen, Weisungen oder gar autoritären Forderungen zurückhalten. Erst dieser Verzicht auf Direktiven – Wertschätzung zielt auf eine „nondirekte" Haltung – ermöglicht es dem andern, Zutrauen zu sich selbst und den eigenen Möglichkeiten zu gewinnen. Auf diesem Weg kann Selbstannahme wachsen, die oft genug den Kern einer Lebensnot ausmacht.

„Einfühlung" meint in der Personzentrierten Gesprächsseelsorge den zentralen Vorgang der Wahrnehmung. Es geht darum, als Seelsorger behutsam in die innere Welt des Gesprächspartners, gleichsam in sein Lebenshaus, einzutreten und sich darin wie ein guter Gast zu bewegen. Ich werde als einfühlender Helfer darauf bedacht sein, die innere Welt meines Gesprächspartners mit seinen Augen zu sehen, ohne dabei zu urteilen oder gar zu verurteilen. Auch werde ich nicht in Räume einzudringen versuchen, deren Türen mir der andere verschlossen hält. Umgekehrt darf ich nicht dort achtlos vorbeigehen, wo ich eingeladen bin, näherzutreten. Einfühlung ist – um ein anderes Bild zu gebrauchen – ein Gehen in den Schuhen des anderen. Ein indianisches Sprichwort sagt davon bekanntlich, daß man einen „halben Mond lang in den Mokassins des anderen" gegangen sein muß, um ihm raten zu können.

Gesprächspsychologisch betrachtet richtet der Helfer bei der Einfühlung oder Empathie das Hauptaugenmerk nicht auf die äußeren, vom Gesprächspartner erzählten Sachverhalte, sondern vorrangig auf die zu den mitgeteilten Fakten gehörenden, mehr oder weniger artikulierten Bedeutungen und Gefühle. Mit seinem Interesse für Emotionen, Bedeutungen, Wünsche, Hoffnungen, aber auch Verletzungen, Enttäuschungen, Aggressionen und Ängsten bestärkt der Helfer den Prozeß des Selbstwerdens im andern. Das Mitgehen im Erlebnisfluß des Gesprächspartners, in der rechten Balance von Nähe und Distanz, stellt hohe Anforderungen an den Seelsorger. Geht es doch darum, inhaltlich voll konzentriert zuzuhören und zugleich herauszuspüren, was der Gesprächspartner im Moment des Sprechens fühlt, empfindet. Oft ist dabei das, was ihn eigentlich bewegt, ihm selbst noch gar nicht richtig bewußt und nimmt erst im Sprechen Gestalt an.

Das subjektiv Bedeutsame herauszuhören, ist die eine Seite der Einfühlung. Hinzu kommt die Aufgabe der Verbalisierung. Dies heißt, das, was von der inneren Welt des andern wahrgenommen wird, in sprachlich treffender Form wiedergeben. Verbalisierungen sind umso förderlicher für die Selbsterkundung, je flexibler, präziser und konkreter sie erfolgen. Bewährt hat sich auch dabei, den Bilderreichtum der Sprache zu nutzen. Der Erlebnisfluß des Gesprächspartners sollte weder durch zu häufiges und zu langes, noch zu seltenes Intervenieren unterbrochen werden. Die Erfahrungen von Ausbildungskursen zeigen, daß sich einfühlendes Wahrnehmen und Verbalisieren durch Übungen bis zu einem gewissen Grad erlernen und verbessern lassen.

Um Mißverständnissen vorzubeugen, ist noch einmal daran zu erinnern: Es handelt sich bei „Echtheit, Wertschätzung und Einfühlung" zuallererst um Haltungen und Einstellungen, weniger um Techniken. Haltungen können durch verschiedene Methoden und Interventionen realisiert werden. So zeigt die seelsorgliche Praxis immer wieder, daß Gesprächspartner nicht nur durch die treffende Verbalisierung gewinnen, sondern vor allem das Bemühen um Einfühlung ankommt. Sprachlich mag solches Bemühen manchmal nur ein hilfloses Stammeln zeitigen oder gar nur im stummen Aushalten der beiderseitigen Ohnmacht und Sprachlosigkeit sich ausdrücken. Aber gerade dies, so betonen Ratsuchende immer wieder, sei letztlich hilfreicher als „kalte", wohlgesetzte Sätze und Wendungen. Daran wird im übrigen auch deutlich, daß Echtheit, Wertschätzung und Einfühlung eigentlich eine einzige Gesamthaltung umschreiben, aus der sich mehr theoretisch als praktisch die drei Aspekte voneinander abheben lassen.

Übungs- und Lernstufen

1. Ungünstige Interventionen vermeiden
Eine erste Übungsstufe könnte darin bestehen, auf bestimmte, im Alltagsgespräch häufig praktizierte Vorgehensweisen zu verzichten. Es zeigt sich, daß es für die Selbsterkundung eines Gesprächspartners nicht förderlich ist:

- zu bagatellisieren („Das dürfen Sie nicht so tragisch nehmen!")
- Fragen zu stellen („Haben Sie schon mal mit jemand darüber gesprochen?")
- Ratschläge zu geben („Versuchen Sie einfach, das Ganze zu vergessen!")
- Werturteile abzugeben („Das ist natürlich ganz schlecht für Sie, wenn Sie solche Hemmungen haben!")
- mit den objektiven Tatsachen zu konfrontieren („Aber Sie sind ja sonst nicht so schüchtern!")

2. Den Inhalt einer Aussage mit eigenen Worten wiedergeben:

Solches Umschreiben des Inhalts kann eine erste Form des aktiven Zuhörens sein. Im seelsorglichen Begleitungsgespräch sollte zunehmend die emotionale Färbung der Inhalte miteinbezogen werden.

3. Die emotionale Bedeutung aufgreifen
Gefühle und subjektive Wertungen von Erlebnissen und Ereignissen auf Seiten des Gesprächspartners stehen im Mittelpunkt einer einfühlenden Intervention. Der Seelsorger achtet auf den emotionalen Erlebnisfluß, wie er sich hier und jetzt im Moment des Sprechens beim Gesprächspartner einstellt. Er schließt seine Äußerung mit einem Frageton ab, der ausdrücken soll: „Habe ich Sie da richtig verstanden?“ „Ist es das, was Sie empfinden?“

4. Die vorherrschende emotionale Bedeutung genau wiedergeben:
Oft schwingen in einer Äußerung eines Gesprächspartners mehrere gefühlsmäßige Wertungen mit. Verlangt ist, das wichtigste Gefühl möglichst knapp und präzise aufzugreifen. Der Erlebnisfluß sollte nicht durch langatmige Sprachungetüme unterbrochen werden.

5. Bildhafte Sprache pflegen
Körpernahe Bilder eignen sich in besonderer Weise, emotionales Erleben sprachlich auszudrücken. Z.B. „Das liegt wie eine Last auf den Schultern!“, „es fällt ein Stein vom Herzen!“, „sie haben die Nase voll!“, „sie haben es satt!“, „sie zerbrechen sich den Kopf!“, „es ist Zum-Haare-raufen!“...

6. Nonverbale Mitteilungen wahrnehmen und einbeziehen
Worte sind immer von nichtsprachlichen Kommentaren begleitet. Diese nonverbalen Botschaften wie Mimik, Gestik, Sprechtempo, Tonfall, Fragen, Verstummen und Schweigen geben Auskunft, wo und wie der Gesprächspartner bei seinen Worten mitbeteiligt ist und was sie emotional für ihn bedeuten. Der Seelsorger sollte versuchen, solche nonverbalen Botschaften in seine Rückmeldung an den Gesprächspartner behutsam einzubeziehen, ohne aggressiv aufzudecken oder jemand dingfest machen zu wollen.

7. Echtheit und Wertschätzung nicht vergessen
Lernenden bereitet es zunächst einige Mühe, sich mit der geforderten Selbstkontrolle anzufreunden. Sie spüren, daß ihnen damit nicht nur etwas zuwächst, sondern auch Wertvolles verloren zu gehen droht. Gefährdet ist das eng mit der Echtheit zusammenhängende spontane und intuitive Reagieren. Der eigene Stil wird sich in dieser Spannung von Selbstkontrolle und Spontaneität entwikkeln müssen, sodaß sich schließlich eine „zweite Natürlichkeit“,

in die die psychologische Methode integriert ist, einstellt. Ebenso wie die Echtheit bleibt auch die Wertschätzung etwas, woran sich auch geübte Seelsorger immer wieder einnern müssen.

8. Emotional entlasten
Menschen in Krisen oder Konflikten fühlen sich oft von einem Chaos von Gefühlen bedrängt. Ein Seelsorger wird darauf hinzielen, für Entlastung in der emotionalen Anspannung zu sorgen. Gerade das aktive, einfühlende Zuhören vermag Angestautes zum Abfließen zu bringen, so daß der Blick erst frei wird auf die Konturen des Problems.

9. Problem abklären
Meist präsentiert ein Gesprächspartner sein Problem nicht fertig und klar definiert. Es ist vielmehr wie ein Paket mit manchen Schichten umwickelt und verschnürt. Erst im Entwickeln schält sich – für den Ratsuchenden wie den Seelsorger oft überraschend – heraus, wo der eigentliche Schmerz sitzt. Es gilt, vom Vordergründigen auf diesen Problemherd zuzugehen. Beispielsweise kann sich ein Erziehungsproblem bei diesem Prozeß der Problemklärung als eine Krise in der Partnerbeziehung herausstellen.

10. Lösungswege suchen
Im Mittelpunkt stehen die vom Betroffenen selbst vorgeschlagenen Lösungswege. Man kann ihn bitten zu sagen, welche Möglichkeiten er sieht, das Problem zu bewältigen. Dann kann man versuchen, solche Wege miteinander in kleine, konkrete und damit gangbare Schritte aufzugliedern. Manchmal läßt sich auch in einem kleinen Rollenspiel ausprobieren, wie dieser oder jener Schritt konkret aussehen könnte. Nicht außer acht lassen wird man gerade als Seelsorger, daß es auch eine ganze Menge unlösbarer Probleme gibt. Davor als Begleiter nicht wegzulaufen, sondern auszuhalten in der Hilf- und Sprachlosigkeit, nicht zuletzt im Vertrauen auf den mitgehenden Gott Jesu, ist dann die eigentliche „Lösung".

11. Strukturieren und Zusammenfassen
Gerade in einmaligen Gesprächen empfiehlt es sich, am Schluß das Gespräch kurz Revue passieren zu lassen und die wichtigsten Einsichten festzuhalten. Auf diese Weise kann sie der Gesprächspartner noch einmal bewußt anschauen und mitnehmen. Sie bilden dann wichtige, überschaubare Impulse, die sein Weiterarbeiten zu Hause anregen können.

● Seelsorgliche Gesprächsführung kann man bis zu einem gewissen Grad lernen. Eine gute Basis dazu ist die „Selbsterkundung".

Die Personzentrierte Gesprächsseelsorge nennt drei Anforderungen an die/den SeelsorgerIn:

- „Echtheit": dem Gesprächspartner nichts vormachen.
- „Wertschätzung": den anderen als Person bedingungslos hochschätzen und ihm Veränderung zutrauen.
- „Einfühlung": mit den Augen des anderen sehen lernen und das Gesehene auf der Gefühlsebene ausdrücken helfen.

2. 3. Wege der Versöhnung

Verstanden-werden und Sich-verstehen setzen liebendes Vertrauen voraus. Genauso wie Liebe und Vertrauen aneinander und miteinander wachsen, gibt es auch eine negative Spirale von Mißtrauen und Mißgunst. Man fühlt sich nicht ernst genommen, übergangen, ausgenützt und bleibt zurückhaltend mit dem, was einem wesentlich ist. Man versteht einander damit noch weniger, Mißverständnisse häufen sich, man redet und lebt aneinander vorbei, hegt in schwierigen Situationen Verdacht gegeneinander und fördert dadurch Gerede, Neid und Cliquenbildung. Das Gemeinsame geht verloren.

Mißtrauen und Mißgunst bilden einen Teufelskreis, der nur schwer zu durchbrechen ist. Aus ihm wächst Verleumdung als jene Haltung, in der man jemandem im Prinzip alles Schlechte zutrauen würde. Sie ist nach menschlichem Ermessen nicht zu beseitigen, denn es bleibt das Gefühl, daß „irgendetwas Wahres schon dran sein wird". Der arglistige Verdacht macht jede Gemeinschaft kaputt, aber auch den einzelnen, der ihn hegt. Er ist sehr schnell nur noch von potentiellen Feinden umgeben. Ein Mensch, der das Vertrauen verliert, wird zum höhnischen Zyniker oder treibt in den Wahnsinn.

Mit menschlichen Möglichkeiten gibt es aus einem solchen Teufelskreis kein Entrinnen, außer durch ein Übermaß an überwältigender Liebe, die alles verzeiht, dem gewachsenen Mißtrauen mit noch mehr Vertrauen begegnet und jede Demütigung in Liebe und Geduld erträgt. Im Extremfall sind das Anforderungen, die kein Mensch erfüllen kann. Es braucht eine gewaltsame Durchbrechung des Teufelskreises. Die moderne Psychotherapie setzt dazu schwerste Medikamente ein, frühere Zeiten haben sich mit dem Exorzismus beholfen. Für die normalen Fälle unheilbar gestörten Vertrauens hat die Kirche das Sakrament der Buße eingerichtet: als Zeichen und Werkzeug der Versöhnung.

Die theologische Wurzel aller Seelsorge ist daher unsere Erlösung in Jesus Christus von Sünde und Schuld. Ein Übermaß an überwältigender göttlicher Liebe hat alle Teufelskreise des Mißtrauens und der Mißgunst durchbrochen und uns Menschen unwiderruflich versöhnt – miteinander, mit uns selbst und mit Gott. So ist von uns nichts Unmenschliches verlangt, wenn wir einander liebendes Vertrauen entgegenbringen. Im Gegenteil ist es für uns selbst im Innersten heilsam und ebenso für alle, die mit uns in Berührung kommen. Deshalb ist Seelsorge zutiefst ein Weg der Versöhnung.

Das Sakrament der Buße ist heute in der Krise, und zwar aus mehreren Gründen: Erstens entspricht die traditionelle Übung, demütig den schuldhaften Verstoß gegen Gesetzesvorschriften einzugestehen, um einen zürnenden Gott zu besänftigen, nicht mehr dem modernen Gottesbild und Gewissensbegriff. Zweitens klaffen die Lebenswelten moderner Christen und beichthörender Kleriker oft so weit auseinander, daß die Menschen das Vertrauen in die Seelsorge verlieren, weil sie den Eindruck haben, nicht verstanden zu werden. Drittens schließlich kommen viele zu der Überzeugung, die Einzelbeichte werde der Tatsache nicht gerecht, daß die schweren Sünden der modernen Welt nicht von einzelnen begangen werden, sondern sich aus der Schuldverstrickung in die Umstände ergeben.

Beim dritten Grund setzt die Pastoral mit gemeindlichen Bußfeiern an. Die grundlegende Versöhnung des modernen Menschen betrifft seinen Verlust an Vertrauen in die Zukunft, die gesellschaftlichen und kirchlichen Institutionen, den Menschen und das Leben. Im Vergleich dazu weiß er sein persönliches Umfeld noch gut zu gestalten und auch im Konfliktfall und im Scheitern verantwortliche Wege der Kommunikation, des gegenseitigen Verständnisses und des Interessensausgleichs zu gehen. In solchen Dickichtsituationen weiß er seelsorgliche Orte zu schätzen, in- und außerhalb der Kirche. In den Fragen größerer Reichweite ist die Erfahrung heilloser Überforderung viel stärker, z.B. wenn Familienclans und Dörfer seit Generationen verfeindet sind, wenn die ökologischen Nebenfolgen des Wohlstands das Leben kommender Generationen bedrohen oder wenn die Jungen in der Vielfalt der Möglichkeiten keine Orientierung und keinen Lebenssinn mehr finden. In all diesen Fällen ist der einzelne mit verstrickt, selbst wenn er noch so gewissenhaft handeln möchte. Er kann auch nichts Grundsätzliches ändern, selbst wenn er eine Machtposition inne hat. Das System hat sich längst verselbständigt – nur Gott kann uns retten.

- Seelsorge geschieht, wo Menschen in Dickichtzeiten das Heil Gottes erfahren. Sie ist Auftrag der ganzen Gemeinde. In einem seelsorglichen Gemeindeklima herrscht liebendes Vertrauen. Es zeigt sich darin, daß speziell die Menschen in schwierigen Lebenssituationen sich verstanden fühlen.
- Menschen werden einander zu Seelsorgern, wenn sie füreinander bedingungsloses Verständnis aufbringen: durch Echtheit, Wertschätzung und Einfühlung. Geduldig zuhören, tröstend mitgehen und gut raten kann nur, wer nicht insgeheim seine eigenen Probleme am Beispiel des anderen zu lösen versucht; Selbsterkundung kann davor schützen.
- Liebendes Vertrauen muß gepflegt werden und kann durch Mißtrauen und Mißgunst nachhaltig zerstört werden. Der Teufelskreis des Verdachts kann nur durch ein Übermaß an Liebe Versöhnung finden. Weil sie durch Christus endgültig gewirkt ist, kann sie auch unter Menschen ohne Überforderung immer wieder geschehen: Seelsorge ist zutiefst ein Weg der Versöhnung. Das entsprechende Sakrament der Buße ist heute aus mehreren Gründen in der Krise. Bußfeiern eröffnen Versöhnung in übergreifenden Schuldverstrickungen.

3. Mystagogie – Gipfelerlebnisse ausloten

Gipfelerlebnisse, wo das Geheimnis Gottes aufleuchtet, können sehr verschieden sein. Meist denkt man zuerst an die durch und durch geglückten Stunden und Momente, wo der Himmel auf Erden ist. Auch das Gegenteil ist möglich: Wo der Mensch so verstrickt ist in das Dickicht der Sachzwänge und hinuntergerissen wird durch die Spirale des Mißtrauens, daß es keinen Ausweg mehr zu geben scheint, geschieht das Wunder der Erlösung und Versöhnung, bricht gegen jede Vernunft neue Hoffnung auf, und durchdringt die Urkraft der Liebe die härtesten Mauern. Dort wie da geschieht Gottesbegegnung.

Gipfelerlebnisse brechen über den Menschen herein, ohne daß er viel dazu oder dagegen tun könnte. Er darf sie nur nicht gewaltsam verhindern oder herbeiführen wollen. Er muß sie geschehen lassen und sich ihnen wartend entgegenstrecken. Wenn sie dann da sind, erfüllen sie ganz, lassen daneben nichts Alltägliches mehr bestehen, eröffnen eine neue Welt jenseits von Zeit und Raum. Erschüttert vom Geheimnis bis in die letzte Faser der Person, kann der Mensch nur verweilen und staunen. Diese Erfahrung, daß einem das Geheimnis des Lebens durch und durch geht, haben alle

Religionen kultiviert – in Mystik und Ekstase. „Menschen in das Geheimnis ihres eigenen Lebens einführen, das Gott selber ist", meint in einer Auslegung Karl Rahners „Mystagogie".

3. 1. Gemeinde als Ort lebendiger Spiritualität

Gemeinde ist der ureigenste Ort für Mystagogie, weil in ihr die Gottesbegegnung verläßlich geschieht: „Wo zwei oder drei in meinem Namen beisammen sind, bin ich mitten unter ihnen." (Mt 18,20). Manche Menschen haben heute den Eindruck, in der Kirche werde zwar an historische Gottesbegegnungen erinnert, es finden aber keine neuen mehr statt. Das Geheimnis wird zwar gut verwaltet, es bricht aber nicht durch. Damit in der Gemeinde das Geheimnis Gottes auch wirklich aufleuchten kann, müssen die Menschen dafür bereit sein. Die Kirche hat diese „Bereitung für den Herrn" auf vielfache Weise kultiviert, indem sie die heiligen Orte und Zeiten gestaltet.

Kirchen sind als heilige Orte gebaut. Als das Christliche das Heidnische verdrängte, hat man gezielt über den alten Kultstätten Kirchen errichtet. Man brachte damit zum Ausdruck, daß an jedem heiligen Ort der eine christliche Gott wohnt, von dem allein alles Heil ausgeht. Kirchen sind, wo immer möglich, auf einer Anhöhe gebaut: Man muß aus dem Alltag heraus und zur Höhe steigen, um für das Geheimnis bereit zu sein. Auch das Innere der Kirchen zieht den Blick nach oben: Säulen und Rippen, schmale hohe Fenster, ein bemaltes Gewölbe oder eine Kuppel eröffnen den Weg in die Höhe. Gleichzeitig findet man den Weg in die Weite und Orientierung dafür: Kirchen sind großzügig angelegt und geschmückt, wer vor ihnen steht, hat einen guten Überblick, und selbst aus größerer Entfernung ist ihr Turm ein verläßlicher Orientierungspunkt. Alte Kirchen sind immer geostet, haben also den Altarraum und die Apsis im Osten: Wer betet, richtet sein Leben nach der Richtung aus, aus der das Licht der Erlösung die Welt erhellt.

Die Berührung mit dem Heiligen wird durch die Gestaltung der Liturgien zur ganzheitlichen Erfahrung. Die klassische Kirchenmusik strahlt so viel Glanz, Herrlichkeit und menschliches Erschauern aus, daß sie einem durch und durch geht – man denke an Kyrie, Gloria, Te Deum und Dies Irae. Bis heute hat sich diese Erfahrung im Ausdruck „mit Pauken und Trompeten" in der Bedeutung „voll und ganz" erhalten. Ein weiterer Beitrag ist der Weihrauch – mit allen Sinnen das Geheimnis wahrnehmen.

Schließlich das eucharistische Mahl – jenen Gott, der sich als „Weg, Wahrheit und Leben" (Joh 14,6) geoffenbart hat, sich buchstäblich einverleiben, sich diesen Weg zuinnerst zu eigen machen.

Die Kirche schafft nicht nur heilige Orte und Zeiten, sie fördert auch die alltägliche Heiligung der Zeit, indem sie ihr einen geistlichen Rhythmus und damit eine geheiligte Ordnung gibt. Das Kirchenjahr ist das gefeierte Abbild der Heilsgeschichte, die zu Ostern erinnernd und real ihre Mitte findet. Gleichzeitig wird die Erlösung in die kosmischen Abläufe rückgebunden – Ostern ist am Sonntag nach dem ersten Frühlingsvollmond. Die sieben Tage der Woche erinnern an das Schöpfungswerk. Der Sonntag als erster Tag der Woche gibt das Motto des alltäglichen Lebens vor: Noch bevor wir Menschen etwas tun, ist uns die Erlösung bereits geschenkt. Das Stundengebet der Kirche gliedert den Tag: am Morgen gedenkt es mit dem neuen Licht der Auferstehung, vor der Nacht der Vollendung des Menschen in Christus. Wie Dunkel und Licht, so ordnen auch Fasten und Fest das Leben: Wer durch Mangel und Verzicht zum Wesentlichen vorstößt, wird die Fülle und das Fest erfahren.

3. 2. Ungleichzeitigkeiten in der Spiritualität

Durch heilige Orte, Zeiten und Rhythmen gestaltet die Gemeinde lebendige Erfahrungsweisen der Gottesbegegnung. Sie bereitet damit den Boden für das geistliche Leben des einzelnen Christen. Die Schwierigkeit liegt heute darin, daß es große Ungleichzeitigkeiten im Gottesbild und damit in der Spiritualität der Gläubigen gibt. Die Entwicklungspsychologie, ursprünglich am Glaubenslernen von Kindern interessiert, kann dazu einen interessanten Beitrag auch für das Glaubensleben von Erwachsenen leisten:

Exkurs: Über Entwicklungsstufen im Glauben
(von Andreas Wittrahm)

Unser Glaube ist weder unveränderlich, noch allein das Produkt unserer religiösen „Kinderstube", wie bereits der Apostel Paulus im Korintherbrief erkennt oder besser bekennt. Die Entwicklung, die jeder Glaubende im Laufe seines Lebens vor sich hat und die im besten Fall zu einer der jeweiligen Lebenslage angemessenen Selbst- und Gotteserkenntnis führt, kann als Chance, aber auch als Aufgabe begriffen werden. Sicher ist es vor allem wichtig, die Tatsache des „Auf-dem-Weg-Seins" als solche anzuerkennen, doch lohnt es sich auch, über die Kräfte, die diese Entwicklung bestimmen können, nachzudenken.

Dazu gibt die Entwicklungspsychologie, die sich seit etwa 25 Jahren von der Fixierung ihres Blickes allein auf Kindheit und Jugend gelöst und den gesamten Lebenslauf in den Blick genommen hat, manche Anregung. Nach den Vorstellungen der Schweizer Psychologen Fritz Oser und Paul Gmünder entwickelt sich der Glaube, soweit er in Form „religiöser Urteile" zu überprüfen ist, durch die Konfrontation mit existentiellen Erfahrungen in fünf Stufen. Die ersten beiden sind in der Regel der Kindheit zuzuordnen, die Stufen 3 und 4 markieren den Übergang zum Erwachsenenalter. Die Entwicklung der fünften Stufe setzt ein so hohes Maß an Lebenserfahrung voraus, daß sie wohl erst in der zweiten Lebenshälfte vollzogen werden kann.

Für den kindlichen Glauben, so die Schweizer Forscher, ist Gott unhinterfragbare Autorität, die nach Gutdünken in absoluter Machtvollkommenheit direkt in die Schöpfung eingreift. Dem einen schenkt Gott Freude und ein langes Leben, dem anderen sendet er Hunger, Pest und Krieg. Auf der zweiten Stufe begreifen Kinder, daß Gott durchaus in einer Beziehung zu Mensch und Welt steht. Sie stellen sich nun vor, daß er durch Ausübung von Riten, Halten von Geboten, Erfüllung von Versprechungen direkt beeinflußbar ist, zur Belohnung für Wohlverhalten Gnade gewährt und umgekehrt durch Verletzungen seiner Ordnung zu direktem strafenden Eingreifen herausgefordert wird.

Für die meisten Jugendlichen sieht dieses Verhältnis, wenn sie älter werden, ganz anders aus. Sie begreifen nämlich, daß dem Menschen durchaus Eigenverantwortung für die innerweltlichen Lebensbereiche gegeben ist, denn sie verstehen ja immer mehr Ursache-Wirkungszusammenhänge. Nur bringen sie es nicht fertig, dies mit einer Bedeutung Gottes ebenfalls inmitten dieser Welt zusammenzubringen, und reservieren ihm nur noch die Zuständigkeit für das Heilige, das Überweltliche und Jenseitige. Auf dieser Entwicklungsstufe bleiben recht viele Menschen stehen, denn die weitere Entwicklung der Glaubensvorstellungen erfordert eine ausdrückliche Auseinandersetzung mit dem eigenen Welt-, Gottes- und Menschenbild.

Auf der vierten Stufe der Glaubensentwicklung entsteht das Bewußtsein, daß jeder Mensch selbstverantwortlich lebt und handelt, jedoch in einer Welt, in der alles, was geschaffen wurde und geschieht, in Gott gegründet ist. Gott hat die Welt gut geschaffen und doch ist durch menschliche Freiheit der Keim des Bösen hineingeraten. Die Welt besteht aus Glück und Unglück, für das Gott nicht verantwortlich zu machen ist, das ihn aber durchaus betrifft.

Auf der fünften Stufe schließlich ist für alles menschliche Leben und zwischenmenschliche Handeln die Existenz und das Interesse Gottes (Gott, der „Ich bin da“) Voraussetzung und Sinngebung. Die menschliche Existenz ist zugleich verdankt und frei, der Mensch ist zugleich vor seinem eigenen Gewissen und Gott verantwortlich, er ist zugleich von Gott gerufen und zuvor immer schon von ihm beschenkt, er ist sein „Ebenbild“, was nichts anderes bedeutet als sein „Partner“ in einer spannungsvollen lebenslangen Beziehung. Solch reife, denkerisch und spirituell durchdrungene und durchlebte Vorstellungen von der menschlichen (Glaubens-)Existenz entwickeln sich nicht zwangsläufig und finden sich nur bei wenigen Menschen.

> Die Entwicklungspsychologie erkennt in der Glaubensentwicklung fünf Stufen:
> 1. Gott ist absolut mächtig und verteilt Glück und Unglück unter den Menschen nach seinem Ermessen; niemand hat darauf Einfluß.
> 2. Gott belohnt die, die seine Gesetze befolgen, und bestraft die Ungehorsamen; man kann mit ihm verhandeln.
> 3. Gott hat die Welt erschaffen und lebt im Jenseits; das Diesseits ist unsere Sache.
> 4. Gott hat den Menschen zur Freiheit begabt, die auch das Böse hervorbringen kann; Gott leidet mit, nimmt uns aber nicht die Freiheit.
> 5. Gott steht zu jedem Menschen in einer lebenslangen, treu liebenden Beziehung; der Mensch kann dieses Geschenk vergessen, aber umkehrend in ihm das Vertrauen des Lebens finden.

Ein Grund für die großen Ungleichzeitigkeiten in Gottesbild und Spiritualität der Gläubigen liegt in ihrer Lebensentwicklung begründet – so die Entwicklungspsychologie. Sie nimmt an, daß ein erwachsener Mensch mindestens die Stufe drei erreicht, als Gläubiger die vier oder fünf. Es gibt jedoch auch eine neurotische Religiosität – eine Persönlichkeitsstörung, die sich im Bereich des Religiösen an kindliche Entwicklungsstufen klammert. Fundamentalistische Religiosität kann also eine Regression auf die erste oder zweite Stufe sein. Der ersten entspricht das Gottesbild eines unumschränkten Herrschers, der in Allmacht Gutes und Böses über die Menschen bringt – man kann sich ihm nur in Demut unterwerfen. Der zweiten Stufe entspricht das Gottesbild eines Händlers: Er macht seine Angebote zu einem guten Leben und bestimmt den Preis dafür. Wer ihn so nicht zahlen will, kann über die Geschäfte verhandeln; solang man darüber reden kann, bleibt man in Beziehung.

Der Nachteil einer solchen psychologischen Einschätzung der Religiosität liegt darin, daß diejenigen, die sich für im Glauben erwachsen halten, leicht abschätzig auf die herabblicken, die in ihren Augen dann als „gefährlich kindisch" angesehen werden müssen. Möglicherweise ist daher unser Weg, die Ungleichzeitigkeiten als Moderne-Phänomen zu verstehen, der versöhnlichere und damit konstruktivere:

Die *Vormodernen* vertrauen auf die heilige Ordnung Gottes, die in der Kirche repräsentiert ist. Gott ist als Allmächtiger der Garant dieser Ordnung, indem er als oberster Richter für ihre Einhaltung sorgt. Gleichzeitig läßt er Milde und Erbarmen mit denen walten, die – obwohl schuldig geworden – sich in Demut und Gehorsam unterwerfen. Die Spiritualität der Vormodernen ist also durch Gehorsam, Demut, Strenge und Barmherzigkeit gegen den reuigen Sünder geprägt.

Die *Modernen* vertrauen darauf, daß Gott im Wandel verläßlich mitgeht. Durch Leben, Tod und Auferstehung Jesu Christi hat er sich als Gott mit den und für die Menschen erwiesen. Er geht an ihrer Seite, teilt ihr Leid und ihre Freuden und bleibt ihnen treu, wenn sie aus geschenkter Freiheit schuldig werden. Er führt sie zur Gemeinschaft der Kirche zusammen und ist durch seinen Geist ihr Leben im Wandel aller Verhältnisse. Die Spiritualität der Modernen ist also durch Beziehung, Gemeinschaft und liebendes Verständnis untereinander, zur eigenen Person und zu Gott als verläßlichem Partner geprägt.

Die *Postmodernen* schließlich vertrauen darauf, daß Gott die Schöpfung über alle Maßen gut gestaltet hat. Alles hat in ihr seinen Platz, seinen Sinn und seine Bestimmung. Das gilt auch für den Menschen, der dazu berufen ist, seine je einmaligen Fähigkeiten und Persönlichkeitspotentiale zu entdecken und zu entwickeln. Indem er zu sich selbst findet und sich darüber hinaus den Tiefen des Seins anvertraut, erfüllt sich sein Leben. In der Tiefe und im Jenseits von allem findet er Gott und erkennt die Macht seines Reiches, für das er im Alltäglichen angstfrei einstehen möchte. Die Spiritualität der Postmodernen ist also durch Schöpfungsverbundenheit, die Suche nach dem Wesen der Dinge und die Option für das Reich Gottes geprägt.

Das Geheimnis Gottes wird also gleichzeitig in drei verschiedenen Bereichen angesiedelt: in der Ordnung, in der Gemeinschaft und in der Schöpfung. Das geht theoretisch zusammen; praktisch aber entsprechen dem verschiedene Gestaltungsformen leibhaftiger Spiritualität. Eine Gemeinde sollte daher vorurteilsfrei Platz für alle nebeneinander schaffen – durch verschiedene Gebetsgruppen, abwechselnde Gestaltung der Gemeindemesse, Integration unterschiedlicher Elemente in die großen Festtagsliturgien. Das geht, wo Verständnis füreinander wächst, indem man die eigene Stärke und Bedürftigkeit und dann die der anderen wahrnimmt.

Die Stärke der Vormodernen liegt in ihrer Ehrfurcht, sie leiden aber unter der Strenge ihres Glaubens. Die Stärke der Modernen liegt in ihrer menschlichen Wärme und Beziehungskraft, sie leiden aber unter einem Mangel an Orientierung. Die Stärke der Postmodernen liegt in ihrer Sensibilität für den Atem des Lebendigen, sie leiden an der Konsequenzenlosigkeit des Christlichen. Teilweise ist das Leiden der einen die Stärke der anderen, woraus sich die Chancen des Zueinander ergeben.

3. 3. Einander im Geistlichen begleiten

Der persönliche Glaube ist heute nicht mehr selbstverständlich. Er muß deshalb bewußt bewahrt und entwickelt werden, damit er nicht erstarrt oder verdunstet. Viele Menschen sehen ihre Anbindung an das Pfarrleben für ausreichend dafür an. Andere suchen immer wieder Impulse, um ihre persönliche und individuelle Gottesbegegnung zu erneuern. Dazu gibt es verschiedene Wege.

Exerzitien sind eine Einübung in die persönliche Nachfolge Christi. Sie werden als Gruppen- und Einzelexerzitien unterschiedlicher Länge und als Exerzitien im Alltag angeboten. Gemeindekatechese ist ein Glaubensweg, den eine Gruppe von Pfarrmitgliedern gemeinsam geht, um ihr persönliches und gemeinsames Glauben zu vertiefen. Meditationsübungen sind ein Weg in die Stille, um aufmerksam für die Stimme Gottes im Leben zu werden. Manche wählen „Kloster auf Zeit", um vom Alltag Abstand zu gewinnen und sich auf das Wesentliche zu besinnen.

Neben diesen Intensivzeiten des geistlichen Lebens suchen viele eine „geistliche Begleitung", also jemanden, der hilft, das alltägliche Leben regelmäßig auf Gottesbegegnung hin auszurichten. Drei Bereiche sind dabei wichtig:

1. Was ist die Quelle meines Lebens? Was läßt mich zutiefst leben, gibt mir Inhalt und Spannkraft?
2. Was ist der Horizont meines Lebens? Aus welcher Hoffnung und auf welche Perspektive hin lebe ich?

3. Wie kommt Gott bei mir ins Spiel? Was und wie bete ich? Was bewirkt das Gebet in meinem Leben?

Die unterschiedlichen Glaubenslagen erfordern verschiedene Weisen geistlicher Begleitung. Vormodern Gläubige suchen die Autorität eines geweihten Geistlichen, haben aber gleichzeitig Angst vor der Konfrontation mit der Strenge des Glaubens. Deshalb werden oft anonyme Vorgänge der Begleitung – z.B. Großexerzitienvortrag mit Beichtgelegenheit – bevorzugt. Modern Gläubige suchen das persönliche Gespräch mit jemandem, der ihre Nöte, ihre Zweifel und ihre Suche versteht. Sie fühlen sich in gemeindlichen geistlichen Prozessen wohl, wo man sich in einer kleinen Gruppe Gleichgesinnter vertrauensvoll austauschen kann. Man begleitet einander und freut sich, wenn sich der Pfarrer einbeziehen läßt. Postmodern Gläubige suchen in der Stille den Atem des Lebens und nehmen eine Begleitung an, die ganzheitliche Achtsamkeit ausstrahlt und Wege dazu gehen hilft. Sie finden das z.B. im Umkreis der Zen-Kultur.

Die verschiedenen Stile geistlicher Begleitung haben unterschiedliche Schwierigkeiten. Der vormoderne Weg steht vor dem Problem, wie die Gottesbegegnung leibhaftig werden kann. Behutsame Mischformen ins Gemeindliche hinein helfen dazu. Der gemeindlich-moderne Weg hat das Problem, wie in den persönlichen Austausch das Befreiend-Andere Gottes eindringen kann. Das prophetische Zeugnis anderer Erfahrungen, in das verständnisvolle Mitgehen eingebracht, ist ein guter Weg dazu. Der postmoderne Weg tendiert zum gemeinde- und alltagsfreien ästhetischen Individualismus. Er kann aufgebrochen werden, wenn man den liebenden Blick auf das Normale und den Mut zum alltäglichen Engagement kultiviert.

- Mystagogie geschieht, wo Menschen dem Geheimnis des Lebens näher kommen, das Gott selber ist. Die großen und kleinen Gipfelerlebnisse sind der Ort dazu.
- Die Kirche hat durch heilige Orte und Zeiten und durch die Rhythmisierung der Zeit vielfache Kontaktzonen zum Geheimnis geschaffen, die es heute lebendig zu erhalten gilt.
- Gottesbegegnung durch Mystagogie wird den Ungleichzeitigkeiten in der Spiritualität entsprechend gestaltet. Stufentheorien des Glaubens geben dafür ebenso Anhaltspunkte wie der Blick auf das Moderne-Phänomen: den Vormodernen ist Gehorsam, den Moderne Partnerschaft, den Postmodernen Schöpfung zentral.

Glaube als persönliche Gottesbegegnung wird durch geistliche Intensivzeiten und geistliche Begleitung wachgehalten und so vor Erstarrung und Verdunstung geschützt. Die verschiedenen Glaubenslagen bevorzugen unterschiedliche Weisen, haben verschiedene Schwierigkeiten und bieten unterschiedliche Ansatzpunkte zur Weiterentwicklung.

4. Verkündigung – für Kreuzungssituationen Orientierung finden

Verkündigung geschieht dort, wo Menschen für ihre Lebensgestaltung aus dem Glauben Orientierung finden. Besonders wichtig ist das für die Kreuzungssituationen des Lebens, wo sich verschiedene Richtungen auftun, wo Entscheidungen nötig werden, wo sich ein neuer Lebensabschnitt abzeichnet. Da vor den Kreuzungen oft ein Dickicht liegt, sind Vorgänge der Seelsorge oft ein Ort, wo die Verkündigung ansetzen kann, weil Entscheidungshilfen gefragt sind. Andererseits können Gipfelerlebnisse ein Anstoß sein, um nach neuen Orientierungen für das Leben Ausschau zu halten.

4. 1. Gemeinde als Ort bezeugter Wahrheit

Unter pluralistischen Lebensverhältnissen ist es schwer, sich zu orientieren. Jede Richtung scheint plausibel, unter bestimmten Umständen erstrebenswert und bereits von bestimmten Personengruppen als gangbar erwiesen. Die Gefahr ist groß, sich zwischen den Wegen zu verlieren oder sich überhaupt nicht mehr zum Weitergehen entscheiden zu können – Orientierungshilfen tun not. Die Familie reicht dazu häufig nicht aus, weil sie den unterschiedlichen individuellen Interessen meist nicht gerecht werden kann. Deshalb sucht man sich „Interessensfamilien", in denen jener Lebensstil gepflegt wird, den man als Ausgleich zum Berufsleben sucht. Eine Vielzahl an Freizeitvereinen bieten familiäre Gemütlichkeit, kompetente Ausstattung, die gemeinsame Pflege spezieller Interessen und die dazupassende Weltanschauung.

Auch die Pfarrgemeinde ist eine solche „Interessensfamilie"; eine zur gläubigen Lebensgestaltung. Die amtliche Verkündigung erinnert an die gemeinsame Orientierung an der Erlösungstat Jesu Christi. Orientierung hat aber immer zwei Seiten: Man orientiert sich *an* etwas und *für* etwas. Das, *woran* Christen sich orientieren, ist in der überlieferten Glaubenstradition der Kirche enthalten. Das, *wofür* sie sich orientieren, ist das den laufenden Veränderungen unterworfene moderne Leben. Sichere Orientierung darin findet nur, wer nicht auf sich allein gestellt ist. Deshalb ist die Gemeinde als ganze der Ort der Verkündigung.

Wer sich verläßlich orientieren will, tut gut daran, sich an die Wahrheit zu halten; alles andere kann nur auf Abwege führen. Da aber im Pluralismus die Wahrheit scheinbar relativ – im Sinn von „beliebig und unverbindlich" – wird, ist sie ein zentrales Thema. Verkündigung orientiert sich einerseits an der Wahrheit des Glaubens und die ist immer „relativ", also „bezogen" auf Gott, der unter uns in seinem Geist lebendig ist – das kann nie beliebig und unverbindlich sein. Verkündigung orientiert andererseits für die konkreten Lebensentscheidungen, die immer einmalig sind; niemandem werden sie abgenommen und keiner kann sie einfach dem andern nachmachen. Ein Leben in der Wahrheit (als Bezogenheit auf den lebendigen Gott) ist ein komplexes Ganzes aus laufend frei zu treffenden einmaligen Entscheidungen.

Wie überwindet man die Kluft zwischen Wahrheit und Entscheidung mittels jener Brücke, die „verantwortungsbewußte Freiheit" heißt? Die Spielregeln dazu stellt die Ethik zur Verfügung, die Wegweiser pflanzt die Moral auf, das Land vermißt die theologische Anthropologie – die Lehre von der gottbewollten Bestimmung des Menschen. Alle drei Bereiche gehören in die Verkündigung, nur in unterschiedliche Situationen. Wo das Land vermessen und das Spiel bekannt ist, führt die Verkündigung so zu den Kreuzungen des Lebens hin, daß man die Wegweiser gut lesen kann. Wo Menschen gelernt haben, daß man verschiedene Spiele spielen kann, stellt die Verkündigung das christliche Spiel als erstrebenswert dar. Wo Menschen sich im unvermessenen Neuland moderner Entwicklungen im Kreis drehen, eröffnet die Verkündigung die gottgewollte Bestimmung des Menschen: Er ist frei, erlöst, verantwortlich und auf Gott bezogen.

Daraus werden die unterschiedlichen Anforderungen an heutige Verkündigung deutlich: Unter vormodernen Bedingungen geht es darum, amtlich verläßliche moralische Wegweiser aufzustellen. Der moderne Mensch hat die vielen Spiele der verschiedenen gesellschaftlichen Teilbereiche zu spielen. Wie man innerhalb dieser die christlichen Spielregeln spielt, erfährt er durch glaubwürdige Aussagen von Gleichgesinnten aus der gemeindlichen Interessensfamilie. Wenn sie von vergleichbaren Situationen erzählen und plausibel machen, warum sie aus ihrer Gottbezogenheit heraus so und nicht anders entschieden haben, erhalten ihre Bekenntnisse die Wahrheit der gelebten Zeugenschaft. Ein Mensch schließlich, der nie mit einer philosophischen, humanistischen oder gläubigen

Lebensorientierung existentiell in Berührung kam (z.B. die modernen technisch ausgebildeten Materialisten) braucht in Kreuzungssituationen gegebenenfalls die Verkündigung, daß alles menschliche Sehnen nach Richtung, Sinn und Ziel des Lebens auf einen Gott verweist, der die Liebe, das Wesen und die Bestimmung des Menschen ist.

4. 2. Verkündigung in pastoralen Handlungsfeldern

Aus dem Gesagten ergeben sich Konsequenzen für die pastoralen Handlungsfelder. Ganz verschiedene Wege der Verkündigung können der in einer bestimmten Situation jeweils einzig richtige sein. Vier gegenwärtig wichtige und zugleich schwierige Bereiche sollen angesprochen werden: Sakramentenpastoral, Religionsunterricht, Erwachsenenbildung und Öffentlichkeitsarbeit.

Sakramentenpastoral
Die Sakramentenpastoral ist in eine schwierige Situation gekommen, weil sie sich immer häufiger an Fernstehende richtet. Sie hat trotzdem als Verkündigung gute Chancen, weil sie entweder an Gipfelerlebnissen ansetzen kann (z.B. die Liebe der Brautleute, die Freude über das Neugeborene) oder in Dickichtsituationen hineinspricht (die Unübersichtlichkeit eines neuen Lebensabschnitts, z.B. bei der Firmung). Allerdings muß diese Verkündigung die entsprechende Anforderung erfüllen: die Sehnsucht des Menschen nach einem geglückten Leben thematisieren, das einem von Gott geschenkt ist; die Wege bezeugen, wie man als Christ in den komplizierten modernen Lebenslagen verantwortlich handeln kann. Erst wo diese beiden Bereiche – menschliche Sehnsucht und verantwortliches Handeln – selbstverständlich sind, haben die Wegweiser christlicher Moral und die sakramentalen Feste der Erlösung ihren Platz. Die Ebenen der Verkündigung sind dabei gleichwertig: Moral und Sakrament sind nicht „das Eigentliche" und alles andere das „Vorfeld". Ein solcher Blickwinkel macht die Verkündigung unter modernen Bedingungen welt- und damit seelenlos.

Aus diesen Überlegungen ergeben sich auch die zwei strittigen pastoralen Positionen zur Sakramentenpastoral: Soll man ein Sakrament spenden, wenn jemand es wünscht? Oder soll man es nur feiern, wenn die Voraussetzungen dafür voll gegeben sind? Für das zweite spricht, daß man das Sakrament ohne die anderen Voraussetzungen nicht im Vollsinn feiern kann – also es besser aufschieben und an erfüllte Bedingungen (katechetische Prozesse über längere Zeit) binden? Für überzeugte Gemeindechristen ist diese Position logisch. Die Fernstehenden verstehen überhaupt nicht, wie ihnen geschieht. Noch vor einer Generation hat die Kirche z.B. darauf gedrungen, daß jedes Kind sofort nach der Geburt getauft wird. Heute werden plötzlich Forderungen an die Eltern gestellt und im Zweifelsfall zu geringer Kirchlichkeit jenes Sakrament verweigert, für dessen Empfang man die Kirchensteuer bezahlt.

Aus solchen Mißverständnissen heraus bemüht sich der andere pastorale Weg, behutsam bei der Gipfel- und Dickichtsituation anzusetzen und den Menschen vor allem seelsorglich das Gefühl zu geben, verstanden und willkommen zu sein. Was auf dieser Basis an Verkündigung – in welcher Dimension auch immer – möglich ist, genügt als Sakramentenvorbereitung. Sie ist die Vorleistung auf die dem Sakrament innewohnende Gnade, die einen neuen Weg der Gottesbezogenheit eröffnet. Soweit dies möglich ist, wird man eine größere Nähe zur Interessensfamilie Pfarre fördern.

Religionsunterricht

In einer ähnlich schwierigen und gleichzeitig chancenreichen Situation ist der Religionsunterricht. Er ist für die SchülerInnen und ihre Eltern oft für lange Zeit der einzige Kontakt zur Kirche. Wer damit nichts zu tun haben will, fällt viel mehr auf als in der Pfarre und ist deshalb für den Religionslehrer viel belastender. Während in der Pfarre nur die oft vergleichsweise wenigen Personen sichtbar werden, die sich an ihrem Leben beteiligen wollen, und die Differenz zur katholischen Wohnbevölkerung nur in der Pfarrstatistik sichtbar ist, erlebt sie der Lehrer hautnah: Die SchülerInnen, die in der Pause noch in der Klasse waren, ziehen aus und führen ihm sinnenfällig und regelmäßig vor Augen, wer zur Kirche und damit zu ihm auf Distanz geht.

Der Religionsunterricht ist daher besonders dringlich darauf angewiesen, alle Dimensionen der Verkündigung auszunützen. Die gegenwärtige Lehrplan- und Schulbuchgestaltung praktiziert das auf hervorragende Weise, die Lehrer sind unbestritten kompetent und engagiert. Dennoch sind sie der Kritik von allen Seiten ausgesetzt, weil man in der Vielschichtigkeit der Anforderungen nicht jedem auf einzig seine Weise gerecht werden kann. Kirchenferne Eltern werfen dem Religionsunterricht vor, nicht bloß wie ein Lexikon über die Ansichten der Kirche zu referieren, sondern Verkündigung zu betreiben, indem die Bezogenheit auf Gott angesprochen wird. Kirchlich eng gebundene Eltern wiederum beklagen, daß vom „Eigentlichen" des Glaubens zu wenig die Rede sei, ihren Kindern zu wenig Katechismuswissen vermittelt würde. Sie übersehen dabei, daß die Abfragbarkeit von Glaubenswissen noch keinen Glauben macht. Es gehört zu den großen Herausforderungen dieser Situation an die Gemeinden, die Religionslehrer als Verkündiger an schwierigster Front ausreichend zu schätzen und zu stützen.

Religiöse Erwachsenenbildung

Die religiöse Erwachsenenbildung in gemeindlicher Verantwortung ist mit demselben Problem von der anderen Seite her konfrontiert. Sie hat es vor allem mit kirchlich sehr gebundenen Personen zu tun, denen Moralpositionen und Ritus geläufig sind. Dennoch reicht ihr Glaube zur Orientierung in den Kreuzungssituationen der modernen Welt immer weniger aus. Manche halten das für eine Schuld der säkularen Welt, die sich von der Kirche entfernt hat. Viele verstehen, daß sie mitverantwortlich dafür sind, das sich laufend auftuende Neuland wissenschaftlicher und wirtschaftlicher Möglichkeiten und sozialer und politischer Sorgen christlich zu vermessen. Sie treffen verantwortliche Entscheidungen und suchen – meist notgedrungen nachträglich – ein explizit gläubiges Verständnis für das, was sie gefühlsmäßig entschieden haben.

Gleichzeitig ergibt sich eine zweite Dimension: Die neu verstandenen christlichen Orientierungen zeigen ein ganz anderes Gesicht als die aus der vormodernen Welt her tradierten moralischen Wegweiser, denen man sich weiterhin verpflichtet weiß. Es ist also die zweite Aufgabe religiöser Erwachsenenbildung als Verkündigung, die alten Wegweiser und die neu vermessene Landschaft zusammenzubringen. Diese Aufgabe heißt Differenzierung, also anzugeben, welche Ausgestaltung ein moralischer Grundsatz unter den unterschiedlichen Entscheidungsbedingungen annehmen kann. Um im Bild zu bleiben: Bisher kam man von einer einzigen Seite zum Berg X; es genügte also der Wegweiser: „zum Berg X., 2 Std.". Jetzt braucht man mehrere Wegweiser, z.B. „zum Berg X. über Graben N" oder in die andere Richtung „nach R-Dorf 3 Std. Dadurch wird die alte Wegtafel nicht falsch; sie darf nur nicht die einzige bleiben. Eine solche Differenzierung hat die Moraltheologie in der „Kasuistik" auch traditionell betrieben, um Spezialfragen zu klären. Heute bestehen nahezu alle menschlichen Entscheidungen aus Spezialfragen – wer verantwortlich leben will, muß selbst differenzieren lernen.

Öffentlichkeitsarbeit
Im schwierigen öffentlichen Verkündigungsbereich der Pfarre – Pfarrbrief und Schaukasten – überschneiden sich die speziellen Zugänge der Insider und der Fernstehenden. Wie im Religionsunterricht sollten also alle Dimensionen der Verkündigung gleichzeitig geschehen. Dies ist sicher so nicht möglich. Viele gute Pfarrblatt-Beispiele belegen jedoch, daß es eine gelungene Mischung ganz verschiedener Beiträge geben kann, so daß für jeden etwas dabei ist. Hinweise auf Gottesdienst- und Beichtzeiten, Taufen, Hochzeiten und Beerdigungen, Veranstaltungsinformationen, menschlich warme Berichte aus dem Gemeinde- und Gruppenleben und Einladungen zu jenen Gelegenheiten, wo auch gemeindeferne Personen willkommen sind, stärken das innere Gemeindeleben und führen Interessenten heran, sofern man sie zusätzlich auch persönlich ansprechen kann. Gelegenheiten gibt es dazu genug, falls die Pfarre Veranstaltungen von allgemeinem Interesse hat: z.B. wird ein Vormittag zu „Wie streng und frei soll ich mein Kind erziehen?" in Zusammenarbeit mit dem Pfarrkindergarten und einer Expertin in Erziehungsfragen auch von gemeindefernen Müttern angenommen werden. Fragen des Glaubens haben darin ihren Platz.

Die andere Seite pfarrlicher Öffentlichkeitsarbeit ist die Chance, kirchlich-gläubige Inhalte einer breiteren Schicht von Personen zugänglich zu machen. Geeignet dafür sind Texte, die auf der Ebene der „Landvermessung" von der menschlichen Sehnsucht auf existentiell-unpathetische Weise sprechen, aktuelle Gesellschaftsfragen aus dem Blickwinkel einer christlichen Ethik behandeln, die Entwicklung des kirchlichen Verständnisses zentraler Fragen mit dem Konzil beleuchten oder Informationen zu kirchlichen Fragen von öffentlichem Interesse bereitstellen. Diese Abhandlungen stehen am besten in inhaltlichem Zusammenhang mit aktuellen pfarrlichen Veranstaltungen und sind für sie Werbung und einstimmende Vorbereitung.

Was für das Pfarrblatt gilt, ist ebenso für den Schaukasten und die Anschlagtafel im Kirchenvorraum anzuwenden. Je mehr dort die Pfarre als ganze mit ihren vielschichtig verschiedenen Bereichen und Verständnisdimensionen sichtbar wird, desto interessanter wird sie für Passanten, die eventuell dazustoßen könnten. Erfahrungsgemäß geschieht dies ohne zusätzliche persönliche Kontakte so gut wie nie. Aber selbst ein gutes Image lohnt die Mühen: Wenn Vorüberkommende immer wieder gern einen Blick in den Schaukasten werfen, weil man darin Nettes, Interessantes, Anregendes und auch ein klein wenig Betreffendes findet. Gleichzeitig prägt und pflegt die Pfarre damit ihr Selbstbild. Das Wir-Gefühl wird stärker, quer durch die unterschiedlichen und oft widersprüchlichen Interessen, wenn man sich als Gemeinschaft nach außen darstellt. Diese drei Chancen – Einheit fördern nach innen und Interesse wecken und Image pflegen nach außen – wären mehr Einsatz bei der aktuellen Gestaltung solcher Medien wert.

- Verkündigung geschieht, wo Menschen für ihre Lebensgestaltung aus dem Glauben Orientierung finden. In pluralistischen Gesellschaften wird deshalb die Pfarrgemeinde als „Interessensfamilie" wichtig. In ihr orientiert man sich *an* der überlieferten Glaubenstradition und *für* konkrete Lebensentscheidungen. Die Verkündigung steht dabei vor unterschiedlichen Anforderungen: amtlich verläßlich moralische Wegweiser aufstellen, glaubwürdiges Zeugnis für alltäglich lebbare christliche Handlungsspielregeln geben, Gott als dem Wesen des Menschen entsprechende Sehnsucht aufweisen – das alles im Horizont der Gottbezogenheit.
- Die Überschneidung der unterschiedlichen Anforderungen an die Verkündigung wird in pastoralen Handlungsfeldern auf unterschiedliche Weise konkret:
- In der Sakramentenpastoral sind die unterschiedlichen Dimensionen der Verkündigung gleich ernst zu nehmen.
- Der Religionsunterricht braucht darin eine besondere Unterstützung.
- Die religiöse Erwachsenenbildung verhilft dabei zu inhaltlicher Orientierung und Differenzierung.
- Die pfarrliche Öffentlichkeitsarbeit stärkt dadurch die Einheit nach innen und fördert das Interesse und das Image nach außen.

KAPITEL 5:

Zukunftsgestaltung – Prophetische Aufbrüche für die Welt von morgen

Euch aber muß es zuerst um sein Reich
und um seine Gerechtigkeit gehen;
dann wird euch alles andere dazugegeben.
(Mt 6,33)

Dickicht- und Kreuzungssituationen des persönlichen Lebens sind Ansatzpunkte für die Gottesbegegnung. Ähnliches gilt auch für den umfassenden Bereich menschlichen Lebens in Welt und Gesellschaft. Die Krisenerfahrungen der modernen Welt sind beides: das Dickicht einer „neuen Unübersichtlichkeit", wo wir so viel wissen, daß keiner sich mehr umfassend auskennen kann; und die Kreuzungssituation, an der wir verantwortliche Zukunftsentscheidungen treffen müssen, soll es nicht endgültig zu spät sein. Es kann jedenfalls nicht so weitergehen wie bisher.

Die Kirche hat den Auftrag, die Zukunftsgestaltung so mitzutragen, daß in ihr das Entgegenkommen Gottes in der Zeit aufleuchten kann. Die moderne Welt fürchtet sich vor nichts so sehr wie vor der Zukunft. Die Kirche ist daher herausgefordert, auf angemessene Weise zu verkünden und erfahrbar zu machen, daß Gott unsere Zukunft ist. Die Zukunft unter dem Blickwinkel des Reiches Gottes anzusagen, ist Prophetie. Welche Herausforderungen sich heute stellen, was das für die Christenheit bedeutet und wie eine gedeihliche Veränderung geschehen kann, ist Thema dieses Kapitels.

1. Problematische Entwicklungen

Sechs große problematische Themenkreise beschäftigen heute die Welt und unsere Gesellschaft. Es handelt sich um zentrale Zukunftsfragen, die man heute beginnen muß zu lösen, weil sie sonst bald verhehrende Folgen haben. Es sind das: Gerechtigkeit und

Frieden, Ökologie und Lebensstil, Arbeit und Geld, Zusammenleben und Rollendefinition, Jugend und Erziehung, Werte und Sinn.

Die weltweit zentralste Frage ist die nach Frieden und Gerechtigkeit. Wie wir bereits im Zusammenhang mit der Reich-Gottes-Theologie sahen, wächst dauerhafter Frieden nur auf dem Boden von Verteilungs- und Beteiligungsgerechtigkeit. Wenn weltweit von den 20% Reichen, zu denen auch wir gehören, 80% der Güter der Erde verbraucht werden, kann das auf Dauer nicht gut gehen. Die der heutigen Weltwirtschaft zugrunde liegende Idee ist nicht aufgegangen, weil man das Machtgefälle unterschätzt hatte. Man hatte gemeint, die technologisch entwickelten Länder würden das Know-how zur Verfügung stellen, die weniger entwickelten die Rohstoffe. Insgesamt würden alle dabei zu Wohlstand kommen. Faktisch aber ist die reiche Welt nicht dazu bereit, einen gerechten Preis für Bodenschätze, Futter- und Genußmittel und genetische Ressourcen zu zahlen. Dadurch werden die Reichen immer reicher und den Armen bleibt nicht einmal genug zum Überleben. Der Schlüssel zur Lösung ist also eine Politik des Vorteilsverzichts. Das liegt auch im Eigeninteresse der Reichen, die nur so werden langfristig in Frieden leben können.

Die Weltwirtschaft läßt sich auch aus ökologischen Gründen nicht mehr weiter so betreiben. Die Art von Fortschritt, der unseren Luxus sichert, belastet schon jetzt die Ökosysteme über Gebühr. Ausbeutung und Verwüstung sind so weitreichend, daß selbst wir zurückstecken müssen – von einer Ausdehnung unseres Wohlstands auf die ganze Welt ganz zu schweigen. Da keiner zurück in die Armut will, und eine vorindustriell bodenständige Lebensform beim heutigen hohen Bevölkerungsstand unmöglich ist, bleibt nur eine intelligente Änderung des industriellen Lebensstils. Wir müssen zu einer Lebensqualität kommen, die sich in die Kreisläufe der Natur harmonisch einfügt. Boden, Luft, Wasser und Sonnenenergie halten den Kreislauf des Lebens im Gleichgewicht. Die Überschüsse sind in tiefen Erdschichten als Reserve gelagert: Erze, Salze, Wasser und fossile Brennstoffe. Diese Reserven hat der Mensch seit der industriellen Revolution bedingungslos und grobschlächtig ausgebeutet. Daneben ersticken wir im Müll. Auch gegenwärtig erzeugt die Industrie bereits in der Produktion mehr Abfall als Produkte; davon, daß diese bald Abfall sein werden, ganz zu schweigen. Der Schlüssel zur Lösung des Problems liegt in der intelligenten und daher sparsamen und umsichtigen Nutzung erneuerbarer Naturschätze. An der radikalen Einschränkung von Erdölprodukten – die als Brennstoff und chemische Grundlage für

Plastikwaren, Dünge-, Arznei- und synthetische Lebensmittel allgegenwärtig sind – führt kein Weg vorbei.

Unsere Art des Wirtschaftens macht nicht nur die Natur kaputt und die Armen elend, sondern schafft auch unter den Reichen immer mehr relativ sehr Arme. Der Wohlstand wächst längst nur noch bei denen, die ein hohes Einkommen nur für ihren privaten Luxus ausgeben können. Familien – zumal mit mehreren Kindern oder Alleinerzieher – erreichen schnell die Armutsgrenze. Dazu kommt, daß das Verhältnis von Arbeitsleistung und Einkommen längst nicht mehr stimmt: Wer könnte zurecht behaupten, daß einer pro Zeiteinheit das 30-fache eines anderen fleißigen Menschen leisten könnte? Zudem steht für immer mehr Menschen trotz guter Wirtschaftslage kein Arbeitsplatz mehr zur Verfügung. Gleichzeitig bleiben große Bereiche gesellschaftlicher Arbeit zum Schaden aller unerledigt. Arbeitslosigkeit und Geldmangel in einer Konsumgesellschaft sind sozialer Sprengstoff, den nur ein immer härterer Polizeistaat noch zeitweise im Griff halten kann. Die Lebensarbeitszeit drängt sich auf immer weniger Jahre zusammen, der Arbeitsstreß macht krank, die Sozialleistungen, die Krankenhäuser und die Pensionen werden unfinanzierbar. Wir werden daher gesamtgesellschaftlich Kompetenz und Phantasie aufwenden müssen für einen neuen Weg, Arbeit und Geld zu verteilen. Der Schlüssel dazu sind politisch diskutierte Prioritäten, mit menschlicher Zeit und mit Geld umzugehen. Die Bedürfnisse der Menschen werden mehr zählen müssen als die vermeintlichen wirtschaftlichen Notwendigkeiten oder die innere Logik bürokratischer Systeme. Zuerst muß es Zeit und Geld für das Wichtigste geben – ein Umlernen tut not.

Die Zeitfrage ist ein wichtiger Faktor im menschlichen Zusammenleben. Viele Partnerschaften und Familien scheitern heute daran, daß man keine Zeit füreinander hat. Dazu kommt, daß die Entwicklung der Arbeitswelt, die Bildungsexplosion und die Möglichkeiten der Familienplanung die traditionellen Rollen aufgeweicht haben. Die Ablöse des Standes durch die Kompetenz hat die Hierarchien relativiert. Die Regeln des Zusammenlebens und die Verteilung der Rollen müssen neu bestimmt werden, besonders auch zwischen Mann und Frau. Immer komplexere Aufgaben machen zudem eine immer besser ineinander greifende Zusammenarbeit nötig, erst recht, wenn es schnell gehen muß. Gehorsam und Pflichtbewußtsein sind durch Selbständigkeit und Verantwortungsbereitschaft abgelöst; die Menschen lassen sich Reglementierungen nicht mehr gefallen. Die Frauen fordern die ihnen vorenthaltenen Rechte ein. Das Denken in Clans, Parteien und Lagern verschwindet und mit ihm viele Unversöhnlichkeiten und sinnlose Vielgleisigkeiten. Die Bezogenheit auf das Individuum aber macht das Klima kälter, Solidarität schwindet, man ist sich selbst der Nächste. Der Schlüssel zu einer gedeihlichen Weiterentwicklung liegt in der Personalität des Menschen: Er ist in der Person einzigartig, gleichzeitig aber immer auf andere hin orientiert. Am besten lebt deshalb der Mensch, wenn er seine eigenen Interessen und Fähigkeiten so entwickelt, daß sie die anderen rundum zu ihren je eigenen Möglichkeiten befreien. So wird jeder im Zusammenleben reich beschenkt.

Den anderen fördern, damit er frei, solidarisch, charakterstark und liebenswürdig wird, ist auch die große Herausforderung in der Kindererziehung. Dabei haben die heutigen Jungen es nicht leicht. Die alten Autoritäten haben mit den Hierarchien die Macht verloren, alles Mögliche beansprucht immer lauter und greller die Aufmerksamkeit. Gleichzeitig erscheint alles beliebig und zum Vergnügen verfügbar. Die Orientierungslosigkeit trifft auch die Erwachsenen mindestens in den Bereichen, die sie nicht über von Kindesbeinen an erworbene traditionelle Werthaltungen bewältigen können. Die Tradition aber bedeutet den Jungen nicht viel, das Neue ist wichtig. Woran also sollen sie sich orientieren? Wogegen lohnt es sich, mit jugendlicher Bedingungslosigkeit zu rebellieren? Was ist wert, dafür zu kämpfen? Radikalismus und Ohnmachtsgefühle sind allgegenwärtig, Drogen – chemische und ideologische – mehr gefragt denn je. Eltern und Lehrer schauen immer ohnmächtiger zu oder schlagen immer härter hin, mit Fäusten oder mit Schulnoten. Dabei ist die Jugend die Zukunft der Gesellschaft. Das Problem ist, wie sie diese unter solchen Voraussetzungen wird verantworten können. Sie wird die Schätze der Tradition dazu brauchen, aber sie lassen sich kaum noch vermitteln. Der Schlüssel zur Weitergabe kultureller und religiöser Tradition an die Jungen heißt: Sie nehmen nur an, was glaubhaft bezeugt wird. Sie halten deshalb mit ihrem Verhalten der Erwachsenenwelt bloß den Spiegel vor. Glaubhaft bezeugt wird insgesamt, daß Geld die Welt regiert, Glück käuflich ist und die Traditionen ins Museum gehören. Wofür die Erwachsenen mit ihrem Lebensvollzug einstehen, daran gehen die Jungen nicht unbeeindruckt vorbei. Es wird dafür zu sorgen sein, daß das kraftvolle Zeugnis nicht bloß von hohlen Ideologen und findigen Werbestrategen kommt.

Der Hintergrund der Orientierungslosigkeit ist die Sinnfrage. Was Wert hat und Sinn macht, ist unter modernen Voraussetzungen nicht leicht zu sagen. Im Gegenteil werden die Wert- und Sinnlosigkeit kultiviert, z.B. in materialaufwendigen Geschenken, die nur ein Gag sind oder in der Kunst als Dadaismus. Viele Werte haben sich als vergänglich oder gefährlich erwiesen, z.B. die Pflichterfüllung. Von einem Wertewandel ist die Rede, weg von den „Pflicht- und Akzeptanzwerten" hin zu den „Selbstentfaltungswerten"; z.B. habe ich das gute Geschirr für meinen Lebensstil und nicht zum Imponieren vor den Gästen. Viele Werte sind nach wie vor unbestritten, z.B. eine Familie haben; aber sie erweisen sich für immer mehr als auf die Dauer unlebbar. Was macht noch Sinn, wenn alles auch ganz anders sein könnte? Was ist wahr, wenn jeder etwas anderes sagt? Wenn Gott tot ist: Müssen wir uns einen neuen erfinden? Wenn der Mensch am eigenen Göttlichkeitsanspruch scheitert: Wer wird uns retten? Der Schlüssel zur modernen Sinnfrage ist die Gottverwiesenheit des Menschen. Das Ich oder der Fortschritt sind nur Ersatz für jene Sehnsucht nach dem Heilen, dem Glück und der Vollkommenheit, die nur von Gott kommen können. Alles Menschliche ist relativ im doppelten Sinn: beschränkt und vergänglich einerseits, aber auf dem Weg der Erfüllung, weil Gott in seiner Beziehung zum Menschen treu und verläßlich ist. Der Mensch realisiert das für sich, indem er seine Berufung lebt – eine Herausforderung zu allen Zeiten.

2. Kirchliche Selbstverpflichtung in Basel

Die sechs Krisenbereiche der heutigen Zeit sind nicht jeweils unabhängig voneinander, sondern sie hängen zuinnerst zusammen. Deshalb können die Christen auch nicht einzelne dieser Fragen den jeweiligen Spezialisten überlassen. Sicher werden die Details einer Vorgangsweise z.B. im wirtschaftlichen Bereich von diesen festgelegt werden. Man kann aber nicht erwarten, daß diejenigen mit einer Veränderung der Strukturen beginnen, die von den jetzigen Verhältnissen am meisten profitieren. Die Armen hatten es immer schon leichter mit der Umkehr. Wie sehr sich die christlichen Kirchen von der Krise in die Pflicht genommen wissen, zeigt der ökumenische „konziliare Prozeß zu Frieden in Gerechtigkeit", der in den 80er-Jahren von der KEK (Konferenz Europäischer Kirchen) gemeinsam mit dem CCEE (Rat der Europäischen Bischofskonferenzen) getragen war. In seinen Themen Frieden, Gerechtigkeit und Bewahrung der Schöpfung auf dem abschließenden Kongreß in Basel 1989 verbindet er Krisen- und Schuldbewußtsein und die Überzeugung, daß nun auch vor allem von Seiten der Christen endlich wirksames Handeln gefordert ist:

8. Wir sind zunehmend mit immer stärker ineinander verflochtenen Problemen konfrontiert, die das Überleben der Menschheit gefährden und eine globale Krise verursachen. Diese Probleme sind unter den Begriffen Frieden, Gerechtigkeit und Umwelt erfaßt. Die Einsicht wächst, daß sie eng zusammenhängen und dringend gelöst werden müssen. Wenn nicht bald tiefgreifende Veränderungen vorgenommen werden, wird sich diese Krise in den nächsten Jahren verschärfen. Was wir als Krise fürchten, wird für unsere Kinder und Enkel zu einer wirklichen Katastrophe.

Die Gründe für die Weltprobleme, die als stark untereinander verflochten erkannt werden, liegen im modernen ruinösen Fortschrittsglauben:

19. Der tiefere Grund für diese Fehlentwicklung ist in den Herzen der Menschen, in ihrer geistigen Einstellung und Mentalität zu suchen: in der Täuschung, er sei fähig, die Welt zu gestalten; in der Vermessenheit, in der er die Rolle überschätzt, die er in bezug auf das Leben als ganzes spielen kann; in der Vorstellung eines ständigen Wirtschaftswachstums ohne Bezug auf ethische Werte, die den Wirtschaftsordnungen im Osten wie auch im Westen zugrunde liegt; in der Überzeugung, daß dem Menschen die geschaffene Welt zur Ausbeutung nach seinem eigenen Belieben und nicht zum Bewahren und Bebauen übergeben wurde; in dem blinden Vertrauen, daß neue Entdeckungen die jeweils entstehenden Probleme schon lösen werden, so wie sie auftreten, und daß man deshalb nicht auf die von uns selbst geschaffenen Risiken und Gefahren zu achten brauche.

20. Zweifellos brauchen wir das Können und die Fähigkeiten von Wissenschaft und Technologie für die Bewältigung unserer Zukunft. Wenn wir aber der Sache der Gerechtigkeit, des Friedens und der Bewahrung der Schöpfung dienen wollen, müssen die an Technik und Wissenschaft geknüpften Erwartungen grundlegend überprüft werden. Als Christen können wir nicht unkritisch eine Ideologie des durch den Menschen geschaffenen Fortschritts vertreten, die nicht die ganze Person angemessen berücksichtigt. Wir können daher das blinde Vertrauen in die menschlichen Fähigkeiten nicht teilen. Andererseits wenden wir uns aber auch entschieden gegen die wachsende Neigung zur Ohnmacht, Resignation oder Verzweif-

lung. Christliche Hoffnung ist für uns eine Bewegung gegen jeden Fatalismus. Wir glauben, daß wir durch die Umkehr zu Christus die volle Bedeutung des menschlichen Lebens erkennen.

Die christliche Hoffnung ist also kritisch gegen Göttlichkeitswahn und Ausbeutung, aber auch gegen das zynische Achselzucken. Diese Hoffnung erwartet von Gott einen neuen Himmel und eine neue Erde. Das macht eine Umkehr zur Wahrheit des Evangeliums nötig, die auch die Kirchen betrifft, wenngleich sie für ihre prophetischen Stimmen dankbar sein dürfen:

> 41. ...Wir glauben, daß die Zukunft sich uns öffnen wird, wenn wir uns Jesus Christus zuwenden. Die Sackgasse, in der wir uns heute befinden, ist letztlich darauf zurückzuführen, daß wir von Gottes Wegen abgewichen sind. Wir wollen verkünden, daß Gott denen Zukunft eröffnet, die zu ihm umkehren.
>
> 42. Aber wir sind nicht in der Lage, so zu sprechen, als wären wir im vollen Besitz der endgültigen Wahrheit. Die Kirchen und Christen haben in vieler Hinsicht versagt und haben es nicht immer vermocht, Gottes Ruf zu leben; manchmal haben sie es sogar versäumt, die Wahrheit von Jesus Christus zu verkünden. Wir sind dankbar für das Zeugnis der Generationen vor uns. Wir danken für das Engagement der vielen Christen, die ihr Leben selbst bis ins Martyrium in den Dienst Christi gestellt haben. In den Kirchen haben zwar prophetische Stimmen rechtzeitig vor den anstehenden Gefahren gewarnt, aber wir müssen auch zugeben, daß das Zeugnis aller Christen nicht deutlich genug gewesen ist. Zu lange haben wir uns gegenüber den Auswirkungen und Forderungen des Evangeliums nach Gerechtigkeit, Frieden und Bewahrung der Schöpfung blind gezeigt. Gemeinsam mit anderen brauchen wir einen neuen Anfang.

Wie dieser neue Anfang konkret aussehen kann, beschreibt der Großteil des Dokuments sehr konkret und spricht dabei auch Selbstverpflichtungen der Kirchen aus. Davor stehen ein Sündenbekenntnis und ein Umkehrvorhaben. Zum Abschluß drückt die Versammlung das Vertrauen in den Heiligen Geist aus:

> 99. Wir haben diese Versammlung zu Pfingsten begonnen, zum Zeitpunkt der Herabkunft des Heiligen Geistes. Am Anfang des Schlußdokuments sagten wir: Wir haben uns hier in Basel versammelt, um gemeinsam zu verstehen, was der Heilige Geist den Kirchen zu sagen hat.

Am Ende des Dokuments möchten wir bekräftigen, daß der Ökumenische Prozeß für Gerechtigkeit, Frieden und die Bewahrung der Schöpfung vor allem das Werk des Heiligen Geistes ist. Unter seiner Führung können wir diesen Prozeß fortsetzen und uns freudig und mit Mut darin engagieren. Wir glauben, daß der Heilige Geist die tiefste Quelle des Lebens, der Gerechtigkeit, des Friedens und der Bewahrung der Schöpfung ist.

3. Mechanismen der Veränderung

Das Vertrauen auf den Heiligen Geist beinhaltet die Bereitschaft, sich begeistern zu lassen und seine Begabungen einzusetzen. Der Horizont dazu ist das Reich Gottes, der christliche Weg das gemeinsame kirchliche Handeln in den vier Grunddimensionen, die Vorgangsweisen sind ganz verschieden je nach den Verständnisweisen der Beteiligten. Dennoch können gute Lösungen ausbleiben, wenn man nicht berücksichtigt, wie Veränderungen konkret zustande kommen. Diesen Mechanismen ist der Abschluß dieses Abschnitts gewidmet.

Betroffenheit

Strukturen sind eingespielte und von vielen mitgetragene gesellschaftliche Gewohnheiten. Deshalb kann man sie nicht von heute auf morgen ändern. Sie sind ziemlich stabil, selbst wenn sie in die Krise geraten. Denn jede Veränderung erzeugt Unsicherheit. Solang die herrschenden Verhältnisse einigermaßen erträglich sind oder man sie umgehen oder irgendwie ausgleichen kann, erscheinen sie besser als das Neue. Wenn sich also etwas ändern soll, muß das verbreitete Bewußtsein wachsen, daß es so nicht weitergehen kann, weil die Risiken des Althergebrachten schnell unbewältigbar werden könnten. Wer dieses Bewußtsein hat und es verbreiten möchte, stößt damit auf Abwehr. Wer vom Gegenwärtigen profitiert, hat Angst vor Verlusten. Wer davon nicht betroffen ist, hat auch keine Motivation für etwas anderes. Und wer bereits unter den Verhältnissen leidet, kann auch nicht sicher sein, ob es dann nicht noch schlimmer wäre. Der Bote wird also für die Nachricht geschlagen, zum Miesmacher, Verunsicherer oder Aufwiegler erklärt. Er tut also gut daran, sich bei Gleichgesinnten Rückendekkung zu holen.

Das Bewußtsein für die Lage wächst mit der Information. Wer also etwas ändern möchte oder sich für Entwicklungen verantwortlich weiß, muß sich möglichst umfassend informieren. Es geht darum, die Situation möglichst komplex zu verstehen und realistische Auswege zu entwickeln. In der Regel werden diese Auswege von weitblickenden Spezialisten bereits zu einer Zeit vorgedacht, wo die Allgemeinheit das Problem noch gar nicht sieht, das zur Krise werden könnte. Man kann sich also immer bereits über kompetent durchdachte Modelle informieren. Wer daher als Nichtfachmann auf einem Gebiet selbst erfundene Lösungen präsentiert, steht im Verdacht, Ideologien statt Informationen zu verbreiten.

Zur Information muß die Motivation kommen, auch etwas ändern zu wollen. Sie kommt aus der Betroffenheit: Man weiß um das Problem und erfährt es „hautnah". Die Betroffenheit ist am unmittelbarsten, wenn man zu den Leidtragenden der Verhältnisse gehört. Wer sich auf die Gerechtigkeit des Reiches Gottes verpflichtet weiß, wird das Leiden der anderen soweit zu seinem eigenen Leiden machen, daß die Betroffenheit zur Mitstreiterschaft gegen mißliche Verhältnisse führt. Am leichtesten weckt man Betroffenheit für ein Problem, wenn man umfassend darüber informieren, die dramatischen Seiten an konkreten Beispielen gefühlsmäßig nachvollziehbar machen und konkrete erste Schritte zur Änderung vorschlagen kann, bei denen die Angesprochenen mitgehen können. Letztlich wird aber eine mißliche Lage immer abstoßend wirken. Eine positive Vision der Veränderung, solide auf dem sicheren Boden einer guten Analyse vorgebracht, kann auch starre Fronten in Bewegung bringen. Die Begeisterung für eine positive Vision wirkt ansteckend und ist die Wurzel einer guten Veränderung für alle Seiten.

Kompetenz

Begeisterung allein, selbst auf dem Boden guter Information, reicht noch nicht weit. Um etwas zu verändern, braucht man Kompetenz. Sie hat zwei Seiten: Sachkompetenz und Zuständigkeitskompetenz. Die Sachkompetenz besteht aus dem nötigen Fachwissen, den entsprechenden Fertigkeiten und den richtigen Beziehungen. Wer z.B. eine Bibelrunde gründen möchte, braucht neben der Begeisterung für dieses Projekt auch die Fähigkeit, angemessen mit der Bibel umzugehen. Entweder er versteht selbst etwas davon, oder er kennt wenigstens Methoden der gemeinsamen Bibellektüre, oder er hat sich mit jemandem abgesprochen, der sich auskennt und mitmachen wird. An Fertigkeiten braucht er für die Leitung einer Gruppe ein gewisses Organisationstalent, die nötige Ausdauer, gewisse Führungsqualitäten. Zudem braucht er eine gute Beziehung zu etlichen Leuten, die gern mit ihm in einer Bibelrunde beisammensein möchten, muß in der Pfarrgemeinde insgesamt mindestens keine konkrete Ablehnung hervorrufen und schließlich den Pfarrer für sich gewinnen können.

Ohne den Pfarrer wird es in den Räumen der Pfarre nicht gehen. Er muß den Auftrag geben bzw. seine Zustimmung aussprechen für die Gruppen, die bei ihm bestehen. Mit seiner Bestätigung wird der zukünftige Leiter offiziell für die Bibelrunde, die er gründen möchte, zuständig. Er ist also öffentlich ermächtigt und für das Projekt verantwortlich. Wofür man nicht zuständig ist, das kann man nicht verändern. Wenn Eltern noch so sehr betroffen sind, wenn ihre Kinder von der Kirche nichts wissen wollen: Sie können ihnen eine positive Vision vom Glauben vermitteln, aber für die Entscheidungen ihrer Kinder, vor allem wenn sie erwachsen werden, sind die Eltern nicht zuständig. Andererseits ist für globale Krisen jeder zuständig, nicht bloß irgendwelche hohen Politiker. Denn jeder ist davon betroffen, jeder ist daran mitschuldig und jeder kann sein Teil dazu beitragen, daß es anders wird. Sich für unzuständig zu erklären, ist ein Versuch, sich vor der Verantwortung davonzustehlen.

Handlungsspielraum

Betroffenheit und Kompetenz erreichen wenig, wenn es an konkreten Umsetzungsmöglichkeiten fehlt. Zeit und Geld müssen zur Verfügung stehen. Alle zur Lösung des Problems kompetenten Personen müssen über ausreichend Zeit verfügen, die sie der Sache widmen können. Man kann z.B. keinen Pfarrball veranstalten, wenn sich keiner findet, der Zeit zum Organisieren hat. Der Zeitfaktor ist in gegenwärtigen Veränderungsprozessen deshalb zentral, weil in der modernen Welt niemand jemals Zeit hat. Alle Zeit ist bereits verplant, für jede freie Stunde hat man etwas vor. So selbstverständlich uns das für die hohe Leistungsfähigkeit ist, so lebensfeindlich ist es letztlich. Deshalb ist ein kleines Kind für die junge Mutter auch ein so einschneidender Einbruch in ihr Leben: Sie muß plötzlich immer Zeit haben. Es kann sich also nur etwas ändern, wenn die Betroffenheit so groß ist, daß man andere Pläne beiseite läßt, um Zeitspielräume zu schaffen.

Zur Zeit müssen noch die Mittel kommen, um tatsächlich Handlungsspielräume zu haben. Wenn es am Notwendigsten mangelt, kann man keine Veränderungen herbeiführen. Not macht entgegen dem Sprichwort nicht erfinderisch, sondern agressiv oder depressiv. Flüchtlinge aufnehmen z.B. heißt, neben viel Zeit auch beträchtliche Mittel investieren zu müssen, um den Pfarrsaal als Wohnung zu adaptieren, für die notwendigsten Dinge des täglichen Lebens zu sorgen, den Verwaltungsaufwand mit der staatlichen Bürokratie nicht zu vergessen. Weil Zeit und Geld eine so zentrale Rolle spielen, sind sie ein guter Schlupfwinkel für Lippenbekenntnisse: Man möchte selbstverständlich alles tun; aber man hat leider keine Zeit, oder: im Budget ist das in nächster Zeit leider nicht unterzubringen. Da Zeit und Geld einerseits immer knapp sind, andererseits auch großzügig verschleudert werden, entscheiden sich die meisten Veränderungen an der Bereitschaft der Zuständigen, neue Prioritäten zu setzen. Die Fähigkeit dazu – bei einzelnen, Gemeinschaften, Kirchen, in Politik, Wirtschaft und Wissenschaft – ist die zentrale Tugend der Zukunft.

Operationalisierung
Schließlich müssen selbst die besten Prioritäten erst einmal umgesetzt werden. Und der Teufel steckt bekanntlich im Detail. Nur wer sehr gut plant, kann Lösungen auch wirklich herbeiführen. Zur Planung gehört zuerst, daß man sich das erstrebte Ziel genauestens vergegenwärtigt und es auch festschreibt. Wer das Ergebnis nicht kennt, wird es nie erreichen. An dieser Stelle scheitern viele gut gemeinte Projekte, weil sich erst im Zuge der Realisierung herausstellt, daß jede Beteiligte sich etwas anderes vorgestellt hat. Unterwegs kann man sich aber kaum noch einigen, einige springen ab oder machen nur halbherzig weiter. Oft wird die Präzisierung des Ziels verabsäumt, weil man Konflikte befürchtet. Man hofft, sich irgendwie drüberretten zu können, wenn man nicht zu genau Farbe bekennt. Der Konflikt kommt spätestens dann, wenn das erzielte Ergebnis keinen der Beteiligten befriedigt.

Schließlich geht es an die Detailplanung des Weges. Zuerst müssen die einzelnen Schritte festgelegt werden. Je kleiner und genauer beschreibbar die Einzelschritte sind, desto leichter lassen sie sich realisieren. Das geschieht anhand der sieben W:

- *Wer* wird
- *mit wem*
- *was* genau
- *wie* genau tun?
- Bis *wann* ist der Schritt erledigt?
- *Vor wem* wird das Ergebnis präsentiert?
- *Womit* wird die erbrachte Leistung bestätigt?

Die letzten drei W werden gern übersehen. Viele Sitzungen könnte man sich ersparen, wenn feststünde, bis wann das Vorhaben tatsächlich realisiert ist; sonst steht es nur jedes Mal wieder im Protokoll. Häufig geht schnell die Motivation verloren, weil Teilergebnisse nicht präsentiert werden. Keiner weiß, was schon geschehen ist, und manches verschwindet sang- und klanglos in irgendwelchen Schubladen. Oder man macht eine Arbeit doppelt, weil man auf die Ergebnisse der anderen nicht aufbauen kann. Schließlich ist die Bestätigung wichtig: ein Feedback, ein Dank, eine Anerkennung, ein Abschlußfest, ein Spesenentgelt, eine öffentliche Erwähnung – all das gibt das befriedigende Gefühl, nicht umsonst gearbeitet zu haben. Wer immer unbedankt investiert, will bald nicht mehr.

- Die Kirche hat den Auftrag, die Zukunft unter dem Blickwinkel des Reiches Gottes prophetisch anzusagen und verantwortlich mitzutragen.
- Sechs ineinander verwobene zentrale Problemkreise sind zukunftsträchtig zu gestalten: Gerechtigkeit und Frieden, Ökologie und Lebensstil, Arbeit und Geld, Zusammenleben und Rollendefinition, Jugend und Erziehung, Werte und Sinn. Die christlichen Kirchen haben bei der ökumenischen Versammlung in Basel 1989 dazu ein Schuldbekenntnis und eine Selbstverpflichtung abgegeben und konkrete Vorgangsweisen vorgelegt. Sie wissen sich im Heiligen Geist getragen und bestärkt, wirksam für Frieden, Gerechtigkeit und die Bewahrung der Schöpfung einzutreten.
- Konkret muß man dabei berücksichtigen, wie Veränderungen zustande kommen. Es braucht:
- Betroffenheit: Information und eine positive Vision
- Kompetenz: Fachwissen, Fertigkeiten, Beziehungen und Zuständigkeit
- Handlungsspielraum: freie Zeit, ausreichende Mittel und Prioritäten
- Operationalisierung: Zielvorgabe, Einzelschritte, Detailplanung und Umsetzung nach den sieben W.

KAPITEL 6:

Erlöste Lebendigkeit – Über Gewissensbildung, Glauben, Gotteserfahrung und Gebet

Bittet, dann wird euch gegeben;
sucht, dann werdet ihr finden;
klopft an, dann wird euch geöffnet.
(Mt 7,7)

Dieses Buch hat sich mit der Frage beschäftigt, wie Christen heute bei uns das kirchliche Leben gestalten. Das 1. Kapitel war den modernen Lebensbedingungen gewidmet, die gleichzeitig Chance und Zerreißprobe für Kirche, Gesellschaft, die kleinen Lebenswelten und den einzelnen sind. Im 2. Kapitel wollten wir zeigen, wie wichtig unter diesen Voraussetzungen christliche Gemeinden sind und wie sich die Kirche dabei ihren theologischen Grundvollzügen gemäß entwickelt. Das 3. Kapitel befaßte sich mit der Weltverantwortung der Kirche, die in der Sorge füreinander durch Caritas, Politik und Gebet gleichwertig getragen ist. Das 4. Kapitel zeigte die Wege der Seelsorge, Mystagogie und Verkündigung als verschiedene Orte der Gottesbegegnung auf. Im 5. Kapitel wurde die Zukunftsgestaltung als prophetische Herausforderung an das heutige kirchliche Leben sichtbar.

Der durchgehende roten Faden war die Frage, wie die Kirche das Reich Gottes mitten unter uns sichtbar macht und fördert. Das abschließende 6. Kapitel beschäftigt sich mit einer entsprechenden persönlichen Lebensgestaltung. Gewissen, Glauben und Gebet bekommen unter modernen Bedingungen neue Ausdrucks- und Gestaltungsweisen hinzu. Gutes Leben ist sehr konkret und so wird im folgenden auch darüber gesprochen. „Erlöste Lebendigkeit" ist ein Weg, der schrittweise zu einer ignatianischen Spiritualität führt, wo „Gott alles in allem" ist.

1. Die Entwicklung des Gewissens

1. 1. Eine gewissenlose Zeit?

Leicht kann man den Eindruck gewinnen, das Gewissen spiele heutzutage keine wesentliche Rolle mehr. Nur noch wenige Menschen orientieren sich in allen Lebensbereichen an den moralischen Regeln der Kirche. In der Öffentlichkeit scheint Unmoral zum guten Ton zu gehören. Wer die Steuergesetzgebung gegen alle Regeln der Gerechtigkeit zu seinen Gunsten auslegt, gilt nicht als unmoralisch, sondern als tüchtig. Die Ausbeutung der natürlichen Ressourcen und die Verelendung der Dritten Welt erscheinen nicht als moralisches Problem, sondern als wirtschaftliche Sachgesetzlichkeit. Diese öffentliche Gewissenlosigkeit scheint sich im pastoralen Bereich der Kirche zu spiegeln. Seelsorger beklagen den zunehmenden Verfall der Beichtpraxis. Das Sündenbewußtsein nimmt ab, die Gewissenlosigkeit zu – könnte man folgern. Appelle fruchten jedoch sehr wenig. Die Kirche kann die Autorität in Fragen der Lebensführung und der Gesellschaftsgestaltung immer weniger aufbringen. Wo sie Moral einfordert, steht sie auf verlorenem Posten.

Andererseits spricht auch viel gegen die These von der zunehmenden Gewissenlosigkeit der Zeit. In der Partnerschaft bemühen sich viele um ein vertiefstes Verständnis für die Eigenart des anderen. Den Kindern will man alle Möglichkeiten der Entfaltung eröffnen. Ökologisches Verhalten wird zumindest in der öffentlichen Rede zu einer Gewissensfrage. Gewalt als Mittel zur Austragung von Interessenskonflikten ist geächtet, ebenso weitgehend der Krieg. Internationale Friedensmissionen, großangelegte humanitäre Hilfsaktionen und Weltkonferenzen zu Zukunfts- und Entwicklungsfragen werden zur moralischen Pflicht. Statt der individuellen ist die strukturelle Sünde vermehrt im Blick. Die klare Rede der Kirche dazu wird weitgehend vermißt.

Von der Pflicht zur Verantwortung

Es trifft die Sache also besser, von einer Veränderung statt von einem Verlust des Gewissens zu sprechen. Bedingt ist sie durch den endgültigen Durchbruch der Moderne. In vormodernen Zeiten waren die Spielregeln öffentlicher und privater Moral einheitlich und von Staat und Kirche gemeinsam festgelegt und eingefordert. Jeder wußte, was ihm zukam und wozu er verpflichtet war, „was man tut“ und „was man nicht tut“. Wer also sündigte, der wußte das; und wer es laufend tat, der mußte mit nachhaltiger göttlicher

Strafe rechnen. Diese konnte er jedoch durch die Beichte weitgehend abwenden. Reue, Buße und Umkehr waren zwar gefordert; aber in der Praxis reichten die guten Vorsätze meist nicht weit, man blieb zeitlebens Sünder und beichtete immer wieder dasselbe.

Der Durchbruch der Moderne ändert diese Situation gewaltig. Alles ist laufend in Veränderung begriffen, was gut ist, hängt von den Umständen ab, gegen die Sachzwänge ist der gute Wille häufig machtlos. Die Lage entzieht sich in der Regel der allgemeinen Beurteilung, man kann nur individuell entscheiden. Es läßt sich kaum noch festmachen, ob eine Entwicklung gut ist. Mit viel Sachverstand kann man eher feststellen, wem sie kurz- und mittelfristig nützt und ob langfristig nach gegenwärtigem Stand des Wissens schädliche Nebenwirkungen auftreten werden. An die Stelle des vormodernen Gehorsams als moralische Haltung gegenüber der gottgewollten Ordnung tritt unter modernen Voraussetzungen die Kompetenz als sachgerechte Entscheidungsinstanz für einen möglichst gedeihlichen Wandel. An die Stelle des vormodernen Pflichtbewußtseins als moralische Kategorie tritt die Verantwortungsbereitschaft als individuelle Gewissenhaftigkeit in Sachfragen und als entgegenkommende Wertschätzung im persönlichen Dialog.

Daraus folgt, daß sich auch die Gewissensbildung ganz anders zeigt. Unter vormodernen Verhältnissen lernte man von Kindesbeinen an die allgemein gültigen moralischen Spielregeln kennen und befolgen. Den Erwachsenen gegenüber mußten sie gegen die Tendenz zur Laxheit immer wieder mit Verweis auf das göttliche Strafgericht eingeschärft werden. Unter modernen Bedingungen können noch so differenzierte allgemeine Regeln nicht ausreichen, um in allen Situationen sachgerechte Entscheidungen zu treffen. Gewissensbildung muß also die Eigenverantwortlichkeit Erwachsener fördern und ihnen Kriterien für gute individuelle Entscheidungen an die Hand geben. Eine Autorität von Amts wegen wird dabei immer weniger anerkannt. Was zählt, sind im Dialog gewachsenes Vertrauen in die persönliche Redlichkeit, intellektuelle Einsicht aus differenzierten Argumenten und gegenseitige Unterstützung gegen eigene Bequemlichkeit und institutionalisierte Sachzwänge.

1. 2. Erst die Erlösung, dann die Moral

Wer Kriterien zur Gewissensbildung vorlegt, muß zuerst an die theologischen Zusammenhänge erinnern. Aus der Sicht der Bibel steht nie am Anfang die Moral, sodaß sich der Mensch durch sein Verhalten den Himmel verdienen müßte oder könnte. Am Anfang steht die Erlösung, das Geschenk göttlicher Nähe. Zuerst hat Jahwe – so lesen wir – sein Volk aus Ägypten heraus und ins Gelobte Land geführt. Damit der Segen ihnen dort erhalten bleibt, ergehen an Israel die Zehn Gebote als Wegweisungen für ein Leben in Frieden und Freude. In der Verkündigung Jesu Christi steht das Reich Gottes im Mittelpunkt: Die Zeit ist da, wo Gott unwiderruflich die Spielregeln der Welt bestimmt. Es liegt an uns, sie uns anzueignen. Damit tragen wir bei zur Heilsgeschichte Gottes unter den Menschen und finden gleichzeitig unser persönliches Glück. Aufgabe der Kirche ist, es als Anwalt für das Reich Gottes unter uns in Erinnerung zu halten und dafür zu sorgen, daß es verläßlich erfahrbar ist.

Wege zum guten Leben

Gewissensbildung heißt also im Zusammenhang der Reich-Gottes-Botschaft: erfahren, was gutes Leben ist. Diese Aussage ist zurecht doppeldeutig. Erstens sind wir dazu berufen, ein gutes – also ein erfülltes und glückliches – Leben zu führen. Den Maßstab für Glück und Erfüllung setzt jede Zeit etwas anders. Aber da wir an einen Gott glauben, der ganz real Mensch geworden ist und durch reale Menschen in seinem Geist weiter wirksam ist, ist dieser Maßstab immer ein durch und durch menschlicher. Was also Menschen guten Gewissens als grundlegende Behinderung ihrer Lebenschancen ansehen, kann nicht leicht als gottgewollter Weg der Erfüllung dargestellt werden.

Aus dieser Berufung zum Glück folgt erst zweitens die Herausforderung, ein gutes – also moralisches – Leben zu führen. Unter modernen Umständen mißt sich die Moral an Kompetenz und Verantwortungsbereitschaft. Aus der Vorleistung des geschenkten Lebensglücks folgt also die Verantwortung, die eigenen Möglichkeiten und Fähigkeiten – also die Charismen, die „Geistesgaben" – so einzusetzen, daß sie ein Beitrag zum Reich Gottes mitten unter uns sind. Ob er/sie es tut, ist jedoch nicht Geschmackssache, sondern so in unsere Verantwortung gelegt, daß sich daran der Himmel zwischen uns und im Jenseits der Zeiten entscheidet. Unter modernen Voraussetzungen heißt das, bewußt Prioritäten zu setzen; auch gegen den Strom der Zeit.

> Das Gewissen verändert sich von der Bezogenheit auf kirchliche und soziale Normen hin zur Frage nach dem Guten in Lebens-

stil, Beziehung, Wirtschaft, Politik, Kultur und Religion im Weltmaßstab. Dem entspricht ein Perspektivenwechsel von der moralischen Pflicht zur persönlichen Verantwortung. Bedingt ist das durch den laufenden Wandel moderner Verhältnisse, wo die Entscheidung für das Gute nicht mehr nach festen Regeln, sondern nur unter Abwägung verschiedenster Hinsichten erfolgen kann.
Gewissensbildung fördert deshalb kompetente Eigenverantwortung im Kontext des Reiches Gottes. Dem entspricht, daß Gottes Erlösung wirksam ist, wir das Gute also nicht schaffen, sondern es bloß zum Tragen kommen lassen müssen. Wir sind zu einem guten, also erfüllten Leben berufen und deshalb verantwortlich, unsere Möglichkeiten und Fähigkeiten andern zum Wohl werden zu lassen. Unser eigenes Wohl entscheidet sich daran.

2. Erlöste Lebendigkeit – ein konkreter Lebensstil

Wer sein Leben am Reich Gottes ausrichten möchte, kann dies von unterschiedlichen Seiten her tun. Unter vormodernen Bedingungen war dies vor allem der Weg der Moral: sich konsequent an den gottgewollten Regeln der Kirche ausrichten. Unter modernen Bedingungen sind einheitliche Regeln nicht mehr zu haben. Es gilt, sich am theologischen Grundmuster der geschenkten Freiheit und der erlösten Lebendigkeit zu orientieren. Es umfaßt alle Lebensbereiche und ordnet sie so, daß damit Gerechtigkeit, Frieden und Freude in weltweitem Maßstab gefördert sind. Ansatzpunkt dazu ist die bewußte Lebensgestaltung des einzelnen, der in der Gemeinschaft Gleichgesinnter Anregung, Stärkung, Trost und geschwisterliche Kritik findet. *Ein* konkreter Lebensstil, der dem angemessen ist, wird im folgenden beispielhaft in einigen Grundlinien dargestellt.

2. 1. Leibliches Wohlbefinden: natürlich gut leben

Gewachsene Nahrungsmittel
Ein erster Bereich, um sich das Geschenk des Lebens zu vergegenwärtigen, ist eine natürliche Ernährungsweise. Wir haben uns daran gewöhnt, uns weitgehend mit Suchtgiften und Gaumenkitzlern zu versorgen. Bei den Getränken z.B. dominieren unter Erwachsenen Kaffee, Tee und alkoholische Getränke als laufende Aufputsch- und Beruhigungsmittel. Auf dem Sektor der Alkoholfreien

sind Essenzen aus Farb- und Geschmacksstoffen, mit viel Zucker und Genußsäuren angereichert, vorherrschend. Selbst die Fruchtsäfte sind aus Industriekonzentraten hergestellt und das Mineralwasser mit Kohlensäure künstlich angereichert. Kaum jemand trinkt mehr normales Wasser, nicht zuletzt, weil es häufig nicht in guter Qualität zur Verfügung steht. Wer lebendiges Wasser trinken möchte, wird auch politisch für die Erhaltung dieses Naturprodukts kämpfen.

Auch bei den Nahrungsmitteln dominieren industriell bearbeitete und künstlich geschönte Produkte. Selbst ein vorgeblich natürliches Produkt wie z.B. Fruchtjoghurt ist gezuckert, gefärbt, mit Geschmacksstoffen und Genußsäuren versetzt und mit appetitlich aussehenden Pseudofrüchten angereichert. Sie sind ein aus geliertem Fruchtmark hergestelltes Kunstprodukt – echte Früchte sind bei den langen Haltbarkeitszeiten nicht ansehnlich genug. Das ganze ist also ein Kunstprodukt, das dem Auge und dem Gaumen Natürlichkeit vorgaukelt.

Der Körper aber läßt sich auf Dauer nicht betrügen und vermißt die natürliche Ausgewogenheit aller Bestandtteile, dazu Duft- und Aromastoffe, die für die Bekömmlichkeit von zentraler Bedeutung sind. Außerdem hat das Produkt durch die Einkaufspolitik der großen Supermarktketten u.U. tausende Straßenkilometer LKW-Transport hinter sich. Und woher mögen der Plastikbecher und der Aludeckel kommen? Was wird mit diesen langlebigen Produkten nach dem einmaligen Gebrauch geschehen?

Transportwege und Welthunger

Wissen Sie, wie eine frische Kokosnuß oder eine reife Banane schmeckt? Wir haben uns daran gewöhnt, exotisches Obst dem heimischen vorzuziehen, obwohl es bei uns nie den vollen Geschmack entfalten kann, weil es unreif verfrachtet wird oder bei uns schon halbvertrocknet ankommt. Wen wundert es andererseits, wenn z.B. heimische Äpfel doppelt und heimische Kirschen fünfmal soviel kosten wie Bananen aus Südamerika. Das ist nur deshalb möglich, weil die Transportkosten zu Lasten der Umwelt niedrig gehalten werden und man die Hersteller gnadenlos ausbeutet. Die reiche Welt gewährt Kredite, damit die armen Länder damit bei den reichen jenes Saat- und Pflanzgut kaufen können, um auf ihren fruchtbaren Böden die von uns gewünschten Produkte zu kultivieren.

Der Erlös zum von uns diktierten Preis reicht gerade, um die wachsende Zinsenlast zu bedienen. Die Schulden wachsen ins

Astronomische, die Bevölkerung verfällt dem Elend, die Böden werden ausgelaugt und verkommen. Wirre politische Verhältnisse machen die Abhängigkeiten unentrinnbar. Unter solchen Verhältnissen wachsen Tabak, Kaffee, Tee, Baumwolle, Bananen und Soja als Mastfutter für unsere Schweine und Rinder. Solange der Konsument kauft, was billig ist und verlockend aussieht, wächst das Elend von 80% der Weltbevölkerung. Konsumverzicht wird zum Anstoß für ein Umdenken in der Weltwirtschaft. Nur der einseitige Ausbeutungsverzicht der reichen Welt fördert Gerechtigkeit.

Gentechnische Produkte

Ein anderer Problemkreis erschließt sich mit den gentechnisch veränderten Produkten. Hybridgetreide ist sehr ertragreich und gemeinsam mit den dazupassenden Dünge- und Spritzmitteln schädlingsresistent, Turbokühe bringen mehr Milch, Anti-Matsch-Tomaten sehen auch nach langer Lagerung frisch aus. Von Nährstoffqualität und Schmackhaftigkeit her sind die Produkte oft zweifelhaft. Vor allem aber kann nur der hochspezialisierte Agrargroßbetrieb damit ertragreich arbeiten. Die Landwirtschaft gerät in totale Abhängigkeit von den Großkonzernen, die ein Patent auf das Saatgut haben, welches unfruchtbar ist und daher immer neu zugekauft werden muß.

Die Böden werden so lange aufgeputscht, bis sie verkommen, das Grundwasser ist durch Chemikalien verseucht, eine Schädlingsmutation kann riesige Ernten vernichten. Die bis zum letzten Rand genützte Landschaft verkommt zur Industriesteppe, wozu die künstliche Bewässerung noch weiter beiträgt, der Erholungswert der Natur geht verloren. Der Bauer wird zum Industriearbeiter, der in monotoner Arbeit mit riesigen Maschinen in Hitze und Staub dem Boden die Ernte abzwingt. Das Nutzvieh vegetiert unter artfremden Haltungsbedingungen als lebende Produktionseinheiten. Riesige Überproduktionen müssen mit Subventionen verkauft oder als unverkäuflich vernichtet werden.

Ökologischer Landbau, naturnahe Ernährung

Der ökologische Landbau erkennt dieses System als Wahnsinn. Er setzt auf den geduldigen Aufbau der Böden, die durch kleinteilige und abwechslungsreiche Bepflanzung ertragreich bleiben. Die Pflanzen schützen sich gegenseitig gegen Schädlinge, sind kräftig und daher schmackhaft und gesund. Das Grundwasser bleibt verschont, künstliche Bewässerung ist nicht nötig, leichte Maschinen beeinträchtigen den Boden weniger. Büsche und Bauminseln, Feldraine und Bäche lassen den Betrachter aufatmen, bieten Lebensraum für allerhand Kleintier, für Insekten und Vögel. Auch dem Nutzvieh wird ein artgerechter Lebensraum zuerkannt. Eine solche Wirtschaftsweise erfordert viel Fachwissen und einfühlsames Mitleben mit der Natur, mehr Handarbeit, eine gemeinsame Vermarktungsstrategie und Wirtschaftsflächen außerhalb der unmittelbaren Nähe großer Straßen – die immer weniger zu finden sind.

Produkte aus biologischem Landbau sind im direkten Preisvergleich teurer. Es ist damit gewährleistet, daß dem Bauern ein vergleichbarer Lebensstil möglich ist wie den Konsumenten seiner Produkte in den Städten. Wer seine Konsumgewohnheiten neu gewichtet, wird mit weniger Finanzaufwand dennoch besser essen und leben. Dazu gehört auch, auf frische Produkte außerhalb ihrer Saison weitgehend zu verzichten. Man wird dafür mit reiferen, schmackhaften Produkten und mit Abwechslung belohnt. Man kann sich z.B. auf die Traubenzeit jedes Jahr neu freuen, statt diese Früchte bereits nach Ostern als Importgut zu konsumieren. Wer sich naturnäher ernährt, spart Spritzmittel, Dünger und Transportkosten und gewöhnt seinen Gaumen daran, wieder empfindsam für den natürlichen Geschmack der Speisen zu werden.

Längst ist auch bekannt, daß wir zu süß, zu fett, zu konzentriert, zu vitalstoffarm und zu viel essen. Zucker ist ein reines Genußmittel ohne jeden physiologischen Wert. Zusammen mit dem hohen Fleischkonsum macht er unkonzentriert und agressiv. Hormonrückstände mindern die Fruchtbarkeit des Mannes, Antibiotikarückstände die Wirksamkeit dieser Breitbandmedikamente; hyperresistente Bakterienstämme sind tödlich. Der geringe Anteil an Faserstoffen in der Nahrung fördert hastiges Essen und Verdauungsbeschwerden; der Körper vergiftet sich selbst. Das vergleichsweise grobe Wintergemüse und die kräftigen Freilandkulturen verdienen mehr Beachtung. Jedes natürliche Produkt ist eine lebendige und wohlausgewogene Einheit. Wer sie künstlich aufsprengt, um feinere, haltbare und reizreiche Industrieprodukte daraus zu machen, kann auch mit nachträglichem Zusatz einiger Vitamine diese bekömmliche Ausgewogenheit des Naturproduktes nicht zurückzwingen.

Naturnah kochen ist mit etwas Übung nicht viel Arbeit, die vermeintliche Bequemlichkeit halbfertiger Industrienahrung wird durch den größeren Transportaufwand und die Entsorgung der Verpackung teilweise wieder aufgewogen. Das Geschmackserlebnis vielfältiger Gewürze und Küchenkräuter ist unvergleichlich. Außerdem ist Essen ein sinnliches Erlebnis, das Zeit braucht. Wer es mit Genuß zubereitet, ißt mit mehr Ruhe und ist früher satt. Menge und Häufigkeit der Nahrungsaufnahme regelt sich selbsttätig, wenn der Körper nicht dauernd künstlich zum Essen stimuliert wird – was die Industrienahrung zur Umsatzsteigerung gezielt unternimmt. Man findet wieder Gefallen daran, hungrig und satt zu werden. Die vielen Modediäten – die letztlich allesamt nicht schlanke sondern übergewichtete Personen zurücklassen, weil sie permanent die Körperfunktionen stören – sind dann zur Regulierung des Körpergewichts überflüssig, weil der Organismus selbständig das gesunde Maß findet.

Körperpflege und täglicher Bedarf

Ähnliches gilt auch für die Körperpflege. Der häufige Gebrauch von Seifen, Shampoos und Waschlotionen entzieht der Haut und dem Haar jene rückfettenden Substanzen, die sie zur Gesundheit und Schönheit brauchen. Sie können um teures Geld über allerhand Cremen, Balsame und Kurpackungen nur notdürftig ersetzt werden. Bei gesunder Lebensweise – Ernährung, Bewegung an frischer Luft – reichen Wasser und Seife zur Pflege weitgehend aus. Wer sich gleichzeitig auch noch von dem modernen Diktat verabschieden kann, man müsse Zeit seines Lebens jung, aktiv und schön sein, gewinnt dafür die Eigendynamik des Lebendigen. Aktive und bedächtige Zeiten wechseln ab, das Älterwerden ist ein Prozeß der Entwicklung und Reifung, dem man sich anvertrauen kann. Krankheit und Leid sind bei natürlicher Lebensweise seltener; als Hinweise zur Änderung der Lebensgewohnheiten sind sie Hilfe auf dem Weg menschlicher Entwicklung.

Auch im Umgang mit Kleidung und Bedarfsgegenständen entlastet ein alternativer Lebensstil. Wer sich die Zeit nimmt, kann statt der vielen schnell gekauften und schnell unansehnlichen Produkte gezielt auswählen. Meist ist das Einfache und Natürliche schön, zweckmäßig und dauerhaft. Man erspart sich selbst viel Konsumarbeit, der Umwelt die Müllflut und der Dritten Welt die Ausbeutung ihrer Rohstoffe zu schändlich niedrigen Preisen.

Zeit und Mobilität

Zeit spielt auch bei der Mobilität eine zentrale Rolle. Wer meint, er könne aus Zeitgründen nur das Auto benutzen, kann durch eine neue Rechenweise viel Zeit sparen. Wer, vor allem im städtischen Raum, auch die Parkplatzsuche und die Fußwegzeiten zu seinem endgültigen Zielort mitrechnet, wird über den tatsächlichen Zeitaufwand staunen. Wer andererseits den Aufenthalt in öffentlichen

Verkehrsmitteln sinnvoll ausnützt – zum Lesen, Nachdenken oder Beten z.B. –, der kann dabei nur Zeit gewinnen. Zudem ist gerade in Ballungsräumen der Autoverkehr eine gehörige Belastung: Er zerstört die Bewegungsräume von Fußgängern, nimmt Kindern den freien Erlebnisraum, macht über die Luftverschmutzung und Ozonbelastung krank und ist angesichts der Unfallhäufigkeit eine tödliche Waffe gegen Kinder, ältere Personen und Radfahrer.

Insgesamt wird niemand im Lebensstil ganz konsequent sein können. Außerdem sind auch Bioprodukte längst der Gefahr des Etikettenschwindels unterworfen. Wenigstens tendenziell ist jedoch eine Lebensqualität gesucht, die sich in die Kreisläufe der Natur harmonisch einfügt. Boden, Luft, Wasser und Sonnenenergie halten den Kreislauf des Lebens im Gleichgewicht. Die Überschüsse sind in tiefen Erdschichten als Reserve gelagert: Erze, Salze, Wasser und fossile Brennstoffe. Diese Reserven hat der Mensch seit der industriellen Revolution bedingungslos und grobschlächtig ausgebeutet. Der Schlüssel zur Lösung des Problems liegt in der intelligenten und daher sparsamen und umsichtigen Nutzung erneuerbarer Naturschätze. An der radikalen Einschränkung von Erdölprodukten – die als Brenn- und Treibstoffe, als chemische Grundlage für Plastikwaren (von der Verpackungsfolie bis zum Modestoff), Dünge-, Arznei-, Wasch- und Pflegemittel allgegenwärtig sind – führt kein Weg vorbei.

Beweglichkeit

Zum Geschenk des leiblichen Wohlbefindens gehört schließlich die Bewegung. Damit ist nicht der Aufruf zu exzessivem Sport gemeint, wohl aber die erholsame Bewegung an frischer Luft. Die grundlegendste und automatisierte Form der Bewegung ist die Atmung. Sie ist ein so zentraler Lebensstrom, daß im Hebräischen dasselbe Wort „Atmung", „Geist" und „Geist Gottes" bedeutet. Wer atmet, lebt; wer die Kunst des Atmens kultiviert, lebt intensiver. Die Schule des Atems kann gegen eine gewisse innere Leblosigkeit die „Lebensgeister" wecken, zugleich aktiv und ruhig, also innerlich ausgeglichen machen. Die Kraft des Atems führt weiter zu einer natürlich aufgerichteten Haltung, die die Gestimmtheit des ganzen Menschen beeinflußt. Nicht umsonst spricht man im übertragenen Sinn von einem „gebeugten" Menschen und von einem „mit einem aufrechten Gang".

Haltung und Atmung fördern eine Beweglichkeit, die der Trägheit des modernen Konsummenschen entgegenwirkt. Mancher kann darin erfahren, daß „Auferstehung" in dem Gefühl wurzelt, sich leicht erheben zu können. Verbunden ist das mit jener Geschmeidigkeit, die an die Stelle gewalttätiger Härte tritt. Nachgeben, „weichen" können, ist eine im modernen Erfolgszwang vernachlässigte Tugend. Eine Beweglichkeit, die den aufrechten Stand und das verständige Nachgeben ermöglicht, läßt tiefgreifende Entspannung erfahrbar werden. Viele zivilisatorische Leiden sind Folgen einer dauernden Verkrampftheit. Insofern sie oft aus der Angst kommt und wieder die Angst fördert, hängt sie eng mit der seelischen Gestimmtheit zusammen.

Ein gutes Leben orientiert sich an geschenkter Freiheit und erlöster Lebendigkeit und fördert Gerechtigkeit, Frieden und Freiheit im Weltmaßstab. Es nimmt Rücksicht auf die Armen der Erde, eine intakte Umwelt, die Lebenschancen kommender Generationen und dient darin der eigenen Lebensqualität.

- Konkret wird das einmal im leiblichen Wohlbefinden, das auf einer natürlichen Ernährung basiert. Sie konzentriert sich auf bodenständige ökologische Produkte und schonende Zubereitung und vermeidet Industrienahrung und Gentechnik.
- Im täglichen Bedarf setzt man auf einfache, vielseitige und dauerhafte Produkte, erneuerbare Energiequellen und nichtmotorisierten Verkehr.
- Atmung und Haltung fördern körperliche und geistige Beweglichkeit und Geschmeidigkeit.

2. 2. Seelische Wohlgestimmtheit: einander gut sein

Das Reich Gottes ist uns in der Erfahrung des Körpers geschenkt, meist aber noch viel mehr in der Erfahrung des Herzens. Wo Menschen sich einander zutiefst verbunden wissen, ereignet sich der Himmel zwischen ihnen. Solche Sternstunden der Beziehung sind aber kein Dauerzustand, sondern seltene Geschenke, die sich in den Zeiten dazwischen bewähren müssen. In der Partnerschaft wird man daher trachten, Macht als Beziehungsmuster zu vermeiden. Ob Macht durch Zank und Streit, durch Nörgeln und Heruntermachen oder durch Bevormundung und (auch subtile) Vergewaltigung ausgeübt wird, sie stört nachhaltig den Frieden, zu dem wir berufen sind. Er ist der Raum, den wir einander zur Entfaltung dessen schenken, was unser Eigenstes ist.

Vertrauen
Liebe ist nur zu einem Teil emotionale Bewegtheit. Dauerhaft wird sie nur aus der Haltung des „Es ist gut, daß es dich gibt". Diese

Liebe wächst mit dem Vertrauen, daß der andere meine Stärken nicht geringschätzen oder neidisch zunichte machen und meine Schwächen weder verlachen noch ausnützen wird. Ein gegenseitiges Vertrauen solcher Art stärkt wiederum die Liebe; beide wachsen aneinander.

Eine solche Beziehungskultur des Vertrauens hat nichts mit konfliktfreier Einigkeit zu tun. Sie wäre eher ein Zeichen dafür, daß einer der Partner mit seinen Eigeninteressen laufend unterlegen ist und sie um des Friedens willen nicht ins Spiel zu bringen wagt. Bricht einmal dieser Damm, dann reißen die Fluten der verdrängten Persönlichkeitsanteile leicht die Beziehungsgrundlagen mit fort. Der bisher dominante Teil fällt dann aus allen Wolken, weil er nicht verstehen kann, daß die bisher so glückliche Partnerschaft plötzlich zu Ende sein soll.

Vermieden wird eine solche Katastrophe durch eine gute Konfliktkultur: die eigenen Ansichten und Wünsche benennen, die unterschiedlichen Interessen in ihrem vollen Umfang zutiefst ernst nehmen, nach gerechten Interessensausgleichen suchen, die damit verbundenen Emotionen aufkommen lassen und in all dem den Dialog so führen, daß das gegenseitige Vertrauen eher gestärkt als untergraben wird. Wer mit seinen Vorstellungen aus Bequemlichkeit oder falsch verstandener Rücksichtnahme hinter dem Berg hält, traut dem anderen nicht genug Liebe zu, damit verständig umzugehen. Dieser Mißtrauensvorschuß zerstört eine Beziehung ebenso nachhaltig wie eine charmanter Rücksichtslosigkeit in der Durchsetzung der eigenen Vorstellungen.

Einander gut sein ist eine Haltung viel eher als eine begründete Reaktion auf irgendwelche Umstände. Wer vertraut, sucht in allen Ereignissen den Ausdruck eines gewissen guten Willens des anderen. Wer mißtrauisch ist, vermutet in allem Mißgunst und Hinterlist. Beide Haltungen haben eine so starke Macht, daß sie eine Eigendynamik entwickeln; Vertrauen kann Berge versetzen, Mißtrauen Leben zerstören.

Das ist der Hintergrund für die Wirkmacht von Segen und Flucht. Im Lateinischen heißt „segnen" „benedicere", also „etwas Gutes zusagen". Wer über Menschen Gutes sagt, ihnen Gutes zutraut und Gutes wünscht, stiftet Segen. Der Fluch ist das Gegenteil dazu: „maledicere", „das Schlechte nachsagen". Wer mißtrauisch Schlechtes vermutet, mißmutig das Schlechte sieht und unterstellt, alles unter negativem Blickwinkel betrachtet, wird den anderen zum Fluch. Dieser entwickelt eine Eigenmacht, die nur durch ein Übermaß an Vertrauen zu überwinden ist. Denn ein mißgünstiger Verdacht ist mit Argumenten nie mehr ganz aus der Welt zu schaffen; man weiß nie, ob nicht doch etwas Wahres dran war. Eine Verleumdung läßt sich nie mehr ungeschehen machen.

Versöhnung

Aus dieser Dynamik des Guten wie des Bösen wird verständlich, warum Versöhnung für das Reich Gottes so zentral ist. Sie ist die Bereitschaft, in aller Erfahrung des Bösen dem Vertrauen vorbehaltlos eine neue Chance zu geben. Reue ist der Anfang dazu, die Betroffenheit darüber, welche Spirale des Mißtrauens man in Gang gesetzt hat. Die Bitte um Verzeihung ist ein erster Schritt, um das gestörte Vertrauensverhältnis wieder aufzubauen, indem man dem andern zutraut, einem Verzeihung zu schenken. Nun gibt es Situationen, in denen das Mißtrauen zu einem unentrinnbaren Teufelskreis geworden ist. Nur ein Übermaß an überwältigender Liebe, die alles verzeiht, dem gewachsenen Mißtrauen mit noch mehr Vertrauen begegnet und jede Demütigung in Liebe und Geduld erträgt, kann ihn durchbrechen.

Im Extremfall sind das Anforderungen, die kein Mensch erfüllen kann. Deshalb ist der Glaube so befreiend, daß Jesus Christus uns von Sünde und Schuld erlöst und alle Teufelskreise von Mißtrauen und Mißgunst durchbrochen hat. Damit sind wir Menschen unwiderruflich versöhnt – miteinander, mit uns selbst und mit Gott. Die Kirche vollzieht das zeichenhaft und wirksam im Sakrament der Buße. Versöhnung ist also immer möglich und sie ist im Innersten heilsam; denn Vertrauen überwindet die Angst, die vom Leben abschnürt.

Kinder

Was für Beziehungen und Partnerschaft gilt, betrifft den Umgang mit Kindern und Jugendlichen noch intensiver. Das Neugeborene ist ganz auf die Fürsorge der Erwachsenen angewiesen und daher mit einem Urvertrauen ausgestattet. Wenn dieses Vertrauen nachhaltig gestört wird, zerbricht der junge Mensch am Leben. Jede Diskussion über Erziehungsstile und Bezugspersonen wird an dieser Frage relativ: Wer immer und nach welchen Vorstellungen immer für Kinder sorgt und sie erzieht, tut dies so gut, als sie/er deren Vertrauen fördern kann: in die verläßliche Führung und Geborgenheit, in die wachsenden eigenen Fähigkeiten, in die sich öffnenden gesellschaftlichen Lebensräume und in eine gute Zukunft.

Spielräume

Eine Gesellschaft wie die unsere, die den Kindern durch zuviel Freiheit die Geborgenheit und Orientierung verweigert, ihnen durch sozialen und schulischen Anpassungsdruck das Selbstvertrauen nimmt, ihnen durch dauernde Vorschriften die „Spielräume" vorenthält und durch grenzenlose Habgier die ökologischen Grundlagen ihrer Zukunft zerstört – eine solche Gesellschaft ist zutiefst kinderfeindlich. Wo zum Schutz der Jungen alles reglementiert sein muß, kann kein Leben wachsen.

Bürokratische Vorschriften sind in modernen Gesellschaften erst recht für Erwachsene allgegenwärtig. Grundsätzlich gibt es dazu keine Alternative, weil nur so der Freiheit des einzelnen sozialverträgliche Grenzen zu setzen sind. Denn was immer man tut, es sind viele andere Menschen davon betroffen, die man großteils nicht kennt. Man kann also mit ihnen keinen vertrauenden Interessensausgleich aushandeln.

Die Kehrseite davon ist, daß man sich daran gewöhnt, in den meisten Arbeits- und Alltagskontakten nicht den Menschen, sondern nur seine Funktion wahrzunehmen. Die Anonymität fördert individualistisches Verhalten, jeder ist sich selbst der Nächste; der Mensch ist nichts, nur die Leistung zählt. Niemand kann mit jedem Menschen befreundet sein, den er trifft. Aber eine Freundlichkeit, die hinter der Funktion den Menschen anspricht, schafft jene kleinen Freuden zwischendurch, die leben lassen.

Tradition

Der Mensch lebt aus der Verbundenheit mit nahen Menschen, nicht nur mit lebenden. Die moderne Kultur mit ihrem Leistungsethos und ihrer Zukunftsorientierung mißt den Toten und ihrem Erbe wenig Bedeutung bei. Ihre Errungenschaften scheinen überholt, ihre Werte unzeitgemäß, die Tradition am besten im Museum aufgehoben. Sie vergißt dabei, daß ein Baum nur mächtig nach oben streben kann, wenn er starke Wurzeln hat.

Die tendenzielle Traditionslosigkeit der modernen Welt führt zu Orientierungslosigkeit und egoistischem Individualismus einerseits, zu fundamentalistischen Ideologien und faschistoiden Nationalismen andererseits. Jeder ist auf der Suche nach wahren Werten, aber keine Institution – nicht Kunst, Politik, Wissenschaft oder Religion – hat die Autorität, sie allgemein anerkannt zu begründen. Ohne Werte aber verkommt der Mensch zur entscheidungsschwachen Marionette in der Hand der Moden und Meinungen. Es tut dem Menschen also gut, das Erbe – familiär, national und religiös – mit großer Wertschätzung zu bewahren. Bewahren aber heißt, es in zeitgemäß veränderter Form so zum Leben erwecken, daß es und wir mit ihm Zukunft haben.

Mitmenschsein im Weltmaßstab
Die Verbundenheit mit der Zukunft äußert sich in der Haltung zu Kindern, die Verbundenheit mit der Vergangenheit im Umgang mit dem überlieferten Erbe. Die Verbundheit mit der Gegenwart ist das Mitmensch-Sein im Weltmaßstab. Die reichsten Staaten der Erde haben Angst bekommen vor den ausgebeuteten armen und errichten immer höhere Mauern gegen sie. Schutzzölle, Grenzkontrollen und fremdenfeindliche politische Ideologien können aber nichts daran ändern, daß die Welt zum Dorf geworden ist. Wenn wir nicht miteinander leben können, werden wir aneinander sterben.

Unser Wohlstand basiert auf der Möglichkeit zu reisen, Informationen und Waren weltweit auszutauschen, mit fremden Welten in kulturellen Kontakt zu kommen und all das frei und unüberwacht zu tun. Große weltweite Ungerechtigkeiten in der Verteilung von Geld und Lebenschancen fördern Terrorismus, starke Flucht- und Auswanderungsbewegungen und mörderische Großprofite mit Drogen-, Waffen- und Menschenhandel. Wer dagegen statt auf Gerechtigkeit auf Polizeimaßnahmen setzt, wird Haß, Gewalt und Tod ernten. Der Frieden des Reiches Gottes ist unter uns, wenn wir mit Fremden, Armen und Ausgegrenzten Gerechtigkeit statt Gewalt üben.

Lebenszeit
Die verschiedenen Verbundenheiten des Menschen laufen in der Verbundenheit mit sich selbst zusammen. Die zentralste Grenze, die dem Menschen gesetzt ist, ist die Zeit. Wir sind ihr bedingungslos unterworfen in zweierlei Hinsicht: Wir können sie einerseits nicht anhalten und haben andererseits keinen Einfluß darauf, wann sie ihre Vollendung findet. Mit beidem kann der moderne Mensch schwer leben: Er begibt sich in vielerlei Formen von Arbeits-, Beziehungs- und Freizeitstreß, um den Fluß der Zeit nicht mehr zu spüren. Er betäubt sich mit Plänen und Erfolgen, um dem Tod nicht zu begegnen.

Beides ist eine Verarmung an Leben, das uns in Fülle verheißen ist. Das Griechische kennt zwei verschiedene Zeitbegriffe: „chrónos", die Zeit, die verrinnt; und „kairós", die Zeit, die erfüllt. Der moderne planende Erfolgsmensch unterwirft sich bedingungslos dem Diktat des chrónos, möchte im Wettlauf gegen die Uhr immer noch schneller und effizienter sein – Zeit ist Geld. Vor dem Verweilen, vor der Stille, vor den dichten Begegnungen, wo die Zeit still steht, hat er Angst. Er meint Krankheit, Schmerz, Geburt und Tod nicht ertragen zu können, weil sie ihm die Kontrolle über die Zeit nehmen. Dagegen hilft die Erfahrung, daß jedem Menschen in völliger Gerechtigkeit täglich 24 Stunden Zeit zum Leben geschenkt sind und wir zum Frieden und nicht zum Streß berufen sind – Zeit ist Leben.

Die Zeit mit Leben zu erfüllen, scheint angesichts der heutigen Arbeitswelt leicht wie Hohn. Früher wußte man um die biblische Erfahrung, daß der Mensch „im Schweiße seines Angesichts sein Brot verdienen muß". Heute kommen die meisten bei der Arbeit nicht mehr zum Schwitzen, jedoch zum Zittern. Die Anforderungen an Konzentration, Ausdauer und Selbstverleugnung werden immer höher. Immer weniger Menschen erfahren, daß ihre Arbeit sinnvoll ist; sie sind ein kleines Rädchen innerhalb eines montrösen Gefüges mit zweifelhaftem Nutzen, das seine Existenzberechtigung nur so lange hat, als es reibungslos funktioniert.

Arbeit

Von den gewerkschaftlich erkämpften 40 Stunden Wochenarbeitszeit können die meisten außerhalb der geschützten Bereiche staatlicher Bürokratie nur noch träumen. Die Lebensarbeitszeit konzentriert sich auf immer weniger Jahre, in denen eine maximale Arbeitsleistung erwartet wird. Kein Wunder, daß immer mehr jugendliche Aussteiger und ewige Studenten den Schritt in diese Phase kaum noch wagen. Andererseits fallen immer mehr schon um das 50. Lebensjahr – Frauen schon früher – aus diesem Prozeß wieder heraus. Arbeitslosigkeit wird zur Sinnkrise.

Auf Zukunft hin führt kein Weg daran vorbei, die Arbeit über die Lebenszeit und die arbeitsfähigen Menschen einerseits besser zu verteilen, sie andererseits wieder nach dem Maß des Menschlichen statt der Maschine zu organisieren. Wem es gelingt, seine Arbeit als treuen Dienst an der Gemeinschaft zu erfüllen, andererseits aber die sinnleeren und unmenschlichen Selbstverständlichkeiten darin aufzubrechen, leistet dazu einen Beitrag.

Eine menschliche Arbeitswelt scheint in vieler Hinsicht deshalb illusorisch, weil der Profit zur obersten Maxime unseres Wirtschaftens geworden ist. Damit ist ein zentraler gesellschaftlicher Handlungsbereich aus dem Lot geraten. Selbstverständlich muß Arbeit immer einen Ertrag bringen, also zu einem sinnvollen Ergebnis führen. Nur wer ertragreich wirtschaftet, wirtschaftet gut.

Der Kapitalismus als Wirtschafts- und Gesellschaftsform macht aber den Profit, also den höchstmöglichen Ertrag ohne jegliche Rücksicht, zum Maß aller Dinge. Nicht der schöpferische Mehrwert durch Arbeit und Geschick, sondern die bedingungslose Ausbeutung mit allen Mitteln herrschen vor: Raubrittertum statt Handwerk.

Die Gesetzgebung kann dem kaum Schranken setzen, weil die wirtschaftlich Mächtigen über entscheidenden politischen Einfluß verfügen. Dadurch ist z.B. ein seit Jahrzehnten als richtig erkanntes sozial-ökologisches Steuersystem gegen den Widerstand der Öl-, Automobil- und Schwerindustrielobbys politisch nicht durchsetzbar.

Nachhaltiges Wirtschaften und Politik

Dem Reich Gottes entspricht dagegen eher das, was gegenwärtig mit „nachhaltigem Wirtschaften" bezeichnet wird. Das wirtschaftliche Handeln ist demnach so zu gestalten, daß wir den nächsten Generationen fruchtbare Böden, reiche landschaftliche Erlebnisräume, lebenswerte Städte, ökologische und kulturelle Vielfalt, friedliche Umgangsformen, gerechte Lebenschancen für alle in einer weltweit friedlichen Zusammenarbeit als Erbe hinterlassen.

Dazu muß sich auch die Politik neu ausrichten. Der modernen Welt entspricht die Demokratie deshalb am besten, weil nur in ihr ausreichend kompetente Entscheidungen getroffen werden können. Die moderne Welt macht die laufende Veränderung zum Prinzip, nichts bleibt, wie es war. Damit sollen schrittweise alle Probleme gelöst und den Menschen ein friedliches Leben ermöglicht werden. Viel ist in dieser Richtung erreicht, die Naturgewalten bedrohen uns kaum noch.

Die neuen Bedrohungen sind von Menschenhand gemacht und bedürfen einer guten gesetzlichen Steuerung. Politik ist also der institutionalisierte Dialog einer Gesellschaft über die Entwicklung, die sie angesichts immer neuer technischer Möglichkeiten und sozialer Notwendigkeiten beschreiten soll. Dieser Dialog braucht unter modernen Voraussetzungen viele unterschiedliche Stimmen, weil viele verschiedene Seiten einer Entwicklung kompetent und konsequent mitbedacht werden müssen.

Faktisch wird statt solcher moderner Sachpolitik jedoch vornehmlich Interessenspolitik betrieben. Jede Partei ringt um möglichst viel Macht, um dann möglichst intensiv die speziellen Interessen einer bestimmten Gruppe zu vertreten. Langfristige politische Entwicklungsfragen unterliegen dabei leicht den aktuellen Interessen starker Lobbys. So wird gegenwärtig z.B. mit massiver Förderung der EU das hochrangige Straßennetz ausgebaut, obwohl damit auf Jahrzehnte eine lebensfeindliche Wirtschafts- und Verkehrsentwicklung prolongiert wird. Sachargumente gegen den Straßentransit haben gegen die kurzfristigen Wirtschaftsinteressen mächtiger Branchen keine Chance.

Bürgerbeteiligung

Der Wähler wird über politische Sachentscheidungen ohnedies kaum informiert und erlebt die Politik vornehmlich als Spiel um die Macht. Rechte Demagogen beziehen daraus reichlich Argumente, um die demokratische Ordnung insgesamt in Frage zu stellen. Andererseits gewinnt die Politik dort hohes Ansehen, wo sie z.B. im Zuge der Grünbewegung und der Bürgerbewegungen gegen Ausländerfeindlichkeit für Gerechtigkeit, Frieden und die Bewahrung der Schöpfung eintritt.

Bürgerbeteiligung wird damit zu einer neuen Plattform der Politik. In der griechischen Urform der Demokratie war Politik gemeinsam mit Kunst das eigentliche Betätigungsfeld der freien Bürger. Die Arbeit um das Alltägliche war Sache der Sklaven. Viel von der alten Sklavenarbeit haben uns moderne Maschinen abgenommen. Wir können es uns also leisten, uns von der Nasenspitzenperspektive der alleinigen Sorge um das persönliche Wohlergehen im engsten Familien- und Freundeskreis zu verabschieden. Es gehört zur Würde des freien Bürgers, einen Blick für das Gemeinwohl zu haben.

Das Christliche sah sich immer dem freien Menschen verpflichtet und hat das Gemeinwohl stets als Schlüsselbegriff kirchlicher Soziallehre verstanden. Gerechtigkeit, Frieden und Freude des Reiches Gottes lassen sich nicht privatisieren; sie sind für alle da, ausnahmslos und ohne Vorbehalt. Wer das gute Leben für sich selbst sucht, wird es nur im Einsatz für das gute Leben für alle finden. Es beginnt damit, sich über politische Sachfragen und Zusammenhänge zu informieren, die eigene Mitverantwortung ernst zu nehmen und entsprechende Initiativen zu unterstützen. In den eigenen Verantwortungsbereichen wird man Gerechtigkeit in einem weiten Blickfeld und sachliche Lösungen mit einer langfristigen Perspektive anstreben.

● Seelische Wohlgestimmtheit macht das Reich Gottes in der Erfahrung des Herzens konkret; als Weg, einander gut zu sein.

- Sie wurzelt im Vertrauen als dem Segen des Miteinander. Es schließt eine Konfliktkultur ein, die dem andern unwiderruflich mit Achtung begegnet.
- Aus der tödlichen Spirale des Mißtrauens führt nur eine Versöhnung heraus, die Gottesgeschenk ist.
- Kinder wachsen am Vertrauen, das ihnen auch Spielräume eröffnet. In ihnen konkretisiert sich die Verbundenheit mit der Zukunft.
- Die Verbundenheit mit der Vergangenheit ist die Wertschätzung der Tradition; mit der Gegenwart die Gerechtigkeit im Weltmaßstab.
- Die Verbundenheit des Menschen mit sich selbst zeigt sich in seinem Umgang mit der Zeit als Geld oder Leben.
- Die menschliche Gestaltung der Arbeit, eine nachhaltige Wirtschaftsweise und politische Beteiligung entsprechen dem christlichen Wert des Gemeinwohls.

2. 3. Geistiges Wohlergehen: Wesentliches gut pflegen

Ziel der Gewissensbildung ist die Erfahrung, was gutes Leben ist – so sagten wir zu Beginn. Wir haben das an den Bereichen des Leiblichen und des Seelischen in Ansätzen durchgespielt. Als drittes ist der geistige Bereich als das unterscheidende Wesen des Menschen anzusehen. Schönheitssinn und Tiefsinn werden als jenes Gut gepflegt, das dem Menschen so „wesen-tlich", also seinem Wesen zutiefst entsprechend ist, daß er an ihnen erst zum Menschen wird. Das betrifft zuerst die Orientierung an der Persönlichkeit des Menschen.

Schönheitssinn

Eine bürokratische Gesellschaft hat wie eine hierarchische immer die Tendenz, den einzelnen als Persönlichkeit nicht ernst zu nehmen. Von Gott her jedoch ist jeder Mensch einmalig in seinen Veranlagungen, seinen Begabungen und seiner Entwicklung. Wir Christen glauben daran, daß diese Einmaligkeit des Menschen ihn zum Ebenbild Gottes macht: Jede/r einzelne ist geliebt und bei seinem Namen gerufen, erwählt zur Freude des Reiches Gottes auf ihre/seine ganz besondere, eigene Weise. Es ist natürlich oft einfacher, alle über einen Leisten zu scheren, ein Verhalten nach Regel und Norm zu verlangen und die Blindheit für Charakter und Wesen eines Menschen zum System zu machen. Doch wir sind nicht zu einem bequemen, sondern zu einem erfüllten Leben berufen. Es ist daher gut und der Übung wert, sich selbst und den anderen beharrlich die schönsten Seiten abzugewinnen – das Leben wird dabei reich.

Ein solcher Blick für das Schöne am Menschen erfordert einen Lebensstil, der dem Schönen insgesamt Zeit und Raum gibt. Die moderne Welt fördert die sinnleere Verzweckung und die inhaltslose Hast. Am deutlichsten merkt man es daran, daß wir das Feiern verlernen. Historische gesellschaftliche Anlässe gehen mit peinlichen Diskussionen über ihre Gestaltung einher, an der letztlich nur wenige teilnehmen. Große Musik- und Sportveranstaltungen erfordern gewaltige Polizeieinsätze, um Ausschreitungen in Grenzen zu halten. Bürgerliche Großereignisse wie Premieren und Festspiele sind mehr Statussymbol als Fest. Wochenend- und Betriebsfeiern enden häufig im Rausch.

Fest

Auch die meisten Pfarrgemeinden klagen, daß sie nicht recht wissen, wie sie den Sonntag als Feier gestalten können. Feiern braucht Zeit und Raum, damit das Schöne des Lebens zwischen den Feiernden aufblühen kann. Insofern hat es immer etwas Jubelndes und Hymnisches an sich. Und es erfordert die heitere Gelassenheit, den Jubel zu zelebrieren, ihn also gestaltet auszuleben. Wer lebendig feiern will, übt daher im Alltäglichen den Blick für das Schöne, das uns laufend geschenkt ist.

Ein gelassener Lebensstil, der dem Schönen Raum gibt und aneinander das Schöne entdeckt, hat es unter lebensfeindlichen gesellschaftlichen Umständen schwer. Ein Bewußtsein dafür scheint insgesamt zu wachsen, man ächtet weltweit den Krieg, man eröffnet würdige Räume zum Sterben außerhalb der Maschinerie der Spitäler, man legt mehr Wert auf die schöne Gestaltung von Arbeitsplätzen, entdeckt die Schönheit der Wildnis als einer vom Menschen nicht reglementierten Landschaft und Tierwelt und sorgt wenigstens für eine künstlerische Behübschung industrieller Zweckbauten.

Natur

Dennoch ist das allermeiste noch zu tun und das in allen Bereichen: Die Stadt- und Landschaftsplanung prägt dann das Bild eines bunten Gartens, wo man gern verweilt, statt eines sterilen Gitters, das man flieht. Kinder wachsen menschlich und geistig an dem, was sie mit Neugierde und Eifer lernen, statt wie Roboter lexikalische Bruchstücke einzusaugen und unverdaut wieder auszuspukken. Erwachsene arbeiten, um nach besten Kräften die Welt menschenwürdig und menschenfreundlich zu gestalten, statt irgendwelche Dinge zu erledigen, bis sie selbst erledigt sind. Dem Wesen des Menschen entspricht eine Gesellschaftsform, die das lebendig Wachsende und Gewachsene zu schätzen weiß. Wer es mit liebendem Blick betrachtet wie ein kleines Kind oder ein Jungtier, der wird seine Schönheit entdecken und darin seines eigenen Wesens gewahr sein.

Gegen allzuviel Freude am Natürlichen erhebt sich der berechtigte Einwand, daß die Natur auch grausam ist. Wir können die Schönheit der Wildnis nur entdecken, wenn wir ihre Bedrohungen im Griff haben. Kleine Kinder sind nur in sonnigen Augenblicken die reine Freude; im Normalfall sind ihre Ansprüche unerbittlich. Nur die wenigsten Kinder sind dazu motivierbar, aus reiner Entdeckerfreude konsequent zu lernen, nur die wenigsten Erwachsenen willig, sich ohne ordnende Kontrolle arbeitend anzustrengen. Die Schönheit der Natur eröffnet sich dem Menschen dauerhaft nur unter der ordnenden Macht der Kultur, die auch Kontrollinstanzen schafft. Ein Baum trägt nur reiche Frucht, wenn er geschnitten wird, der lernende und arbeitende Mensch erwirbt Disziplin durch soziale Kontrolle, Siedlungsformen müssen konsequent geplant sein, damit daraus lebenswerte Städte werden.

Christen glauben, daß Gott nicht das Chaos, sondern den Kosmos, also eine geordnete Welt geschaffen hat; in dieser Ordnung ist sie schön, gut und dem Menschen entsprechend. Der Mensch nimmt Anteil an der Schöpfermacht Gottes, indem er lebensfreundliche Ordnungen schafft – Kultur eben. Sie ist so gut, als ihr die Gratwanderung zwischen der Lebensfeindlichkeit des Chaos einerseits, der Lebensfeindlichkeit der Reglementierung andererseits gelingt; eine zeitlebens bleibende Aufgabe für jeden Menschen und die Gesellschaft als ganze.

Kunst

Eine besondere Aufgabe in der Kultur hat die Kunst. Als Gebrauchskunst ist sie zweckfreier Ausdruck der Lebensfreude. Insofern wird sie zum Indikator für die Lebensfreundlichkeit einer Gesellschaft: Wenn Kunst als Lebensfreude nur noch industriell hergestellt wird – als Werbespot oder Unterhaltungsfernsehen z.B. –, der spontane Ausdruck aber verschwindet – z.B. das spontane Singen, Malen oder Spielen -, oder nur noch Ekel und Protest ausdrückt – z.B. Sprühaktionen oder jugendliche Haar- und Kleidermoden –, dann ist die Gesellschaft lebensfeindlich geworden.

Die hohe Kunst verdichtet diese Erfahrungen und stellt sie der Gesellschaft als Spiegel entgegen: die Düsterheit, Sinnleere, Brutalität, Perspektivenlosigkeit und Banalität der Zeit. Oder sie eröffnet die ästhetische Flucht in klassischen Kunstgenuß und postmoderne Ästhetizismen. Wer die Künstler dafür kritisiert, wendet sich an die falsche Adresse. Eine lebensfrohe Kultur hat auch eine entsprechende Kunst. Ein lebensfeindliches System kann zwar zur Ablenkung Helden besingen und Paradiese malen lassen; aber solche Gefälligkeitskunst war zu allen Zeiten wertlos. Der Mensch ist zum Schönen berufen, das als künstlerische Frucht einer gerechten und lebensfreundlichen kulturellen Ordnung ganz von selber wächst.

Kritik

Kunst ist also eine wichtige gesellschaftskritische Instanz. An ihr wird deutlich, wie es um eine Kultur steht. Moderne Demokratien sind auf jede Art konstruktiver Kritik angewiesen, um sich gedeihlich zu entwickeln. Davon zu unterscheiden ist jene destruktive Kritik, die sich über herrschende Zustände entrüstet, ohne plausible Alternativen nennen zu können. Es ist das die Meinungsmache auf Stammtischniveau, wo alles und jedes in den Schmutz gezogen werden darf, um die eigene Mitverantwortung zu verschleiern oder vergessen zu machen. Wer sich damit identifiziert, stellt die jeweils anderen als unfähig oder korrupt hin und meint, damit von jeder eigenen Initiative dispensiert zu sein. Alleine schuld an den Zuständen sind „die da oben".

Die andere Variante ist die systematische Verhetzung von Menschen. Sie diffamiert das Bestehende mit Halbwahrheiten und propagiert scheinbare Alternativen, die keiner Überprüfung Stand halten. Solche Propaganda sät Mißtrauen, um die eigene Macht auszubauen. Destruktive Kritik als Entrüstung und Verhetzung zerstört das Vertrauen in gesellschaftliche Institutionen und Mechanismen, verstellt den Blick auf die eigene Mitverantwortung und leistet Ideologen und Diktatoren Vorschub.

Wahrheit

Die christliche Perspektive dagegen heißt, daß die Wahrheit frei macht, die Gott selber ist. Nur in ihr ist Leben. Da wir Menschen jedoch immer nur Stückwerk erkennen können, haben wir keinen unmittelbaren Zugang zur Wahrheit als ganzer. Wir können immer nur geduldig und gemeinschaftlich die verschiedenen Seiten einer Sache zusammentragen und dialogisch an einer möglichst passenden und daher differenzierten Einschätzung arbeiten.

Den Mut zur Wahrheit, auch wenn sie meist nicht uneingeschränkt angenehm ist, können wir aufbringen, weil uns von Gott her Versöhnung in aller Schuld geschenkt ist. Aus ihr wächst die Kraft zur Umkehr, also zu neuen Wegen, die nicht auf heuchlerische Täuschung gebaut sind. Auch sorgfältiges Denken, gewissenhaftes gemeinsames Abwägen und engagiertes sachgerechts Handeln wird uns nicht das Paradies in Vollendung einbringen. Der Mensch wird immer von der Sehnsucht nach dem Himmel angetrieben, ohne ihn hier und jetzt schaffen zu können. Eine Anzahlung darauf ist der Weg der Wahrheit, weil er aufleben läßt.

Stille

Der Weg der Wahrheit ist der Schlüssel zum Tiefsinn als wesentliches Gut des Menschen. Er kann ihn nur finden, wenn er Ohren hat, um zu hören. Deshalb führt in allen Kulturen der Weg zur Wahrheit in die Einsamkeit, die Meditation, die Stille. Die Weisen sind nie die lauten und alles beherrschenden, sondern die stillen und hörenden Menschen. Vielleicht ist unsere Kultur deshalb so arm an Weisheit, weil sie keine Stille kennt. Jeder will den andern übertönen, nur was laut und auffällig ist, findet Beachtung.

Stille dagegen macht Angst, sie ist peinlich, sie muß schnell gefüllt werden – mit Räuspern, Kichern, Kommerzmusik, Texten und Reden. Von allzuviel Lärm wird man taub; physiologisch, sodaß alles immer lauter werden muß, damit man noch etwas versteht; geistig, sodaß man betäubt ist von all den scheinbaren Wichtigkeiten und keine Ohren mehr hat für die immer leiser werdende Stimme des Wesentlichen. Eine Kultur, die keine Stille kennt, verliert den Geist. Ein Mensch, der nicht schweigen kann, hat nichts zu sagen.

Achtsamkeit

Eine Frucht der Stille ist die Achtsamkeit. Sie ist jene Haltung, die einen Blick hat für die kleinen Zeichen, Gesten und Wunder. Die Industrialisierung des Lebens zerstört diese Achtsamkeit, weil Industrieprodukte sie nicht verdienen. Wenn jedes Stück eines Produktes gleich ist, nur am Zweck und nicht an der Schönheit orientiert, mehr zum Verkauf als zum dauerhaften Gebrauch bestimmt, schnell unansehnlich oder unmodern, unbrauchbar und nicht zu reparieren... Wenn man dauernd mit solchen Wegwerfprodukten zu tun hat, wenn man sich daran gewöhnt, große Mengen Verpackungsmüll zu kaufen, wenn es nicht lohnt, etwas Fallengelassenes aufzuheben oder etwas Verlorenes zu suchen... Wenn man dauernd mit in sich Wertlosem zu tun hat, mit Produkten ohne Persönlichkeit und Sinnüberschuß, dann gewöhnt man sich an einen achtlosen Umgang mit der Welt.

Wenn man dauernd von Informationen überflutet wird, die man nicht braucht und nicht sinnvoll auswerten kann... Wenn man dauernd mit optischen und akkustischen Reizen zugeschüttet wird, die man emotional weder verarbeiten kann, noch will... Wenn sich einem dauernd Unmengen an Eindrücken aufdrängen, dann gewöhnt man sich daran, sie nicht zur Kenntnis zu nehmen, wegzuschauen und wegzuhören. Die moderne Welt erzeugt achtlose Menschen.

Geheimnis

Das Ergebnis dieser Achtlosigkeit ist Oberflächlichkeit. Man hat mit allem zu tun, schenkt aber nichts Beachtung. Man behandelt Menschen wie Waren; es sind ohnedies zu viele, um ihnen persönlich zu begegnen. Man verliert den Sinn für das Schöne, Gute und Wahre, weil man es nicht erkennt. Man ist im Umgang mit allem und jedem bewandert, aber man kann keinen Sinn mehr erkennen. Eine achtlose Kultur verschüttet den Zugang zum Geheimnis des Lebens. Ein achtloser Mensch geht an der Sinnlosigkeit zugrunde. Übungen zur Achtsamkeit finden sich in den Meditationswegen aller Kulturen. Wer sie betritt, geht den Weg zur Fülle des Lebens.

Eine Kultur, die das Geheimnis verloren hat, kennt auch keine Grenzen mehr. Schamlos bricht sie jedes Tabu, nichts ist ihr mehr heilig. Ein Mensch, der den Sinn verloren hat, kennt kein Erbarmen. Schamlos konsumiert er, was er bekommen kann, auf der rastlosen Suche nach dem Glück. Maßlosigkeit im Genuß und Maßlosigkeit im Erfolgswahn sind die Folgen. Die moderne Welt droht an ihrer Maßlosigkeit zu scheitern.

Demut

Tröstlich, daß diese Versuchung menschheitsalt ist. Schon in der Bibel steht zu lesen, daß der Mensch sein wollte wie Gott; und er verlor das Paradies. Unser Göttlichkeitswahn treibt uns auch heute an den Rand des Abgrunds. Doch immer noch ist uns die Chance geschenkt, uns auf das menschliche Maß zu besinnen: „Small is beautiful." Demut – also die Bereitschaft, die menschliche Begrenztheit zu akzeptieren, ohne dabei zynisch oder depressiv zu werden – ist auch eine moderne Tugend. An ihr zeigt sich die wahre Größe eines Menschen und einer Kultur.

Demut macht ehrfürchtig, denn sie beugt sich vor der Größe Gottes. Ein demütiger Mensch weiß, daß er nichts sich selbst verdankt, daß er alles, was er ist und kann, als Geschenk empfängt, bisher schon und immer wieder. Eine Kultur nach Menschenmaß verzichtet keineswegs auf rationale Problemlösung und technische Gestaltung, auf Kompetenz und Leistung. Aber sie belügt sich nicht über die Grenzen des Menschenmöglichen und bringt dem Fortschritt keine Opfer dar. Sie entwickelt den Mut, der Begrenztheit ihrer Möglichkeiten ins Auge zu sehen, tapfer Prioritäten zu setzen und auf das Unmögliche zu verzichten. Sie gibt nicht vor, Gott gleich zu sein und alles möglich zu machen. Eine Kultur nach Menschenmaß ist gottesfürchtig.

Gottvertrauen

Damit ist gerade nicht gesagt, man müsse menschliche Errungenschaften verhindern und vernünftiges Denken verbieten, damit die Menschen gottesfürchtig werden. Im Gegenteil: Je mehr der Mensch seine Größe ausloten kann, desto leichter kann er sich bereitfinden, die Grenzen zu achten, die sein Vermögen übersteigen. Nur wer künstlich klein gehalten wird, stellt maßlose Ansprüche. Insofern ist die Maßlosigkeit unserer Kultur ein Zeichen dafür, wie lebensfeindlich sie in der Substanz ist. All der Luxus kann die Sehnsucht des Menschen nach einem guten Leben nicht erfüllen. Das Glück wird finden, wer sich vom zynischen Machbarkeitswahn und vom egozentrischen Konsumismus befreit.

Der innerste Kern eines guten Lebens ist Gottvertrauen: seine Daseinsangst in jenem Geheimnis des Lebens bergen, das der lebendige Gott selber ist; sich von ihm mit erlöster Lebendigkeit beschenken lassen, die Gerechtigkeit, Frieden und Freude ist und bewirkt.

- Dem geistigen Wohlergehen des Menschen dient, sich am Wesentlichen zu orientieren: an dem, was dem Wesen des Menschen entspricht.
- Der Mensch blüht am Schönen auf. Feiern kann nur, wer einen Blick für die schönen Seiten der anderen entwickelt.
- Die Schönheit des Natürlichen eröffnet sich erst innerhalb einer menschengerechten Ordnung.
- Kunst ist alltäglicher Ausdruck der Lebensfreude und verdichtet ein Spiegel der Gesellschaft.
- Schönheit wird in der Kritik gereinigt, wenn sie nicht durch Entrüstung und Verhetzung destruktiv ist.
- Das Schöne wurzelt in der Wahrheit, die allein der Sehnsucht nach Vollendung in allen Bereichen dient.

- Der Weg der Wahrheit ist Stille, ihre Frucht die Achtsamkeit.
- Eine achtlose Kultur verliert das Geheimnis und wird scham-, erbarmungs- und maßlos.
- Demut akzeptiert die Begrenztheit des Menschen und beugt sich vor der Größe Gottes. Eine Kultur nach Menschenmaß steht im Gottvertrauen.

3. Umkehr zum lebendigen Gott

Gewissensbildung heißt, Erfahrungen mit einem guten Leben machen. Wir haben sie als das Gottesgeschenk erlöster Lebendigkeit beispielhaft in einigen Grundzügen beschrieben. Dabei ist auch deutlich geworden, daß unsere moderne Welt eine solche Lebensgestaltung in vieler Hinsicht behindert. Tröstlich mag jedoch sein, daß jede Zeit ihre eigenen Chancen und Behinderungen hat. Christsein war zu allen Zeiten eine Herausforderung, die mit Umkehr aus den eigenen Bequemlichkeiten und Lebenslügen verbunden war. Christen leben auch immer in prophetischer Kritik an den jeweils herrschenden gesellschaftlichen Umständen, in die sie sich gleichzeitig hineinverwoben und für die sie sich mitverantwortlich wissen.

3. 1. Umkehr

Gewissensbildung ist immer ein Weg der Umkehr. Unter vormodernen Bedingungen war dabei ziemlich eindeutig, wie man sich gewissenhaft zu verhalten hatte. Man mußte nur immer wieder das Rechte tun. Der gute Wille war dazu der zentrale Impuls. Er war so bedeutsam, daß man sogar oft sagen konnte: „Der Wille geht fürs Werk." Reue über das eigene Versagen und gute Vorsätze waren daher der Schlüssel zur Gewissensbildung. Unter modernen Voraussetzungen ist das nicht so einfach. Für die allermeisten Situationen gibt es keine eindeutig richtige Weise, wie man sich verhalten soll. Die Umstände ändern sich dauernd; es gibt ganz verschiedene, aber gleichzeitig gutwillige und sachlich berechtigte Lösungsvorschläge; schließlich wächst das Bewußtsein dafür, daß die Person sich vor allem authentisch entwickeln, also die ihr persönlich angemessenen Verhaltensweisen finden und einüben soll. Der gute Wille allein nützt wenig, es braucht eine echte Umkehr.

Bewußtseinswandel
Die moderne Form der Umkehr ist der Bewußtseinswandel. Er hat drei Seiten: Erstens bedeutet er die Vertiefung in das Geheimnis

des Reiches Gottes, das unter uns lebendig ist. Zweitens beinhaltet er einen kritischen Blick für gesellschaftliche Entwicklungen und eigene Lebensselbstverständlichkeiten nach dem Maßstab des Reiches Gottes. Drittens meint er die schrittweise und geduldige Einübung von Verhaltensweisen, die der erlösten Lebendigkeit angemessen sind.

Ein solcher Bewußtseinswandel ist kein einmaliges Ereignis, sondern die laufend neue Ausrichtung des eigenen Lebens nach den Spielregeln Gottes. Durch sie wird der Lebensweg zu einem Stück Heilsgeschichte, die Gott mit und im eigenen Leben schreibt. In der traditionellen Sprache der Kirche ausgedrückt: Der Mensch begibt sich durch Umkehr in die Nachfolge Christi und wird in ihr geheiligt. Inhaltliche Erschließung, tragende Stütze, kritische Begleitung und sakramentale Gnade findet der Mensch dazu in der Gemeinschaft der Kirche.

Der Tod Gottes

Jeder Bewußtseinswandel zielt darauf, sich von den gesellschaftlichen Götzen zu verabschieden. Christliche Umkehr ist also immer eine Umkehr zum lebendigen Gott. Gegen ein solches Verständnis wenden sich heute jedoch berechtigte Zweifel. Kann man denn als moderner Mensch überhaupt noch an Gott glauben? Ist Frömmigkeit nicht ein Relikt vergangener Zeiten? Ist Gott nicht längst tot? Ist Religion nicht als falsches Bewußtsein entlarvt? Spiegelt der Mensch nicht bloß seine unbefriedeten Sehnsüchte und seine geheimen Wunschbilder in eine Traumwelt, die er dann für Gott hält? Ist Gott noch zu retten?

Die traditionellen Gottesbilder sind uns weitgehend abhanden gekommen.

- An einen Gott im Jenseits der Wolken kann man in Zeiten der Weltraumfahrt und der Astrophysik nicht mehr glauben.
- Der Gott als alleroberste Ordnungsmacht ist in Verruf geraten: Wenn er den Irrsinn von Auschwitz zulassen konnte, dann ist er entweder nicht allmächtig oder nicht barmherzig. In beiden Fällen ist es für ihn besser, wenn es ihn nicht gibt.
- Der Gott als letzter Urgrund von allem rückt in immer weitere Ferne, je mehr der Mensch wissenschaftlich ergründen kann; Wissen löst den Glauben ab.
- Der Gott der Philosophen, das Sein des Seienden, das Wesen aller Dinge hat ausgedient in einer Zeit, wo keiner mehr nach dem Wesen fragt, weil nur die Funktion zählt. Der Sinn aber ist

subjektiv; und das Subjektive ist ein Produkt menschlicher Vorstellungen und nicht Gott.
- Der Gott schließlich der biblischen Bilder: der Retter, der Beschützer, der Liebende, die Mutter, der Ratgeber, der Bruder.

Sind das nicht alles Anthropomorphismen, also Bilder der menschlichen Vorstellungswelt, die Trost spenden, aber von der Realität ablenken? Wenn Gott aber irreal ist, dann hat das Reale mit Gott nichts zu tun. Gott ist nicht wirklich.

3. 2. Krise der Glaubensweitergabe

Das Gottesproblem der modernen Zeit bekommt die Kirche und bekommen die Christen deutlich zu spüren. Es gibt eine Krise in der Weitergabe des Glaubens. Das zeigt sich auf drei Ebenen:

- Weitergabe an die kommende Generation: Selbst engagiert gläubige Eltern scheitern daran, ihre Kinder in die Kirche verläßlich einzubinden. Die überwiegende Mehrheit läßt es ohnedies bei der Taufe bewenden und delegiert den Rest der Glaubenserziehung an die kirchlichen Experten. Aber auch die besten Bemühungen in Religionsunterricht und Katechese fruchten wenig. Die Kirchgänger wie der Klerus überaltern, der Nachwuchs ist gering.
- Weitergabe in den Kulturen: Der Missionsgedanke ist in der Krise. Daß die Kirche die alleinige Wahrheit besitzt, die allen um ihres Seelenheils willen auszurichten, ja gelegen oder ungelegen einzupflanzen ist, hat keine Überzeugungskraft mehr. In allen Religionen finden sich Spuren des wahren Glaubens und alle Menschen guten Willens haben Anteil an der Gnade Gottes, befindet das Konzil. In den alten, ehemals christliche Kulturen verdunstet der Glaube. Es braucht eine Neuevangelisierung; aber wie?
- Weitergabe innerhalb der Lebensgeschichte: Die Gläubigen selbst erfahren eine merkwürdige Zerrissenheit ihres Lebens. Sie sind in vielen verschiedenen Lebensrollen und Lebenswelten beheimatet. Der Glaube hat sich in die kirchlichen Rollen und Welten zurückgezogen. Zudem gibt es Umbrüche in der eigenen Lebensgeschichte, in denen der Glaube droht, gemeinsam mit anderen früheren Erfahrungen zurückgelassen zu werden.

Erfahrung und Planung
Die moderne Welt setzt auf Erfahrung und auf Planung. Es braucht Pläne zur Verbesserung der Katechese, zur Motivation für das Priesteramt, zur Erneuerung des Glaubens, zur Neuevangelisie-

rung der Kulturen, zum Dialog mit Fernstehenden, zur wissenschaftlichen Vermittlung des Glaubens, zur geistlichen Begleitung, zur Bildung von Moral und Gewissen, zur Aktualisierung kirchlicher Strukturen, zur christlichen Weltverantwortung und zur engagierten Linderung jeder Not; das ist die eine Seite.

Wer noch glaubt, sucht zurecht Erfahrung: mit der Liebe, der Nähe, der Weisheit, dem Trost, der Allmacht, der Barmherzigkeit, der Gerechtigkeit, der Heiligkeit, der Fremdheit, der Schöpfungskraft, der Gnade, der Vergebung, dem Schaudern, der Wegweisung, der Wahrheit, der Freiheit, der Geborgenheit, der Herrlichkeit Gottes. Ohne Erfahrung bleibt der Glaube hohl. „Es ist bezeichnend für unser Jahrhundert, daß der Glaube in den Seelen erwacht" sagte Romano Guardini; das ist die andere Seite.

Was uns modernen Menschen schwerfällt, ist der Glaube ohne Netz. Wir haben uns so sehr den Gedanken zu eigen gemacht, daß man sich um den Glauben mühen muß, daß wir die andere Seite leicht vergessen: Glauben ist reine Gnade, unverdientes Geschenk, das Ereignis aus dem Nirgendwo, das Licht in der Finsternis. Gott begegnet uns auch noch dort, wo alle Pläne versagen und alle Erfahrung ins Leere stößt.

3. 3. Glauben als gute Gewohnheit

Leben ist immer Glaubenssache. Die Moderne ist angetreten mit der Absicht, die menschliche Vernunft so zu entwickeln, wie wenn es Gott nicht gäbe. Es ist ihr gelungen, Gott gedanklich abzuschaffen. Sie hat damit aber nicht den Glauben abgeschafft, sondern nur bewiesen, daß sie ihre eigene Voraussetzung konsequent geglaubt hat. An Gott glauben oder nicht, ist Sache der Gewohnheit. Vernunftgründe reichen nicht aus; weder dafür noch dagegen.

Wie kommt man aber zur Gewohnheit des Gottglaubens? Die Tradition sagt zurecht, indem man sich an die Kirche hält. Früher war das bei uns einfacher, weil man als guter Bürger ganz selbstverständlich auch an die Kirche gebunden war; der Glaube war zugewiesen. Heute ist das nicht mehr so; es braucht die persönliche Entscheidung. Ob sie leicht oder schwer fällt, liegt an beiden Seiten: bei der, der entscheidet, ebenso wie beim Gesicht der Kirche, auf das sie trifft.

Persönliche Entscheidung

Eine Entscheidung braucht gute Gründe, gute Gelegenheiten und gute Erwartungen. Was dabei erstrangig ist, hängt von der Persönlichkeit ab. Der Mensch ist von den drei H geprägt: *Herz, Hirn* und *Hand.* Für einen spielt demnach das Emotionale die zentrale Rolle, für den nächsten das Rationale, für wieder eine andere das Praktische. Die jeweils anderen beiden Bereiche kommen in der Wichtigkeit hinterdrein.

Wie die drei H geprägt sind, ist ebenfalls verschieden. Wessen Lebensthema Angst und Sicherheit ist, mag im emotionalen Bereich nach Gericht, Strafe und Erwählung, im rationalen Bereich nach Dogma, Gesetz und absoluter Wahrheit, im praktischen Bereich nach Sitte, Ordnung und Gehorsam verlangen. Wessen Lebensthema Liebe und Geborgenheit ist, mag im emotionalen Bereich Gemeinschaft, Vertrauen und Güte, im rationalen Bereich Überzeugung, Verbindlichkeit und Wahrhaftigkeit, im praktischen Bereich Gerechtigkeit, Treue und Hingabe suchen. Wessen Lebensthema schließlich Denken und Hoffnung ist, mag im emotionalen Bereich Verständnis, Zuversicht und Engagement, im rationalen Bereich Einsicht, Verheißung und Weisheit, im praktischen Bereich Konsequenz, Klugheit und Phantasie erwarten.

Verschiedene Menschen haben verschiedene Erfahrungsmuster und Erlebniswelten. Für alle gibt es auch nach heutigen Maßstäben explizit christliche Ausprägungen. Die Kirche als Gemeinschaft der Glaubenden in Gott ist dabei, sie zu entwickeln. Sie steht sich aber auch selbst im Weg. Dem Profil der modernen Zeit entspricht, daß Entscheidungen nicht auf einmal und nicht ein für alle Mal gefällt werden. Es sind immer Etappen der Geschichte – jener Heilsgeschichte, die Gott im Leben des einzelnen als Beitrag zur Heilsgeschichte der Menschheit schreibt. Das ist die planvolle Seite modernen Glaubens.

3. 4. Widerfahrnis und Zeugnis

Ereignisse und Persönlichkeiten, Widerfahrnis und Zeugnis, sind die erfahrungsbezogene Seite. Der Glaube hängt heute viel mehr an glaubwürdigen Personen, benennbaren Glaubensfrüchten, im Glauben gedeutetem Geschehen und vernünftiger Glaubenseinsicht als früher. Das ist eine massive Herausforderung an alle, die im Auftrag, im Namen oder im Kontext der Kirche leben, lieben, leiden, reden, handeln und denken. Wer eine Kosten-Nutzen-Rechnung der Ergebnisse und Erfolge aufstellen will, geht leer aus. Dafür dürfen wir mit Gott verläßlich rechnen. Es nicht zu tun, ist der Bankrott des Glaubens und der Niedergang der Kirche.

Das gilt auch für den persönlichen Glaubensweg. Wer immer mit Gott rechnet, ist dabei, ihn zu finden. Alle Wege führen zu ihm, die verläßlichen mit der Kirche.

- Man mag ihn im Jenseits der Seele, im Geheimnis des Lebens, in den Tiefen des Nichts, in den Weiten des Geistes, in der Erschütterung des Ich, in der Sehnsucht des Herzens, in der Kraft der Phantasie, in der Großartigkeit und Erbärmlichkeit des Menschseins erahnen;
- oder ihm in der Treue der Liebe, der Zärtlichkeit der Umarmung, der Vertrautheit des Miteinander, der Ekstase der Vereinigung, der Unschuld des Kindlichen, dem Wunder des Gebärens, der Verbundenheit im Mitleid nachspüren;
- oder ihm im Kampf für Gerechtigkeit, in der Solidarität mit den Ärmsten, in der Veränderung lebensfeindlicher Verhältnisse, im Schrei der Unterdrückten, in der Hoffnungslosigkeit der Ausgegrenzten, im Elend der Fremden und Verfolgten, in der Erinnerung der Totgeschwiegenen, im Antlitz der Verachteten, im Martyrium der Bekenner, in der Nacht der Todes begegnen;
- oder ihn in der Festigkeit des Glaubens, der Würde der Sakramente, der Verläßlichkeit der Ordnungen, der Reinheit der Lehre, dem Opfermut im Dienen, der Verpflichtung der Gebote, der Hingabe im Leiden, der Wegweisung des Gesetzes, der Klarheit der Gebete, der Weihegewalt des Amtes, der Begnadigung der Sünder und der Wahrheit der Tradition bewahren.

● Gewissensbildung ist ein schrittweiser Weg der Umkehr, was modern einen Bewußtseinswandel bedeutet: Vertiefung in das Reich Gottes, kritisches Bewußtsein für gesellschaftliche und eigene Selbstverständlichkeiten, Einübung einer erlösten Lebendigkeit.

● Einer Umkehr zum lebendigen Gott steht die moderne Erfahrung vom Tod Gottes häufig entgegen; die traditionellen Gottesbilder sind in der Krise.

● Dem entspricht eine dreifache Krise der Weitergabe des Glaubens: an die kommende Generation, in den Kulturen und innerhalb der Lebensgeschichte.

● Begegnen läßt sich diese Krise durch Planung guter pastoraler Vorgänge, durch Eröffnung von Gotteserfahrungen und durch das Vertrauen, daß Glauben letztlich immer ein unverdientes Gottesgeschenk bleibt.

● Leben entspringt immer irgendeinem Glauben; daß es der christliche ist, ist Sache einer guten Gewohnheit. Für sie braucht es unter modernen Bedingungen immer wieder die persönliche Entscheidung. Welche Kriterien dafür im Vordergrund stehen, liegt am Persönlichkeitstyp und am Erfahrungsmuster. Wer mit Gott rechnet, ist dabei, ihn zu finden.

3. 5. Leben als Gebet

Gott erwählt alles Lebendige, indem er es immer neu ins Dasein ruft. Sein Spiel mit seinen Erwählten heißt nicht Verstecken, sondern Offenbarung. Sein Name ist: „Ich bin mit euch". Glauben heißt, ihn beim Wort nehmen. Ihn erfahren heißt Lobpreis. Ihm nachfolgen heißt Kirche sein. Ihm antworten heißt Gebet.

Charismen

Die menschlich umfassendste Art zu beten, ist die Nachfolge in den Charismen. Ein Charisma ist jede Fähigkeit und Begabung, sofern sie unter den Augen Gottes entwickelt und im Sinne und damit zum Aufbau der Kirche eingesetzt wird. Es ist daher jene Gabe des Hl. Geistes, in der der einzelne sein Menschsein entfaltet und Gott mit ihm seine Heilsgeschichte weiterschreibt.

Mit den Charismen sind zwei häufige Mißverständnisse verbunden: Zum ersten meint man oft, nur bestimmte Glaubensvirtuosen seien mit einem Charisma ausgestattet, nicht jeder normale Christ. Dagegen steht in der Bibel zu lesen, daß der Mensch grundsätzlich nach Gottes Bild geschaffen ist, also jeder Mensch. Jede einzelne ist bei ihrem Namen gerufen, also individuell und persönlich von Gott angesprochen. Dieses persönliche Wort Gottes an jeden einzelnen ist sein Charisma. Indem der Mensch dieses Charisma entwickelt, antwortet er dem Ruf Gottes. Gott hat also dem Menschen bereits die Antwort zugleich mit seinem Wort ins Herz gelegt. Wie er oder sie diese Antwort persönlich gestaltet, liegt in ihrer Freiheit. Weil wir also in den Charismen gottesverwandt sind, sind wir auch geheiligt. Deshalb kann die Bibel sagen, daß wir alle Heilige sind.

Das zweite Mißverständnis bei den Charismen betrifft ihr Verhältnis zur Kirche. Der Verkirchlichung des Christlichen im vorigen Jahrhundert entspricht die Auffassung, daß ein Charisma in der Kirche gelebt werden muß. Und das tun im Vollsinn nur die Kleriker und Ordensleute und die Laien dann, wenn sie sich in Pfarrhof und Gemeindezentrum engagieren. Diese Ansicht war immer ein Mißverständnis, weil die Laien dazu berufen sind, in Familie und

Arbeit die Welt zu heiligen. In einer weniger traditionellen Sprache und auf moderne Verhältnisse gewandt: Die Charismen der Laien liegen in den Bereichen der Weltverantwortung und der Zukunftsgestaltung. Die moderne Welt ist nur so christlich, als die Christen sie christlich gestalten – so sagten wir ganz am Anfang über die Säkularität der modernen Welt. „Arbeit ist Gebet, wenn Gott dahinter steht", sagt eine christliche Spruchweisheit. Insofern betet der Christ im Alltag sein Leben.

Von daher eröffnet sich unter modernen Verhältnissen ein neuer Blick auch auf die individuelle Sünde. Wir sagten bereits, daß man heute allgemein einen bewußteren Blick für die strukturellen Sünden wider Gerechtigkeit und Lebendigkeit hat, und dagegen die individuellen moralischen Verfehlungen in den Hintergrund treten; nicht zuletzt, weil so viele Sachzwänge und Hinsichten dabei eine Rolle spielen. Wenn man aber die Charismen recht versteht, dann heiligt der Mensch sein Leben in ihnen. Umgekehrt ist die individuelle Ursünde des modernen Menschen die Blindheit und die Trägheit: blind zu sein für das eigene Charisma, die Nöte, die es lindern, und die Lebendigkeit, die es eröffnen könnte; blind zu sein für die Charismen anderer, die es zu entdecken, zu fördern und zu loben gilt, statt sie mißgünstig zu verdecken, neidisch zu untergraben oder ängstlich einzuengen. Trägheit schließlich ist die Betäubung des Sinns für die Charismen durch Ablenkung, Betriebsamkeit, Unbeweglichkeit oder Faulheit.

Andacht

Andacht ist das Gegenteil dieser Trägheit und Blindheit. Sie ist die Aufmerksamkeit und Achtsamkeit für die Charismen. Stille, also die Ruhe des Herzens, ist ihr förderlich. Diese Stille hat nur bedingt etwas mit äußeren Geräuschen zu tun. Wer das innere Hören gelernt hat, wird auch in Lärm und Trubel dazu fähig sein. Aber Andacht ist immer eine Haltung des Hörens und zuviel Ablenkung ist ihr auf Dauer immer abträglich. Deshalb ist der Übungs- und Auffrischungsweg der Andacht der Weg der Stille. Über ihre Bedeutung haben wir schon bei der erlösten Lebendigkeit nachgedacht. Die Erfahrung der Bibel entspricht dem: „Der Glaube kommt vom Hören."

Die andere Seite der Andacht ist Beweglichkeit. Es ist die Beweglichkeit der Sinne, die aufmerksam sind für das Wirken des Gottesgeistes in den Charismen. Es ist die Beweglichkeit des Herzens, die betroffen ist und sich verbunden weiß mit der „Freude und Hoffnung, Trauer und Angst der Menschen von heute", wie es die Pastoralkonstitution des Konzils an ihrem Anfang ausdrückt. Es ist aber auch die Beweglichkeit des Handelns, sodaß man aufsteht und tut, wozu der Geist treibt.

Der Andacht förderlich sind daher alle Übungswege und Haltungen, die Stille und Beweglichkeit gleichzeitig ermöglichen. Deshalb fördern alle Meditationswege die Stille und viele nehmen Bedacht auf die Atmung, weil sie Stille und Beweglichkeit gleichzeitig bestimmt. Deshalb ist auch die Körperhaltung wichtig: ruhiges Gehen, Stehen, Knien und die asiatischen Sitzweisen auf den Fersen und im Lotus ermöglichen eine freie und zugleich ruhige Atmung. Unsere westliche Art des Sitzens mit eingefallenem Bauch behindert jedoch die Atmung und ist daher als Andachts- und Gebetshaltung nicht gut geeignet. Deshalb waren auch die alten Kirchenbänke so schmal, daß man eigentlich nicht darauf sitzen, sondern nur halb stehend und kniend daran lehnen konnte. So besehen ist das heute übliche bequeme Kirchenmobiliar der Andacht nicht sehr förderlich; bequemes Sitzen macht träge. Es wäre wert, einmal den Zusammenhang zwischen unseren alltäglichen Sitzmöbeln und dem modernen Verlust der Andacht zu bedenken. Andererseits haben wir den Gesang als gemeinsame Andachtsform neu kultiviert; sie wäre ausbaufähig.

Andacht als Charismenbewußtheit ist also Gebet, weil sie das Hören des Herzens und seine Antwort beinhaltet. Sie führt in die Demut, also die Bereitschaft, aufrecht vor Gott und zugleich im Dienst der Charismen zu stehen. Sie ist für moderne Menschen nur schwer zu verstehen, weil sie mit Unterwerfung unter autoritäre Machtverhältnisse gleichgesetzt wird. Dieses Mißverständnis kann entstehen, wenn man gutes vormodern-hierarchisches Verhalten auf moderne Verhältnisse überträgt, wie es in den totalitären Regimen unseres Jahrhunderts zur schrecklichen Erfahrung wurde. Unter modernen Voraussetzungen ist Demut die Freude, durch das eigene Charisma am Reich Gottes Anteil und Auftrag zu haben, weil und indem man ein Mensch, also begnadet und beschränkt gleichzeitig ist.

Lobpreis

Andacht führt also in die Freude der Demut. Deshalb ist der Lobpreis die typische Ausdrucksform des Gebets: der Jubel über Gottes Wirken mit, unter und durch uns. Der Jubel über ein gelungenes Werk, das blitzende Staunen über eine neue Einsicht, die tiefe Sicherheit im Gottvertrauen der erlebten Heilsgeschichte, die unerwartete Rettung aus tiefster Not – all das ist alltägliches Gotteslob. Das Oster-Halleluja ist die Quelle des Glaubens, aus der immer neue Kraft entspringt.

Die Gebete der Kirche bringen all diese Erfahrungen in eine verdichtete Form. Die liturgischen Gebete der Osterzeit sind vom Halleluja-Ruf umrahmt: „Halleluja" – „Gott, du bist groß". Weniger festlich bringt jeder Gebetsanfang das gleiche zum Ausdruck: „Herr" als Zeichen der freudigen Demut, dem das „Amen" am Schluß als Ausdruck anerkannter Macht entspricht. Klage, Bitte und Dank sind im Rahmen dieses Lobpreises gut beheimatet.

Auch der Lobpreis unterliegt wie die Demut der gleichen Deformierung durch autoritäre Herrschaftserfahrung. Dann wird Lobhudelei, Unterwürfigkeit, Anmaßung und Demütigung daraus. Wer andererseits unter modernen Bedingungen den Lobpreis Gottes und das Lob anderer Menschen angesichts deren Charismen kultiviert, leistet einen wichtigen Beitrag zur Freiheit des Menschen aus angemaßten Herrschafts- und Unterdrückungsverhältnissen. Nur die Herrschaft Gottes macht frei; unter modernen Verhältnissen ist sie auf Menschen nicht übertragbar.

3. 6. Unterscheidung der Geister

Die moderne Welt hat zwei gegensätzliche Gottesprobleme. Einerseits: Gott ist tot. Andererseits: Göttlichkeitsansprüche sind überall. Deshalb ist die Unterscheidung der Geister eine besonders dringliche Herausforderung: den wahren Gott benennen, damit die Götzen sichtbar werden. Verkündigung vermittelt Orientierungswissen, sagten wir bereits.

Institution, Amt und Autorität

Verkündigung und Unterscheidung der Geister kann nur leisten, wer die Autorität dazu hat. Wenn Menschen unter modernen Bedingungen dauernd Entscheidungen fällen, die alle zusammen ihren eigenen, persönlichen Lebensweg ausmachen, dann kann auf ein gutes Leben nur hoffen, wer sich dabei an verläßliche Orientierungen halten kann. Früher war das einfacher: Eine Kultur bildet Gewohnheiten guten Lebens aus, die geringfügig angepaßt von Generation zu Generation weitergegeben werden und an die sich der einzelne verläßlich halten kann und sozial halten muß. Verfestigte gute soziale Gewohnheiten sind „Institutionen": Ehe, Familie, Schule, Kirche, Wirtschaft, Politik usw. Sie bilden im Laufe der Zeit verbindliche Normen aus, schaffen Ordnungen, Riten,

Gesetze und Bürokratie. Wer auf Dauer im Namen und im Auftrag einer Institution handelt, hat ein Amt und verfügt über amtliche Autorität.

Unter ausdifferenzierten modernen Verhältnissen entstehen vielfältig gestaltete Teilbereiche, die die althergebrachten Institutionen relativieren. Das Zusammenleben regelt sich nicht mehr einfach über die Familie; es gibt Partnerschaften vor, neben und statt der Ehe, mit und ohne Kinder, Singles, Alleinerzieherinnen, Partnerschaften von Menschen unterschiedlicher Generationen oder gleichen Geschlechts, allein und in Heimen lebende Senioren usw. Ebenso unterlaufen die neuen Bürgerbeteiligungsbewegungen die alten Spielregeln der Vertretungsdemokratie durch Partei- und Interessenspolitik. Auch die Kirchen sind mit kritischen Laienbewegungen, vielfältigsten Aufbruchsbewegungen, religiösem Individualismus und Neuen Religiösen Kulturformen konfrontiert, die die althergebrachten Regeln der kirchlichen Institution nicht abdecken können. Die amtliche Autorität verliert in allen Institutionen an Gewicht.

In mancher Hinsicht wird die amtliche Autorität durch Sachautorität abgelöst: Spezialisierte Wissenschaften und Experten erforschen den gesamten Teilbereich und suchen nach kompetenten Lösungen für seine vielfältigen Problemlagen. Da Sach- und Fachkompetenz frei zugänglich sind (im Gegensatz zur Amtsautorität, die nur durch institutionellen Auftrag besteht), wird sie nicht nur innerhalb der alten Institutionen, sondern auch von denen erworben, die in deren gesellschaftlichem Teilbereich andere Wege gehen. Da sie aus Sachkompetenz oft besser argumentierte Lösungen vorschlagen als die Amtsvertreter der Institutionen (denen man Standesinteressen statt uneigennützigen Dienst an der Allgemeinheit vorwerfen kann), verlieren die Institutionen an Ansehen zugunsten der Sachautorität: Greenpeace traut man die bessere Umweltpolitik zu als den Parteien.

Gleichzeitig ändern sich die Anforderungen an Spezialisten. Konkrete Lösungen aus einem Teilbereich bleiben nämlich nicht auf diesen beschränkt, sondern betreffen viele andere. So betrifft ein Verkehrskonzept nicht bloß die Regelung des Verkehrs, sondern die Bauwirtschaft, die Arbeitsplätze, die Lebensqualität der Anrainer, das Ökosystem, die Energiepolitik, die Transportwirtschaft, die Handelsinteressen, die Verkehrsmittelwahl, die Mobilitätsbegünstigungen und -einschränkungen usw. Die Lösungen von Experten sind also nur so gut, als sie die Bereiche sachgerecht einbeziehen, für die sie nicht Experten sind. Sachkompetenz braucht eine universale Perspektive und die Bereitschaft zur Zusammenarbeit mit Vertretern anderer Sachlogik (neuerdings „transversales Denken" genannt). Sachautorität muß universal und transversal werden.

Die konkreten Lebensentscheidungen der einzelnen spielen sich in modernen Gesellschaften zwischen allen Teilbereichen ab und sind meist nur in schmalen Segmenten an eine konkrete Institution gebunden. Wollte man sein Orientierungswissen aus der Sachautorität der einzelnen Teilbereiche beziehen, wäre man ein verlorener Wanderer zwischen einander weitgehend fremden Welten. Selbst in Sachfragen geht das nur ansatzweise, weil man ja sein Leben in genau diesen konkreten Einzelschritten lebt. Deshalb kommt der persönlichen Autorität eine beträchtliche Bedeutung zu: vom konkreten Einzelnen vorbildhaft erfahren, wie unter heutigen Bedingungen gutes Leben gelingt.

Die moderne Welt untergräbt also keineswegs Autorität als ganze. Sie unterscheidet bloß: Amtliche Autorität ist dort wichtig, wo innerhalb einer Institution gültige Lösungen nach deren Gesetzmäßigkeit verlangt sind. Sachautorität ist wichtig, wenn sie universal und transversal kompetente (also in diesem Rahmen bedachte, argumentierte und ausführbare) Lösungen in spezifischen und für sie zuständigen Sachfragen anbieten kann. Persönliche Autorität ist ein Leitfaden zum eigenen Orientierungswissen in den Fragen der großen und alltäglichen Lebensentscheidungen zwischen allen gesellschaftlichen Teilbereichen.

Christliches Orientierungswissen

Unsere Überlegungen über den Wandel der Autorität machen nun sichtbar, woher die ungerechtfertigten Göttlichkeitsansprüche kommen, die eine Unterscheidung der Geister fordern. Im Namen Gottes reden kann nach wie vor nur das kirchliche Amt; und das steht außer Frage. Keiner bezweifelt, daß nur von dort eine gültige Auslegung der Offenbarung kommt. Die Fragen, die die Menschen allerdings viel mehr beschäftigen, sind solche der Sachkompetenz und des Orientierungswissens. Wir sahen nun, daß Sachkompetenz in allen Teilbereichen heute universal und transversal werden muß. Der Realität unserer halb durchgesetzten Moderne (mit der Denkvoraussetzung „ohne Gott") entspricht aber auch nur die halbe Sachkompetenz, die universal ist und sich darin absolut setzt; und das ist Göttlichkeitsanmaßung, gegen die die Kirche deutlich aufzutreten hat. Die Sachkompetenz, das zu erkennen und im Detail argumentierend zu unterscheiden, kann nur von christlich orientierten Spezialisten kommen. In der Regel ist das eine Herausforderung an die kirchlich beamteten Theolog/innen, die damit der Bedeutung der Kirche in der Gesellschaft, der Theologie innerhalb der Wissenschaften und des Christlichen für alltägliches Orientierungswissen einen unverzichtbaren und häufig vermißten Dienst zu leisten haben.

Orientierungswissen ist weitgehend an persönliche Autorität gebunden, sagten wir. Das sind günstige Voraussetzungen für selbsternannte Meister, Gurus und Führer, die sich dabei einen göttlichen Auftrag, also eine Amtsautorität anmaßen. Das kirchliche Amt wird zurecht nicht müde, vor ihnen zu warnen und sie als Scharlatane zu entlarven. Geglaubt wird das allgemein allerdings nur, wenn es mit persönlicher Autorität vertreten wird. Viele kirchliche Amtsträger sind mit ihr ausgestattet, Zulassungskriterium muß das erst werden. Allerdings wird häufig übersehen, daß das allermeiste Orientierungswissen nicht bei großen Gelegenheiten, sondern in den alltäglichen Zusammenhängen als Lebenswissen erworben und ausgetauscht wird: beim Gespräch über Alltagssorgen, Strategien zur Lebensbewältigung, Freizeitgewohnheiten, Meinungen zum Zeitgeschehen und die Fernseh-Seifenoper vom Vorabend. Das Leben wird im Alltag entschieden und die Kriterien dazu sind so christlich, als es dafür mittendrin glaubwürdige Zeugen gibt.

Gedächtnis

Das alltägliche Zeugnis ist, damit es explizit christlich bleibt, an die Sachkompetenz des Lehramtes und die Vertretungskompetenz des Weiheamtes gebunden. Nur so ist es argumentierbar sachgerecht und auf Gottes Heil hin zeichenhaft. Dafür, daß das Zeugnis auch wirksam ist, hat das Lebenswissen seine eigene Kompetenz, die ihm niemand wegnehmen, aber auch niemand abnehmen kann. Für die Frage, wie kirchliches Orientierungswissen heute wirksam bei den Menschen ankommt, hat das alltägliche Lebenswissen seine eigene, unvertretbare Zuständigkeit und Sachgerechtigkeit. Wenn die Kirche also über die Wirksamkeit ihrer Botschaft nachdenkt und deren Verbesserung plant, kommt sie damit nur so weit, als ihre aufmerksamen Augen und Ohren für die verschiedensten modernen Lebenswelten reichen. Was unbeachtet bleibt, bleibt auch unerreicht.

Planung und Erfahrung ist auch hier nur die eine Seite, Ereignis und Widerfahrnis die andere. Das zentralste kirchliche Sakrament bringt beide zusammen und ist daher zurecht die Mitte des Glaubens und des kirchlichen Lebens: die Eucharistie. In ihr fließen auch die verschiedenen Autoritäten gleichberechtigt zusammen, wenngleich die persönliche Autorität des christlichen Lebenswissens dabei gegenwärtig ebenso zu kurz kommt wie die Andacht, die die Beteiligten für das Ereignis aufschließt. Auch der Mahlcharakter als zentrale gemeinschaftsbildende Dimension hat in der konziliaren Liturgie eine neue Bedeutung bekommen, wird allerdings vom anschließenden Pfarrcafé in seiner horizontalen Dimension in der Regel übertroffen. Die Gemeinschaft mit Gott ist im eucharistischen Mahl stark, aber die Gemeinschaft untereinander nur schwach ausgeprägt.

Die Unterscheidung der Geister, was also heute mit Gott zu tun hat und was nicht, findet im eucharistischen Gedächtnis ihr Zentrum. Gotteserfahrungen, Gottesvorstellungen und Gottesdeutungen der modernen Welt finden ihren Maßstab im Gedächtnis an den Herrn Jesus Christus, der als wahrer Gott und wahrer Mensch durch sein Leben und Wirken, sein Leiden, seinen Tod und seine Auferstehung das Heil der Menschen ist. Wir bezeugen ihn als das A und O der Schöpfung, erkennen ihn im Geist, der uns als Volk durch die Geschichte führt und leben in der Erwartung, daß er auf uns zukommt am Ende der Tage, um sie zu vollenden. Alle Deutungen, Erfahrungen, Planungen und Widerfahrnisse, die in dieses Gedächtnis einmünden, haben mit Gott zu tun. Diese Unterscheidung zu leisten, verlangt allerdings den guten Hirten, der denen nachgeht, die ihm anvertraut sind, und den prophetischen Illuminator, der den glimmenden Docht nicht auslöscht, sondern das Feuer der Gottesbegeisterung zu entfachen und zu bewahren versteht.

- Gebet ist Antwort auf die Gottesbegegnung. Am umfassendsten betet, wer sein Charisma entwickelt. Es ist jene zentrale Begabung, in der jeder Mensch Gott begegnet, sein Leben heiligt und die Kirche mit aufbaut. Sie nur besonderen Menschen oder Tätigkeitsfeldern im Kirchenraum zuzuordnen, ist ein Mißverständnis.
- Individuelle Sünde ist die Blindheit und Trägheit gegenüber den Charismen. Dagegen hilft Andacht als Stille und Beweglichkeit des Herzens.
- Andacht als Charismenbewußtsein führt zur Freude der Demut. Der Lobpreis ist die Hauptform des Betens.
- Demut, Lob und Gehorsam werden von ihren autoritären Mißverständnissen befreit, wenn man die alleinige Herrschaft Gottes bekennt.

- Die Unterscheidung der Geister weist ungerechtfertigte Göttlichkeitsansprüche zurück. Sie muß mit einem gewandelten Autoritätsverständnis rechnen, wo Amtsautorität nur noch einen kleinen Teil abdeckt und Sachautorität und persönliche Autorität wesentlich werden.
- Christliches Orientierungswissen ist hauptsächlich alltägliches Lebenswissen. Es ist an die theologische Sachkompetenz des Lehramtes und die Vertretungskompetenz des Weiheamtes gebunden. Es hat seine eigene unvertretbare Zuständigkeit in der Frage, wie heute kirchliches Orientierungswissen wirksam in den verschiedenen Lebenswelten der Menschen ankommt.
- Die Unterscheidung der Geister gipfelt im eucharistischen Gedächtnis, woran alle Gotteserfahrungen, -vorstellungen und -deutungen ihren Maßstab finden. Zu ihrer alltäglichen Anwendung braucht es den guten Hirten und den prophetischen Illuminator.